# 清史稿

趙爾巽等撰

第八册

卷五四至卷六七（志）

中華書局

# 清史稿卷五十四

## 志二十九

### 地理一

有清崛起東方，歷世五六。太祖、太宗力征經營，奄有東土，首定哈達、輝發、烏拉、葉赫及寧古塔諸地，於是舊藩札薩克二十五部五十一旗悉入版圖。世祖入關翦寇，定鼎燕都，悉有中國一十八省之地，統御九有，以定一尊。聖祖、世宗長驅遠馭，拓土開疆，又有新藩喀爾喀四部八十二旗，青海四部二十九旗，及賀蘭山厄魯特迄於兩藏，四譯之國，同我皇風。逮於高宗，定大小金川，收準噶爾、回部，天山南北二萬餘里氈裘湩酪之倫，樹頷蛾服，倚漢如天。自茲以來，東極三姓所屬庫頁島，西極新疆疏勒至於葱嶺，北極外興安嶺，南極廣東瓊州之崖山，莫不稽顙內鄉，誠係本朝。於皇鑠哉！漢、唐以來未之有也。穆宗中興以後，臺灣、新疆改列行省；德宗嗣位，復將奉天、吉林、黑龍江改爲東三省，與腹地同風：凡府、廳、州、縣一千七百有奇。自唐三受降城以東，南衞邊門，東湊松花江，北緣大漠，爲內蒙古。其外涉瀚海，阻興安，東濱黑龍江，西越阿爾泰山，爲外蒙古。重之以屏翰，聯之以昏姻，此皆列帝之所懷柔安輯，故歷世二百餘年，無敢生異志者。

太宗之四征不庭也，朝鮮首先降服，賜號封王。順治六年，琉球奉表納款，永藩東土。繼是安南、暹羅、緬甸、南掌、蘇祿諸國請貢稱臣，列爲南服。高宗之世，剷平西域，巴勒提、痕都斯坦、愛烏罕、拔達克山、布哈爾、博洛爾、塔什干、安集延、浩罕、東西布魯特、左右哈薩克，及坎車提諸回部，聯翩內附，來享來王。東西朔南，闢地至數萬里，幅員之廣，可謂極矣。洎乎末世，列強環起，虎睨鯨吞，凡重譯貢市之國，四分五裂，悉爲有力者負之走矣。

清初畫土分疆，多沿明制，歷年損益，代有不同。其川瀆之變易，郡邑之省增，疆界之分合，悉詳稽圖志，並測斗極定高偏度，以畫中外封域廣輪曲折之數，用備一朝之掌焉。

## 直隸

直隸：禹貢冀、兗二州之域。明爲北京，置北平布政使司、萬全都指揮使司。清順治初，定鼎京師，爲直隸省。置總督一，曰宣大。駐山西大同，轄宣府。順治十三年裁。巡撫三：曰順天，駐遵化，轄順天、永平二府。康熙初裁。曰保定，駐眞定，轄保定、眞定、順德、廣平、大名、河間六府。順治十六年裁。曰宣府。駐宣府鎮，轄延慶、保安二州。順治八年裁。五年，置直隸、山東、河南三省總督。駐大名。十六年，改爲直隸巡撫。明年移駐眞定。康熙八年，復移駐保定。雍正二年，復改總督。而府尹舊治順天，爲定制。先是順治十八年增置直隸總督，亦駐大名。康熙五年改三省總督，八年裁。康熙三十二年，改宣府鎮爲宣化府。降延慶、保安二州隸之。雍正元年，置熱河廳，改眞定爲正定。二年，增置定、冀、晉、趙、深五直隸州，張家口廳。三年，升天津衞爲直隸州，九年爲府。十年，置多倫諾爾廳。十一年，熱河廳、易州並爲直隸州。十二年，置獨石口廳。降晉州隸正定。乾隆七年，承德仍爲熱河廳。八年，遵化升直隸州。四十三年，復升熱河廳爲承德府。光緒二年，置圍場廳。隸承德。三十年，置朝陽府。明年置建平隸之。三十三年，升赤峯縣爲直隸州。置開魯等二縣隸之。今京尹而外，領府十一，直隸州七，直隸廳三，散州九，散廳一，縣百有四。北至內蒙古阿巴噶右翼旗界；一千二百里。東至奉天寧遠州界；六百八十里。南至河南蘭封縣界；一千四百三十里。西至山西廣寧縣界。五百五十里。廣一千二百三十里，袤二千六百三十里。宣統三年，編戶共四百九十九萬五千四百九十五，口二千三百六十一萬三千一百七十一。其山：恆山、太行。其川：桑乾即永定、滹沱即子牙、衞、易、漳、白、灤。其重險：井陘、山海、居庸、紫荆、倒馬諸關，喜峯、古北、獨石、張家諸口。交通則航路：自天津東南通之罘、上海，東北營口，東朝鮮仁川、日本長崎。鐵路：京津，津榆，京漢，正太，京張。郵道：東出山海關達盛京綏中，西出紫荆關達山西靈丘，南涉平原達山東德州，北出古北口達熱河。電線：

西北通庫倫，西南通太原；由天津東北通奉天；海線自大沽東通之罘。

順天府：明初曰北平府。後建北京，復改。自遼以來皆都此。正統六年，始定曰京師。領州六，縣二十五。順治初，京師置府尹、府丞、治中。其順天巡撫駐遵化，康熙初裁。十五年，升遵化為州。二十七年，置四路同知，分轄所屬州、縣。分隸通永、霸昌二道。並兼統於直隸總督。雍正元年，復以部院大臣兼管府事，特簡，無定員。九年，置寧河。乾隆八年，遵化復升直隸州，以玉田、豐潤屬之。廣四百四十里，袤五百里。北極高三十九度五十五分。領州五，縣十九。遼，南京，今城西南，唐幽州藩鎮城也。金增拓之。至元而故址漸湮。元之大都，則奄有今安定、德勝門外地。明初縮城之北面，元制亦改。永樂初，重拓南城，又非復洪武之故矣。今皇城周十八里。自正陽門之內曰大清門；東南曰長安左門；西南曰長安右門；東曰東安門；西曰西安門；正北曰地安門，舊曰北安門，順治九年更名。大清門之內曰天安門，舊曰承天門，順治八年改。左太廟，右社稷壇。嚮明而治，於茲宅中焉。其內端門，左闕左門，右闕右門。其內紫禁城在焉。北枕景山，西秖西苑，苑有瀛台，太液池環之。南與端門屬者曰午門。北神武門，東東華門，西西華門。午門之內，東協和門，東出為文華殿；西熙和門，西出為武英殿，舊曰雍和門，乾隆元年更名。其正中太和門，左昭德門、體仁閣，右貞度門、宏義閣；其內則太和、中和、保和三殿，至乾清門止。東景運門，西隆宗門。凡此皆曰外朝，制也。外則京城，周四十里，為門九：南為正陽門，南之東崇文門，南之西宣武門，東之南朝陽門，東之北東直門，西之南阜成門，西之北西直門，北之東安定門，北之西德勝門。皆沿明舊。而八旗所居：鑲黃，安定門內；正黃，德勝門內；正白，東直門內；鑲白，朝陽門內；正紅，西直門內；鑲紅，阜成門內；正藍，崇文門內；鑲藍，宣武門內。星羅碁峙，不雜廁也。外城長二十八里，爲門七：南爲永定門，左左安門，右右安門，東廣渠門，西廣寧門；在東、西隅而北向者，東東便門，西西便門。並明嘉靖中築。鼓樓在地安門外，明永樂中燬，乾隆十二年重建。**大興**衝，繁，疲，難。倚。府東偏，隸西路廳。北有榆河，自昌平入，納清河。西北：玉河，自宛平入。歧爲二：一護城河，至崇文門外合泡子河；一入德勝門爲積水潭，卽北海子，流爲太液池，分爲御溝。又合德勝橋東南支津，復合又東，爲通會河。涼水河亦自宛平入，逕南苑，卽南海子，龍、鳳二河出焉。龍河淤。南路廳駐黃村。縣丞駐禮賢莊。有青雲店、鳳河營、白塔村三鎭。有采育營巡司。有驛。鐵路。**宛平**衝，繁，疲，難。倚。隸西路廳。西山脉自太行，爲神京右臂。西北二十里甕山，其湖西海。乾隆十五年賜山名曰萬壽，湖曰昆明。有清漪園，光緒十五年改曰頤和。相近玉泉山，清河、玉河源此。玉河逕高梁橋，一曰高梁河。永定河自懷來入，至盧師山西，亦曰盧溝河，錯出復入。有灰壩、減河。汛十二，石景山有南北岸同知：全轄者七，石景山、盧溝橋二、北頭工上、北頭工中、南頭工上、北二工下；分轄者五，南頭工下、北頭工下、北二工上、南三工、北三工。自順治八年至同治三年，改道十有六，截北流歸中泓，逕魚壩口、三鳳眼入海。蓋道光二十二年以來，雖小潰徙，無害。又涼水、牤牛、龍泉三河兼出西南。西有海淀，有暢春、圓明二園，咸豐末燬。西路廳駐盧溝橋，有巡司。縣丞駐門頭溝。又龐各莊、青白口、東齋堂巡司三。沿河口、磨石口、榆垡、平羅營、五里坨、趙村、王平口、天津關鎭八。鐵路。**良鄉**衝，繁，難。府西南七十里。隸西路廳。永定河自宛平入。汛四，並分轄，隸石景山南岸同知：北頭工下、北二工上、南頭工下、南二工。康熙四十六年建金門石閘，後廢。乾隆三年移建南二汛，改減水石壩仍曰金門閘。永定減水壩十有七。公村河自房山入，爲牤牛河，復合茨尾河。盧河自房山入，逕琉璃鎮曰琉璃河，納挾活河。北有黃新莊行宮，南有郊勞臺。縣丞駐趙村。固節、長辛店二驛。鐵路。

**固安** 繁，難。府西百二十里。隸南路廳。永定河道南北岸同知、石景山同知駐。永定河自宛平入。汛六，隸南北岸同知，三角淀通判：全轄者二，南四工、北四工上；分轄者四，南三工、北三工、北四工下、南五工。拒馬岔河自涿入，舊有金門閘。減河亦自涿入，納太平河，曰牤牛河，歧爲黃家河，其西蜈蚣河，並淤。東南十八里韓城。南七十里四鋪頭。有牛坨鎮。縣驛一。

**永清** 簡。府南少東百四十里。隸南路廳。三角淀通判駐。永定河自固安入。汛七，隸北岸同知：其通判全轄者三，南六工、北五工、北六工；分轄者四，北四工下、南五工、南七工、北七工。有信安鎮巡司，兼隸霸。

**東安** 簡。府東南百四十里。隸南路廳。永定河自永清入。汛三，並分轄，隸三角淀北通判：南七工、南八工上、北七工。其故道淤。鳳河自大興入。有舊州鎮。縣驛一。

**香河** 簡。府東南百二十里。隸東路廳。西有北運河，自通入。有王家務減河，雍正九年濬，長百四十里。北窩頭河亦自通入。縣驛一。

**通州** 衝，繁，疲，難。府東四十里。隸東路廳。通永道、倉場總督駐。順治十六年省漷縣入之。管河州判駐。白、榆、漒漒三河並自順義入。榆納通惠河，與白會，是爲北運河，納涼水河。漒漒逕窩頭村曰窩頭河。鳳河自東安入。北門外石壩，州判掌之，十五京倉所漕。其東土壩，州同掌之，州西中二倉所漕。馬頭店、永樂店、馬駒橋三鎮。潞河、和合二驛。鐵路。

**三河** 衝，繁，難。府東少北百十里。隸東路廳。西北盤龍山有行宮，乾隆十九年移大新莊。北有泃河，自平谷入，側城東南。西南：窩頭河，自通緣界入。鮑丘河，古巨浸，源自塞外，淤。今出西北田各莊，晴爲枯渠，雨則洶注，俗曰瀉肚河。有馬坊鎮。縣驛一。

**武清** 衝，繁，疲。府東南九十里。隸東路廳。西南：永定河自東安入。汛三，隸三角淀北岸通判：

南八工上、南八工下、北七工。東北：北運河自香河入。康熙三十八年決筐兒港，明年濬爲減河，後淤。同治末，復濬新減河。寶坻北有鳳河自通入，雍正四年改自堠上村折南，下至天津雙口入淀。三角淀一曰東淀，古雍奴藪，亙霸、文、東、武、靜、文、大七州縣境。雍正四年，放永定於淀，塞且半，僅王慶坨一角耳。乾隆十六年後，導河支貫淀而東，平蕪彌望。管河同知駐河西務，通判楊村，並有驛。八鎮：王慶坨、安平、桐柏、崔黃口、三里淺、南蔡村、筐兒港、黃花店。**寶坻** 繁，疲，難。府東少南百八十里。隸東路廳。北：薊運河自薊右會泃河緣界入，逕江寬村，鮑丘河自三河入，納窩頭河，褒鍼河注之。又南有筐兒港新減河。其北王家務減河淤。知縣劉枝彥濬自大白莊至俵口，並修窩頭、褒鍼隄。有玉甫營鎮。縣驛一。**寧河** 衝，繁，難。府東南三百里。隸東路廳。雍正九年改明寶坻之梁城千戶所置。海，東南九十里爲北塘口。薊運河自寶坻入，屈曲環城而南，有七里海，匯王家務、筐兒港二減河，播爲罾口，寧東、沽二河分注之，復納金鐘河。東南：大沽口界天津，海沙緣界入。其北北塘口。東南：盧臺鎮，天津河捕通判、通永鎮總兵駐。有巡司、鹽大使。北塘口、新河莊、營城三鎮。**昌平州** 衝，繁，難。府北九十里。霸昌道駐。北路廳駐鞏華城，州隸之。北：天壽山，明十三陵在焉。西北：榆河自延慶入，伏而復出，左合山水，右納南沙河。又東，龍泉河會絳州營河注之。七渡河亦自延慶入。其南九渡河、牤牛河，並出東北。邊牆西首廟兒港口，東至糜子峪口。汛四：橫嶺路、鎮邊城、常峪城、白羊口。又訖慕田峪口，汛一：黃花路。湯山、蘭溝行宮二。港泉營、牛房、奋奄屯、沙屯、高麗營、蘭溝、前營、前屯、皂角屯，凡九鎮。榆河驛，州治，及迴龍觀，二。**順義** 衝，難。府東北六十里。隸北路廳。北：牛欄山。白河自懷柔入，逕東麓，合懷河。其東狐奴山，漒漒河出焉，一名箭桿河。絳州營河出縣西，納牤牛河。又榆河自大興入。三家店、南石槽行宮二。二鎮：漕河營、楊各莊。縣驛一。密雲衝，繁，難。府東北百三十里。隸北路廳。縣南：密雲山。東：九松山，舊曰九莊嶺。西有沽河，自灤平入，合白馬關河，是爲白河。右出一支津。潮河亦自灤平入，合湯河，又納乾塔河，側城西南來會，俗亦曰潮白河。潮河營，提督駐。古北口關，副都統、巡司駐。西營二：石塘路、石匣城。汛二：潮河川、白馬關口。東營二：曹家路、牆子路。汛五：司馬台、黑峪關、吉家營、楊家堡、鎮羅關。有劉家莊、羅家橋、要亭莊三行宮。鳳皇、石匣二驛。懷柔衝，繁。府東北百里。隸北路廳。琴髻山、祇園寺行宮二。石河出其東，下流爲泇河。白河自密雲入，其支津亦自縣入，納雁溪水，復合。西：七渡河自昌平入，合九渡河，側城東南，合小泉河，曰懷河。有汛。縣驛一。涿州衝，繁，難。府西南百四十里。隸西路廳。西：獨鹿山。東北：永定河自良鄉入。其金門閘引河，淤。西北：拒馬岔河自房山分入而合，胡良河合杖引泉注之。至浮洛營東，挾活河錯入復出，注琉璃河。又東納牤牛河，淤，歧溝。西南：督亢陂。東南：古涿水，湮。有王家店、松木店、柳河營、馬溝村、長溝五鎮。涿鹿驛。房山繁，難。府西南九十里。隸西路廳。西南：大房山，一曰大防山，有溝山峰。雍正八年，鳳凰集此。又石經山。龍泉河，古防水，二源，出西北大安山，東南流，曰盧河。有沙河，環城，合壩兒河注之，是爲琉璃河。拒馬河自淶水入，緣界逕鐵鎖崖，岔河出焉。歧爲二。其東杖引泉。胡良河、挾活河並出西南，而茨尾河、雅河出東北。又順水河自宛平入。有磁家務巡司。有吉陽驛。霸州衝，繁。府南百八十里。隸南路廳。玉帶河自保定入爲大清河。河南支徑苑家口曰會同河。中支中亭河，亦自保定入，逕栲栳圈，納牤牛河，又歧爲北支，下流爲辛張河，復錯入牤牛、黃家河，視永定爲盈涸。北支，古運糧河。光緒初，游擊陳本榮濬之，復修蒼兒淀隄，植柳六萬一千株。行宮二：一太堡村，一蘇橋鎮。有主簿，兼隸文安。又信安鎮巡司，兼隸永清。有益津驛。文安 繁，難。府南少東三百四十里。隸南路廳。大清河三支並自霸入，趨東淀。其北、中二支合於勝芳西，曰辛張河。文安窪周三百里，有火燒、牛台、麻窪諸淀。光緒八年，濬臺頭以下河道，長千九百二十丈。左家莊有行宮。縣驛一。大城 繁，難。府東南三百九十里。隸南路廳。西北：會同河自文安入，逕臺頭村，有行宮。大清河、辛張河並自文安入。子牙河自河間入，舊納古洋河，光緒中，改自獻之朱家口，故渠久湮。又黑龍港西支自青入，合東支河。保定 簡。府南少西二百里。隸南路廳。西南：大清河自雄入，曰玉帶河，逕張青口，口西西淀，東東淀，乾隆二十八年界之。又北合趙王河，至盧各莊，康熙中，導爲中亭河，合十望河入霸。縣驛一。薊州 衝，繁。府東少北百八十里。隸東路廳。西北：盤山與桃花山、葛山，有行宮三。薊運河自明天順初引潮河泝今州，後廢。順治初復濬，以豐陵粢其上源。梨河東自遵化入，合淋河，至城南五里橋，始曰薊運河。折南，泃河出州北黃崖口外，錯出至三河，復緣界來會。汛四：黃花店、青山嶺、黃崖關、將軍石關。有漁陽驛。平谷 簡。府東北百五十里。隸北路廳。東北：泃河自薊入，合獨樂河，側城西南，會石河，即泇河。縣驛一。

保定府：衝，繁，疲，難。隸清河道。明，領州三，縣十七。康熙八年，自眞定移巡撫於此，爲直隸省治。雍正二年，改總督。布政使、清河道等同駐。十二年，升易州爲直隸州，以淶水屬之。又改深澤屬定州。道光中，省新安。東北距京師三百五十里。廣三百五十里，袤四百里。北極高三十八度五十一分。京師偏西五十二分。領州二，縣十四。清苑 衝，繁，疲，難。倚。清苑河即府河，古沈水上游。奇村河自滿城入，合白草溝，環城，左納徐河溝，又東合金線河。唐河自望都入，合陽城河，納齊賢莊河，今淤；咸豐中，南徙；同治末，益南入蠡，至安州，復緣界入，下與府河會，爲大清河中支。有大激店鎭，張登店巡司，金臺驛。鐵路。滿城衝。府西少北四十里。西南：抱陽山。西有渝河，自易州入而伏，至縣東湧爲一畝、雞距二泉，合申泉，爲奇村河。方順河自完縣入，歧爲白草溝、金線河。徐河自易州入，一曰大册河，東入安肅。千里長隄，首縣境，訖獻縣臧家橋，亙順、保、河三府。河丞駐方順橋鎭。有陘陽驛。安肅衝。府北少東四十五里。西有黑山。西南：益村嶺。雹河自易州入，合曲水河，至城北納雞爪泉河，下至新安入淀。其北萍泉河自定興入，東入容城，其支津自城西右出，與曹河並入安州。有梁門陂、白溝驛。鐵路。定興衝，繁。府北少東百二十里。北有拒馬自淶水入，逕城西而南，納中、北二易水及馬村河，緣界入容城、新城爲界水。北又有界河。西南：雞爪河。東南：藍溝。有范陽陂、固城鎭、宣化驛。鐵路。新城衝，繁。府東北百五十里。南有拒馬，自定興緣界，其岔河北自固安入，至十九垡左導爲蘆僧引河，今淤。又西南合紫泉河、斗門河，納藍溝河，卽界河錯出復入者。又南曰白溝河，入容城復合。有方官、新橋、白溝三鎭。汾水驛。唐簡。府西少南百二十里。北有堯山。東北：望都山。西北：大茂山。西有唐河，古滱水，自廣昌入，錯出，左合倒流河。西：雹水，右納恆河、馬泥河、唐河。又東北有放水河。倒馬關西北有岳嶺、柳角安、軍城鎭、周家堡四口。橫河口巡司。縣驛一。博野疲。府南九十五里。東南：豬龍河自安平緣界入，一曰蟾河，屈南逕白塔村入蠡。唐河自清苑入。縣驛一。望都衝，難。府西南八十里。舊曰慶都，乾隆十一年改。東南：唐河自定州入。有九龍泉，環城珠湧，東出爲龍泉河。有翟城驛。容城簡。府東北九十里。北有拒馬河，西支自定興緣界入，與東支白溝河合。西清而弱，東濁而强。又雹河自安肅入，其萍河涸。縣驛一。完簡。府西少南七十里。西：伊祁山，祁水出焉，卽曲逆河。圖經惡其名，改方順。納放水河。其舊所合蒲河，涸。唐河自其縣再錯入，合清水河。蠡繁，難。府南少東九十里。南：豬龍河自博野入，一曰楊村河。唐河自博野入，自道光初北徙。河丞駐仉村。縣驛一。雄衝，繁，難。府東北百二十里。西淀，縣南。亙安州、高陽、任丘，周三百三十里，匯府境諸水，所謂「七十二清河」。趙北口扼其中。橋十二。四角河自安州入，出第五橋，曰大清河，錯出復入。白溝河自容城入，南及大港、柴禾二淀。大清河乃改由藥王行宮北與會。有歸義驛。祁州簡。府南少西百二十里。南有滹沱北支，自深澤緣界。其北豬龍河，匯定州滱、沙、滋三水。滱卽唐，嘉慶初徙，孟良河奪之。是爲豬龍河。又南逕程各莊入博野。縣驛一。束鹿繁，難。府南少西二百四十里。西北：滹沱自晉州入深州爲南支，其支津入安平，同治十年所徙。其故道七。縣丞駐小章村。縣驛一。安州簡。府東少北六十里。道光十二年以新安省入。府河、唐河自清苑入而合，納曹河，遶城北爲依城河，右注白洋淀，與豬龍河自高陽入者相望也。左注雜淀，復合爲四孚河，亦曰四角河。西淀都九十有九，白洋最廣，次燒車，雜淀最陿。新安鄉行宮二。州驛一。高陽簡。府東南六十五里。西北：唐河自蠡入，亦曰土尾河。東南：豬龍河亦自蠡入，順治中，復決布裡村，故亦曰布裡河。舊合泔河，卽高河，縣氏焉，淤。縣驛一。

正定府：衝，繁。隸清河道。總兵駐。明曰眞定。領州五，縣二十七。雍正元年曰正定。二年，升冀、趙、深、定、晉爲五直隸州，以南宮等十七縣屬之。十二年，降晉州，並所屬無極、藁城與定州、新樂還來隸。東距省治二百九十里。廣二百七十里，袤三百八十里。北極高三十八度十一分。京師偏西一度四十八分。領州一，縣十三。正定衝，繁，難。倚。舊曰眞定，雍正元年改。

西有滹沱，自平山入。有冶河故道二。其北林濟河，合西北諸泉及旺泉河。又北，滋河自新樂入，伏而東。滹沱性善徙，溢北滋南，百數十里衝漫幾徧。今河乃同治七年改決，爲康熙中東入深、安、饒故道。有恆山、伏城二驛。獲鹿衝。府西南六十里。南有封龍山。北：五峰山，洨水出焉。合小沙、左金河。西有鹿泉水，東至大要舍納冶河。今淤。有鎮寧驛。井陘簡。府西南百三十里。井陘山東北有關。北：綿蔓河自山西平定州入，合甘淘河，一曰微水。折北，左得金珠泉，至東冶村曰冶河。西南：固關，寄平定州，置參將。其北：娘子關。有汛。邊牆西北首達滴巖，南訖楊莊口。有陘山驛。阜平簡。府西北二百十里。順治末，省。康熙二十二年，復置。大茂山東北，平陽河出焉。沙河自山西繁峙入，納靈丘北流、鷂子諸河曰派河，又東合班峪、燕支諸河。又汊河出縣南白蛇嶺。邊牆東北首落路口，西南訖當城河口。有龍泉關、長城嶺。汛東有王快鎮。康熙中，縣寄此。又茨溝營鎮。縣驛一。欒城簡。府南六十里。西有洨河，自獲鹿入，納北沙、金水二河。南，西有故城二。關城驛。行唐簡。府北七十五里。西北：箕山，郜河出其北兩嶺口，合甘泉河、龍門溝，側城東南，合賈木溝。北：派河自曲陽入，合曲河。西：滋河自靈壽入而伏。靈壽簡。府西北六十里。南：滹沱自平山緣界合松陽河、衞河。衞河，禹貢衞水也。西北：滋河自山西五臺入，納汊河。又東南合慈峪河，亦曰慈河，入行唐。邊牆北首白草溝口，南訖車孤駝口。有叉頭鎮巡司。乾隆中移慈峪鎮。平山簡。府西少北八十里。西北有房山，滱河出焉，古石臼水，今湮。滹沱自山西五臺首入縣西北，始出山。又納冶河，始湍悍。邊牆北首合河口，南訖清風口。有洪子店巡司。元氏簡。府南少西九十里。西北：封龍山，北泜水所出，下流入胡盧河。無極水南入贊皇會南源，復入而合，錯出復入，至紙屯村與槐河會。豬龍河自縣西匯諸山水，北沙河出割髭嶺，今並涸。其南金水河，東入欒城。縣驛一。贊皇簡。府西南百二十里。雍正三年自趙州來隸。西南：贊皇山，泜河出焉。其北泜河，南源二，出可蘭、四望二山。槐河二源，一黃沙嶺，一紙糊套山，今並涸。王家坪鎮，咸豐末改汛。縣驛一。晉州簡。府東少西南九十里。西北：滹沱自無極入。同治十年，改自稾城入。又故道二。有驛。無極簡。府東七十里。雍正二年改屬晉州，十二年復。滹沱河自稾城入，再錯出，復入，逕東漢邨，復歧爲二。其滋河入逕縣南，屈東又北。木刀溝自新樂入，合護城河，錯出復入，並入深澤。縣驛一。稾城簡。府東南五十里。雍正二年改屬晉州，十二年復。滹沱自正定入，合西韓、旺泉二河。順、康中再決，並東南過周頭入白牧河。滋河自正定、木刀溝自新樂入，與王莽溝並涸。縣驛一。新樂衝，疲。府東北七十五里。雍正二年改屬定州，十二年復。派河自行唐入，合部河。木刀溝出平山之濊河，滋河奪之。順治中，知縣林華皖濬自西南閔泉鎮。嘉慶初，滋之支津復自正定入奪之，錯出復入，合浴河。縣驛一。

大名府：衝，繁，難。總兵駐。順治初，置大順廣道。雍正初，改清河道，十一年，復置。初沿明制，領州一，縣十。雍正三年，割內黃、濬、滑分隸河南彰德、衞輝。乾隆二十三年，省魏縣分入大名、元城。東北距省治八百里。廣二百里，袤三百七十里。北極高三十度二十一分三十秒。京師偏西一度六分。領州一，縣六。大名衝，繁，難。倚。府南偏。明徙府南八里南樂鎮。乾隆二十二年圮於漳，復故，惟縣丞駐。衞河自河南內黃入。其新衞河自清豐入，錯出復入來會。漳河自臨漳分入，一入衞，一至府治南爲漳河引河。東有縣故城三。東北：小灘鎮，嘉慶中置河主簿。縣驛一。元城繁。倚。府北偏。故城三。東南：衞河自大名入。其漳水引河，古漳河入，逕北張莊而合，並東入館陶。東南：馬頰河自南樂入。縣驛一。南樂難。府東南五十里。

嘉慶二十一年，新開衞河始自大名入。光緒十四年後，漳河始自其縣來會。西有朱龍河、岳儒固河，東六塔廢河，並自清豐入。又東：龍窩河自山東觀城入，至龍窩村止。夏秋霪潦，輒復彌漫。然六塔平壤故有順水溝，康熙中，知縣王培宗濬；光緒二十一年，原思瀛再濬，命曰永順，邑賴之。清豐　難。府南少東九十里。西有廣陽山。衞河自河南內黃緣界。西有古馬頰河。朱龍河自開入。有順河堡鎮。縣驛一。東明　繁，疲，難。府南二百二十里。西有黃河自長垣入。自明以來，在縣境者三徙：嘉慶八年奪洪河，二十四年奪漆河，咸豐五年奪賈魯河，後復北徙爲今瀆。南有杜勝集鎮。雍正十年改守備置都司，明年置巡司。舊有通判，道光中裁。開州　繁，疲，難。府南百二十里。同、光中，黃河自東明潰入者六道，合而復分。北支古瓠子河，一曰毛相河，故小渠，康熙中決荊隆口，始大。南支古濮渠，並入山東濮州。又有黃河故道二，曰古馬頰河、古朱龍河。又硝河自河南滑縣入，亦曰馬頰河。徐鎮堡、兩門集、井店集、柳下屯四鎮。呂丘堡，州判駐。古定鎮有廢巡司。州驛一。長垣　繁，疲，難。府西南二百九十里。東有黃河自河南蘭封入，舊巡盤岡里，咸豐八年徙蘭岡，同治二年復折西自蘭通集至舊城口爲今瀆。縣丞駐大黃集。有大岡廢巡司。縣驛一。

順德府：衝。隸大順廣道。東北距省治五百七十里。廣二百八十里，袤百五十里。北極高三十七度七分。京師偏西一度四十九分。領縣九。邢臺　衝，繁，難。倚。西：封山。野河出西北馬嶺口，淤。今自內丘入，會稻畦、漿水、路羅三川爲洪河。北有達活河，合沙應河。又有百泉河，右會七里河。西：黃村巡司。有龍岡驛。鐵路。沙河　衝。府南三十五里。沙河自河南武安入，會邢臺之洪河。右出支津，逕城南而東，納西狠溝水，其東卽東狠溝。縣驛一。鐵路。南和　繁，疲。府東南四十里。西：百泉河自邢臺入。沙河支津亦自其縣入，合東狠溝。其正渠曰乾河。又東洛河、劉壘河，自鷄澤入。有驛。鐵路。平鄉疲，難。府東八十里。東：滏陽河自鷄澤入。西：劉壘河自南和入。縣驛一。廣宗疲。府東百二十里。漳河故道二，康熙二十六年溢，知縣吳存禮增築東西隄萬九千餘丈。縣驛一。鉅鹿疲，難。府東百十里。鉅鹿藪卽大陸澤。滏陽河自任入。老漳河，康熙中徙，廢。縣驛一。唐山簡。府東北八十里。有宣務山。泜河、李陽河、柳林河，並自內丘入。有驛。內丘衝。府北六十里。鵲山一曰龍騰山，龍騰水出焉，匯西山九龍水，東流爲柳林河。其西麓姑腦，泜河南源出焉，錯出復入，其泜河第二川、第三川合爲野河。有中丘驛。鐵路。任簡。府東北四十里。滏陽河自平鄉入。有大陸澤，納九河八水，東溢爲鷄爪河來會。澤舊亙鉅鹿、隆平、寧晉境，滹、漳、滏湊焉。今滹北，漳南，滏亦東徙。大陸在任者南泊，卽張家泊，在寧晉者北泊，卽寧晉泊。縣驛一。

廣平府：簡。隸大順廣道。明，領縣九。雍正初，怡賢親王以滏河故，奏割河南彰德之磁州來隸。東北距省治六百八十里。廣三百五十里，袤百八十里。北極高三十六度四十六分三十秒。京師偏西一度三十五分。領州一，縣九。永年衝，繁，難。倚。西北：婁山。東北：沙河，自沙河入。南：洛河，自河南武安入。乾隆中，決入牛尾河，同治末，復故。東南：滏陽河，自邯鄲入，歧爲劉壘河，卽牛尾河。有八閘，並引滏溉田萬九千餘畝。臨洛關通判，道光中裁，移河務同知駐此。縣驛一。曲周繁。府東北四十里。西南：滏陽河自永年入。漳河故道東南，自明萬曆初挾滏而北，康熙十年始南徙，四十七年益南，逕大名、元城。縣驛一。肥鄉簡。府東南四十里。東西漳河故道二。東有舊店營。康熙中，縣寄此。縣驛一。雞澤疲，難。府東北六十里。東滏陽自曲周入，右導爲與隆河。西有沙、洛、牛尾，自永年入。廣平簡。府東南六十里。漳河故道舊自成安入，其支津拳壯河，並湮。縣驛一。邯鄲衝，繁，難。府西南五十里。西北：紫山。西：靈山。東北：滏陽河自磁入，合渚河、沁河、輸酓河。有叢臺驛。鐵路。成安簡。府南少西六十里。洹、漳故道並自河南臨漳入。順、康中，漳河再毀城垣。乾隆末，改自其縣三臺入衞。威難。府東北百一十里。南有漳河故道。張臺村廢巡司。縣驛一。清河簡。府東百八十里。清河故瀆，縣西。衞河自山東臨清緣界入。其武城，古屯氏別河。西北：漳河故道。雍正中，移縣丞駐油房口，兼巡司事。縣驛一。磁州衝，繁，難。府西南百二十里。雍正四年，自河南彰德來隸。西有神廳山。釜山，滏水南北源出焉。合羊渠河、泥河，東播爲五爪渠。環城，復歧爲三，合牤牛河、澗水。漳河自河南涉縣入。州判駐彭城鎭。有滏陽驛。

天津府：衝，繁，疲，難。初隸天津道。明，衞，河間地。雍正三年爲直隸州，以順天之武清，河間之靑、靜海來屬。武清尋還舊隸。九年升府，置附郭縣。降滄州並所屬三縣來隸。天津道、總兵、長蘆鹽運司、通永鎭總兵駐。咸豐十年，海禁洞開，置三口通商大臣。同治九年，廢爲津海關道，以總督兼北洋欽差大臣，駐保定，半歲一移節。光緒庚子，拳匪亂，夷爲平地。西距省治四百六十里。廣二百二十里，袤三百八十里。北極高三十九度十分。京師偏東四十七分。領州一，縣六。天津衝，繁，疲，難。倚。雍正九年置。海，東南百二十里。北運河自武清入，匯大清、永定、子牙、南運爲海河，逕紫竹林，歷二十一沽，左右引河以十數，至大沽口入焉。大沽鎭有協及同知。府城，三岔口西南。

雍正初，置天津水師營。同治初，置機器局。後建新城礮臺，與大沽礮臺相聲勢。新城有海防同知。長蘆場八，自山海關至山東樂陵，袤八百餘里。豐財場東南葛沽與西沽、楊青巡司三。大沽、三河、頭淂溝、蒲溝、鹹水沽、雙港、北馬頭、趙家場八鎮。楊青水、陸二驛。航路：東南駛之罘、上海，東北駛營口，東駛朝鮮仁川與日本長崎。鐵路：京津，津榆，津保，津浦造焉。青 衝，繁，疲，難。府西南百六十里。順治末，省興濟入之。雍正三年自河間來隸。南運河自滄州入，有興濟減河。西：黑龍港河自河間入，東南：滹、漳故渠二。長蘆鎮，縣南七十里，有鹽運司，今移天津。有流河管河主簿。興濟、杜林二鎮巡司。河東、馬廠二汛。流河、乾平二水驛。靜海 衝，繁，疲，難。府西南七十里。雍正三年自河間來隸。南：南運河自青入，右出爲靳官屯減河。西：子牙河自大城入，納黑龍港河。西北：大清河亦入，納支津辛張河。有獨流鎮巡司。有奉新驛。滄州 衝，繁，疲，難。府西南二百里。明屬河間。雍正七年升直隸州，尋降來隸。海，東百三十里。南運河自南皮入，右出爲捷地減河。其北興濟減河自青入。其南石碑河上承王莽河，自南皮入，匯爲母豬港，至歧口入焉。東南：宣惠河亦自南皮入。有嚴鎮場鹽大使。磚河、祁口、捷地、舊州四鎮。風化店、孟村、李村三巡司。甎河水、陸二驛。南皮 繁，難。府西南二百七十里。雍正中，自滄州來隸。南運河自東光緣界。宣惠河自東光入，歧爲王莽河。津河自寧津數錯入。有薛家窩、馮家口二鎮。新橋驛。鹽山 繁。府南二百六十里。雍正中，自滄州來隸。海，東北百二十里。宣惠河自州入。古黃河鬲津自南皮入，錯出復入，並入山東樂陵。東有廢無棣溝。海豐場在羊兒莊，與舊縣置巡司二。狠坨子、韓村、高家灣三鎮。慶雲 簡。府東南三百二十里。雍正中，自滄州來隸。鬲津自鹽山錯入，納胡蘇、覆釜二河。馬頰河自樂陵入，入山東海豐。縣驛一。

河間府：衝，繁，難。隸清河道。明，領州二，縣十六。雍正三年，升天津衞爲直隸州。順治末，省興濟入青。至是以青、靜海屬之。七年，復升滄州，以東光、南皮、鹽山、慶雲屬之。九年，東光還隸。北距省治百四十里。廣二百里，袤三百八十里。北極高三十八度三十分。京師偏西十七分。領州一，縣十。河間衝，繁，難。倚。子牙河、黑龍港河自獻入。西有古洋河，合唐河。同治末，滹沱逕此，後廢。縣丞駐東城鎮。又二十里鋪、臥佛堂、沙河橋、崇仙、新村五鎮。景和鎮、北魏村二巡司。有瀛海驛。獻衝，繁，疲，難。府南少東五十五里。西南：滏陽自武強入，歧爲滹沱別河。東北：三黑龍港河與南亭子河並湮。淮、商家林二鎮。有樂成驛。阜城衝。府南少東百四十里。西：漳河自景州入。東南：古沙河，即屯氏河，亦自景入，亦曰漫河。有漫河驛。肅寧簡。府西四十里。古唐河自饒陽入，涸。古洋河自獻入。豬龍河舊自高、蠡間溢入爲中堡河，又東歧爲玉帶河，今並湮。有阜城驛。任丘衝，繁，難。府北六十七里。四角河自安州入，出趙北口。東：大港引河。同治末，復濬爲趙王新河，下注清苑玉帶河，並移鄚州東汛縣丞駐此。有廢洋河。古州鎮。鄚城驛。交河繁，疲，難。府東南百一十里。南運河自東光緣界。其西漫河、漳河、亭子河、滹沱別河，並涸。有泊頭鎮河主簿及廢巡司。高川鎮。富莊驛。有丞，裁。寧津簡。府東南二百三十里。古黃河鬲津自吳橋入。南有土河，舊自山東德州入，下至慶雲爲限河。或亦曰馬頰河。有包頭鎮。有驛。景州繁，難。府東南百九十里。南運河自山東德州緣界。古沙河自故城入，曰大洋河。曲流河自故城入，曰江江河，合爲漫河。又西北有廢漳河。劉智廟、安陵、連窩三鎮。龍華鎮巡司。有東光驛。吳橋繁，難。府東南二百四十里。西：南運河自山東德州緣界入。東：宣惠河。又東：沙河，古黃河鬲津，今四女寺減河，鈎盤河，今哨馬營減河，自德州入而合。有龍華鎭巡司。連窩鎭河丞。分隸景州。有水驛丞，裁。東光 繁，疲，難。府東南百六十里。南運河自吳橋入。東：宣惠河，合沙河、漫河自景、阜城分入而合。有燈明寺村、夏口二鎭。馬頭驛。故城 疲，難。府南少東二百八十里。南運河自山東入。武城緣界入。德州西北屯氏二支曰古沙河、曲流河，並出縣西。有廢漳河，卽黃盧河。縣丞駐鄭家口。有營。甘陵驛。

承德府：衝，繁，難。隸熱河道。明，諾音、泰寧二衞。天順後，烏梁海居，又併於察哈爾。順治初，內屬。康熙四十二年，建避暑山莊於熱河，歲巡幸焉。五十二年，城之。雍正元年，置廳。十一年，置承德直隸州。乾隆七年，仍爲廳。四十三年爲府。置州一，縣五。嘉慶十五年，置熱河道都統。並轄內蒙古東二盟十六旗，又附西勒圖庫倫喇嘛一旗。光緒初，置圍場廳。三十年，朝陽升府。以建昌隸之。廳隸宣化。三十三年，赤峯復升直隸州。西南距省治七百八十里。廣一千二百里，袤八百里。北極高四十一度十分。京師偏東一度三十分。領州一，縣三。府東：天橋山。西：廣仁嶺，本墨斗嶺，康熙末更名。熱河，古武列水。西源固都爾呼河，自豐寧入，納中源茅溝河卽默沁河，東源賽音河，逕磬錘峯，合溫泉，始曰熱河。灤河自灤平入合之。又東合白河、老牛河，折南納柳河。其西黃花川、黑河，其東瀑河自平泉再錯入。瀑河並入遷安。伊遜河出圍場伊遜色欽，南入豐寧。又西有乾塔河，入密雲。有釣魚臺、黃土坎、中關、張三營四行宮。邊牆北首漢兒嶺，南訖黑塔關口。有唐三營、中關、下板城、新漳子、六溝、二溝、三溝、茅溝八鎭。石片子巡司。熱河驛。灤平 衝，難。府西南六十里。明，諾音衞。乾隆七年，置哈喇河屯廳，四十三年改。西：髟髻山。西南：青石梁。西北：灤河自豐寧入，合興州河。左伊遜河入府界。潮河自豐寧入。西南：沽河自獨石口廳入，與湯河、紅土峪、馮家峪、黃崖口、水峪、白道峪、大水峪諸河並入密雲。其西雁溪河入懷柔。有喀喇河屯、王家營、常山峪、兩間房、巴克什營五行宮。邊牆東首漢兒嶺，西訖幵連口。喀喇河屯、大店子、三道梁、馬圈子、紅旗、呼什哈、喇嘛洞七鎮。駿匠營巡司。縣驛一。**平泉州** 衝，繁，難。府東百五十里。明，諾音衞。雍正七年置八溝廳，爲南境。乾隆四十三年改置。西有納喇蘇臺山、察罕陀羅海山。錫伯河出其東。熱河東源賽音河。中源默沁河並出西北入府界。瀑河一曰柳河，四源合於元惠州故城西，曰察罕河，逕寬城西曰寬河，入遷安。老哈河古託紇臣水，俗省曰老河，出喀喇沁右翼南百九十里永安山，亦曰察罕河，與奇札爾臺河會，又北合霍爾霍克河、布爾罕烏蘭善河、烏魯頭臺河，又東北合崑都倫河，入建昌。大寧城東北八十里，州判駐。有七溝營、丫頭溝、暖泉、櫻桃溝、龍鬚門、波羅樹、他拉波羅窪、臥佛寺八鎮。八溝稅務司。州驛一。**豐寧** 繁，難。府西北二百六十里。明，諾音衞。乾隆元年置四旗廳。四十三年改。西北：赫山、苔山，壢瓏峰舊曰興隆山，乾隆十九年更名。東有熱河西源，自圍場入，逕固都爾呼嶺，曰固都爾呼河，入府界。北：上都河自多倫廳入，納小灤河，曰灤河。其西興州河，出西北呼爾山。潮河，古洫水，一曰鮑丘水，出縣西大閣北七十里城根營。又湯河出十八盤嶺。東北：伊遜河自府界入，納伊瑪圖河，並入灤平。有波羅河屯、黃姑屯、什巴爾台、濟爾哈朗圖四行宮。荒地、鄧家柵、上黃旗、林家營、森吉圖、白虎溝六鎮。郭家屯、大閣兒、黃姑屯、土板四巡司。縣驛一。**隆化** 光緒三十年以張三營子置。有巡司管典史事。與郭家屯、黃姑屯二。

**朝陽府**：繁，疲，難。隸熱河道。明，營州衞。後入泰寧衞。乾隆三年，置塔子溝廳，爲東境。三十九年，析置三座塔廳。四十三年，置朝陽縣。光緒三十年，以墾地多熟，升府，以建昌隸之。又置縣三。西南距省治一千四百二十里。北極高四十一度四十五分。京師偏東四度二十三分。領縣四。西北：潢河自內蒙古阿魯科爾沁旗入。西南：大淩河自建昌入，合南土河，逕西平房西，左合卑克努河，察罕河，又東合布爾噶蘇台河，又東至龍城，一曰三座塔城。左合固都河、涼水河，至金教寺東北，左合土河，入盛京義州。小淩河出縣屬土默特右翼明安喀喇山。三源：中明安河，南穆壘河，北參柳水，東南流，合哈柳圖河，入奉天錦縣。養息牧河二源，並出喀爾喀左翼，東南流，合好來崑德河、鴨子河，入奉天廣寧。柳邊南首建昌，北訖科爾沁左翼。門五：新台、松嶺子、九官臺、清河、白土廠。有六家子、波羅赤、三道梁、青溝四鎮。三座塔稅務司。縣驛一。

建昌 繁，難。府西南二百六十里。明，營州廢衛。乾隆四十三年以塔子溝廳西境置。光緒三十年自承德來隸。北有固爾班圖勒噶山。東南：巴顏濟魯克山。東有布祜圖山，漢白狼山，白狼水出焉，今曰大淩河。南源出喀喇沁右翼南土心塔，會中源克爾、東源牛彔，入朝陽。北：漆河自灤平逕縣西入遷安。蒐濟河出喀喇沁左翼東南毛頭泊，入奉天錦州。北有潢河自赤峰入，會老哈河。河自平泉入，合伯爾克河，錯出復入。英金河亦自縣來會，復合落馬河，東北至谷口。乾隆八年，更名敖漢玉瀑，與潢河會，又東入朝陽。柳邊北首朝陽，南訖臨榆。門一：梨樹溝。有貝子口琴、波羅索他拉、胡吉爾圖、大城子四鎮。縣丞駐東北四家子鎮。塔子溝稅務司。蟒莊巡司。縣驛一。

赤峰直隸州：繁，難。明，諸音衛。雍正七年置八溝廳，爲北境。乾隆二十九年，析置烏蘭哈達廳。四十三年，置赤峰縣，隸承德府。光緒三十三年，升直隸州。增置林西。西南距省治千三百二十里。北極高四十二度三十分。京師偏東二度四十五分。領縣一。灤河自圍場入州北二百餘里之巴林旗。東南：老哈河，自平泉逕東南隅，納伯爾克河，北入建昌。英金河，古饒樂水，三源自圍場入，合於色呼，圍場西南折東，合巴顏郭河、色呼河、壘爾根烏里雅蘇河，入翁牛特右旗，合奇布楚河、鴨子河，又南會使力礙河，其上游納林錫爾哈河。木蘭東北諸水，匯於英金，東南諸水，匯於錫爾哈，三源合北流，合克依呼河，入平泉合克勒河，始入州，西北會烏拉台河。錫伯河亦自平泉來，與英金河會。英金河又東合卓索河，入建昌。烏拉臺河三源，亦木蘭諸水所匯，東流合默爾根精奇尼河，阿濟格赴河、噶海圖河、布獲圖河。有杜梨子溝、哈拉木頭、四道梁、音只礙梁四鎮。縣丞駐西北大廟鎮。有烏蘭哈達稅務司。有驛。林西　州西北四百十八里。光緒三十三年以巴林察罕木倫河西北地置。

宣化府：衝，繁，難。隸口北道。明，宣府鎮。順治八年，裁宣府巡撫。十年，併衞所官。領宣府等十縣。降延慶、保安屬之。康熙三年，改懷隆道爲口北道，與總兵並駐此。四年，隸山西，尋復。七年，裁萬全都司。三十二年爲府。巡撫郭世隆疏改，置縣八。後割山西蔚州來隸。光緒三十年，復割承德之圍場廳來隸。東南距省治七百里。廣四百四十里，袤三百二十里。北極高四十度三十七分十秒。京師偏西一度二十一分三十秒。廳不與。領廳一，州三，縣七。宣化　衝，繁，難。倚。明，宣府前衞。順治中，省左右衞入之，爲宣府鎮治。康熙三十二年，改置爲府治。北有東望山，西西望山。西有洋河自懷安入，左納清水河、柳河川、泥河，東南入懷來。其南桑乾河自西寧入，數錯出，於懷來合洋河，復入，逕府境。鎮二：雞鳴堡、深井堡。有守備，康熙中裁。有華稍營巡檢司。宣化、雞鳴二驛。又遞二。軍站五。赤城簡。府東北七十里。明，赤城堡。舊爲上北路。康熙三十二年改置。又以滴水崖、雲州、鎮安、馬營、鎮寧五堡入之。赤城山城。東北：白河自獨石入，南流出龍河峽，一曰龍門川，側城東南，合大石門水，亦曰赤城河。又得覇子嶺東、浩門嶺西水，屈東南，右納龍門河，左得紅沙梁水，入延慶。營二：獨石左、獨石右。口七：鎮寧、松樹、馬營、君子、鎮安五堡，龍門所、滴水崖。順治中，改參將置守備滴水崖。雍正中，改守備置都司。鎮十一：新鎮樓、雲州堡，及北柵、東柵、西柵、盤道、塘子、清平鎮嶺、四望、甎墩、野雞九口。驛二：雲州、赤城。萬全衝，繁，難。府西北七十五里。明，萬全右衞。舊爲西路，康熙三十二年改置。西北有野狐嶺、蕁麻嶺，今譌洗馬林。西有洋河自懷安入，左納孫才溝，西沙河、新河、東沙河，仍入之。西有愛陽河。東有清水河自張家口入，合臭灘、黃土梁水，南入宣化。營二：萬全、張家口。有副將。光緒七年，移多倫廳，惟都司駐。口五：鎮口臺、神威臺、洗馬林、新河、膳房堡。有軍站五。龍門簡。府東北百里。明，龍門衞。舊爲下北路。康熙三十二年改。又以葛峪、趙川、雕鶚、長安嶺四堡入之。西有龍門山，龍門河出其北麓，逕城南而東，左得覇子嶺西、浩門嶺南水，入赤城。西有小清水河，自張家口分入而合，曰柳河川。又有泥河，並入宣化。營一：龍門路。口二：葛峪堡、趙川堡。鎮八：安邊、靜樓、墩鎮、衡臺、盤道、宜臺六口，常峪鎮、雕鶚堡。長安嶺堡並有驛，雍正中，嶺置都司，後裁。有軍站二。懷來衝，繁。府東南百五十里。明，懷來衞。舊爲東路。康熙三十二年改。又以保安衞及土木、榆林二堡入之。南有軍都山。西有桑乾河，自宣化入，再錯出復入，會洋河，北支也。折東南，右得礬山水，左有右河，至合河口會嬀河，其東支也。又南入宛平，爲盧溝河。二鎮：保安城，雍正中改參將置都司；礬山堡，守備駐。有沙城堡巡司。土木、榆林二驛。軍站四。蔚州衝，疲，難。府西南二百四十里。雍正六年自山西大同來隸。有衞。康熙三十二年改。乾隆二十二年省入。東南：笄頭山，一曰磨笄山。西有壺流河，自山西廣靈入，再錯出復入。左右得乾沙河，九折，北合定安河、會子河、扶桑泉諸水，入西寧。三鎮。黑石嶺卽飛狐岌，有神道溝巡司，康熙中裁，以吏目兼理。又岔口、桃花堡，三遞。西寧簡。府西南二百里。康熙三十二年以明順聖東、西二城置。東南有榆林山、月神山。西有桑乾河，古㶟水，自山西天鎮入。有小莊渠，乾隆十年導。又東，左納虎溝河，合五里河、汊河、西沙河，至小河口會壺流河。有順聖川鎮。東城、西城二遞。懷安衝，繁。府西少南百二十里。明，懷安衞。康熙三十二年改。又省萬全左衞及所轄柴溝堡、西洋河堡入之。西北：花山。南：託台谷。水溝口河自山西天鎮入，合谷水，自洪塘溝東北注洋河。東洋河自張家口入，會西洋河、南洋河，曰洋河，亦曰燕尾河，錯出復入，合水溝口河。營一：柴溝堡，巡司駐。口二：東洋河、西洋河。有左衞城、西洋河堡、水關臺、鎮口臺四鎮。懷安、萬全二驛。軍站四。延慶州衝，難。府東少南二百里。舊隸宣府鎮爲東路。順治末，省永寧縣入衞。康熙三十二年改。乾隆二十六年，又省延慶衞及所轄五千戶所入之。北：阪泉山。東北：獨山。南：八達嶺。北：白河自赤城入，復入獨石口。嬀河出州東北，伏流復出爲黃龍潭，合龍灣水，環城，合沽河、蔡河、黑龍河，入懷來。鎮五：石硤峪、營盤口、小水口、鎮安堡、千家店。口四：周四溝堡、四海冶堡、柳溝城、八達嶺。東有永寧城巡司。居庸驛。軍站一。保安州簡。府東南六十里。舊隸宣府鎮爲東路。康熙三十二年改。南：涿鹿山、橋山。西南：釜山、歷山。東南：羮頡山。有泉湛而不流，古阪泉也。西：桑乾河自宣化錯入，再錯懷來入之；導爲五渠。有馬水口鎮。有遞。圍場廳衝，繁，疲，難。西北三十二里，正副總管駐。本內蒙古卓索圖、昭烏達東二盟地。康熙中，進爲圍場，曰木蘭，國語「哨鹿」也。光緒二年置廳。三十年自承德來隸，兼有府、赤峯西北、豐寧東北境。在內蒙古各部落之中，周千三百里，廣三百里，袤二百里，並有奇。四界表識曰「柳條邊」。道二，並自波羅河屯入。東崖口，一曰石片子，西濟爾哈朗圖。舊制以八月秋獮，東入則西出，西入則東出，歲以爲常。場都六十有九，以八旗分守於內，旗各營房一、卡倫五。鑲黃旗營房在奇卜楚高，爲北之東，其卡倫曰賽堪達巴罕色欽，曰阿魯色埒，曰阿魯呼魯蘇臺，曰英格，曰拜甡圖。正白旗營房在納林錫爾哈，爲東之南，其卡倫曰巴倫崑得伊，曰烏拉臺，曰錫拉諾海，曰諾林錫爾哈，曰格爾齊老。鑲白旗營房在什巴爾臺，爲南之東西間，其卡倫曰噶海圖，曰卓索，曰什巴爾臺，曰痲尼圖，曰博多克。正藍旗營房在石片子，爲南之東，其卡倫曰木壘喀喇沁，曰古都古爾，曰察罕扎克，曰汗特穆爾，曰納喇蘇圖扎巴。正黃旗營房在錫拉扎巴，爲北之西，其卡倫曰庫爾圖陀羅海，曰納喇蘇圖和碩，曰沙勒當，曰錫拉扎巴，曰錫拉扎巴色欽。正紅旗營房在扣肯陀羅海，爲西之北，其卡倫曰察罕布爾噶蘇臺，曰阿爾撒朗鄂博，曰痲尼圖布拉克，曰齊呼拉臺，曰布哈渾爾。鑲紅旗北營房在蘇木溝，爲西之南，其卡倫曰海拉蘇臺，曰姜家營，曰西燕子窩，曰郭拜，曰和羅博爾奇。鑲藍旗營房在海拉蘇臺，爲南之西，其卡倫曰朱爾噶岱，曰蘇克蘇爾臺，曰卜克，曰東燕子窩，曰卓索溝。有西圖巡檢司。廳驛一。

口北三廳：隸口北道。直宣化府，張、獨二口北。明季，韃靼諸部駐牧地。康熙十四年，徙義州察哈爾部宣、大邊外，壩內農田，壩外牧廠，順治初置，在張、獨者六，其一奉天彰武臺。及察哈爾東翼四旗、西翼半旗。雍正中，先後置三理事同知廳。光緒七年，並改撫民同知。廣六百里，袤六百五十里。

張家口廳：要。明初，興和守禦千戶所。順治初，爲張家口路，隸宣府鎮。西北六十里。康熙中，置縣丞。雍正二年，改理事廳。轄官地，及察哈爾東翼鑲黃一旗、西翼正黃半旗，並口內蔚、保安二州，宣化、萬全、懷安、西寧四縣旗民。光緒七年改撫民，復。東南距省治七百五十里。北極高四十度五十分四十秒。京師偏西一度三十五分。北有東山、高山、大小烏鴉山。東洋河二源，自山西豐鎮廳分入而合，左得蘇祿計水。清水河出廳東北，合毛令溝、太子河、驛馬圖河，曰正溝，合大西溝、大東與新河、東西沙河，並入萬全。其東小清水分入龍門。西北有昂古里泊。又諾莫渾博羅山有正黃等四旗牧廠，查喜爾圖插漢地有禮部牧廠，並明天成衞邊外地。齊齊哈爾河有太僕寺右翼牧廠，廣百五十里，明大同邊外地。東北喀喇尼墩井有太僕寺左翼牧廠，明宣府邊外地。北控果羅鄂博岡，有鑲黃等四旗牧廠，明廢興和千戶所。廳自雍正十年與俄定恰克圖約爲孔道。光緒二十八年，劃地五百萬方尺爲租界。三鎮：興和城、太平莊、烏里雅蘇臺。有站。

獨石口廳：要。明初爲開平衞。順治初爲上北路，隸宣府鎮。東北二百五十里。康熙中置縣丞，曰獨石口，併衞入赤城。雍正十二年置理事廳。轄官地，及察哈爾東翼正藍、鑲白、正白、鑲黃四旗，並口內延慶一州，赤城、龍門、懷來三縣旗民。光緒七年改撫民。副將防守尉。駐。南距省治七百九十里。北極高四十度五十四分四十秒。京師偏西四十分。東南有大小石門山、太保山。白河，古沽水，正源隄頭河，出廳西北狗牙山，合東西柵口水，與別源獨石泉會，南入赤城。復自延慶州入，與黑河並入灤平，下流會潮、楡諸水，爲北運河。上都河，古濡水，出廳東北巴顏屯圖固爾山，合三道河，西北入多倫廳，下流爲灤河，至樂亭入海，行二千一百里有奇。有金蓮川、伊克勒泊。東北：博羅城，有御馬廠，隸上駟院。四鎭：丁莊灣、黑河川、東卯鎭、千家店。有站。

多倫諾爾廳：要。明，開平衞地。順治初，置上都牧廠，屬宣府鎭。東北五百五十里。康熙三十年，喀爾喀爲準逆所破，車駕蹕此受降焉。雍正十年，置理事廳。轄察哈爾東翼正藍、鑲白、正黃、鑲黃四旗，及蒙古內札薩克與喀爾喀旗民。光緒七年，改撫民。西南距省治千一百里。北極高四十二度二十八分二十秒。京師偏西六分。西南有駱駝山。北有錫拉穆楞河，自內蒙古克什克騰旗入，合碧七克、碧落、拜察諸河，北入巴林旗。東南有上都河，自獨石口入，合石頂、克伊綳、額爾通、伊札爾、什巴爾臺諸河。七星潭在上都牧廠北，一曰多倫泊，廳氏焉。蒙語謂止水曰「泊」，大者「諸爾」，次「鄂模」、「庫勒」、「科爾崑」有差。廳北布珠、博碩岱等泊以十數。西北又有鹻池。興化鎭在喇嘛廟南，張家口副將駐。有白岔司。又興盛鎭、二道泉、閃電河、土城子四汛。廳驛一。

永平府：要。隸通永道。明，領州一，縣五。乾隆初，廢山海衞置臨楡。先是雍正初，以順天之玉田、豐潤來隸。乾隆八年，復改屬遵化。西距省治八百三十里。廣三百三十里，袤三百八十里。北極高三十九度五十五分三十秒。京師偏東二度二十八分三十秒。領州一，縣六。盧龍衝，繁，難。倚。東南：陽山。西南：孤竹山。灤河自遷安入，合青龍河。東有飲馬河。東北：燕河。營一：

燕河路。有燕河莊、夷齊廟二鎭。灤河驛。鐵路。遷安繁，疲，難。府西北四十里。西北：九山，康熙中改五虎山。灤河自承德府入，合黃花川河、瀑河，又南，左得鐵門關水，入潘家口，古盧龍塞也。右納潵河，折東逕城西。漆河自建昌入，合白洋、冷口二河，爲青龍河。巨梁水出西北黃山，一曰還鄉河。又沙河、石河、館水、徐流營、泉莊諸營田。營二：喜峰路、建昌路。汛八：龍井關、潘家口、李家峪、青山口、榆木嶺、擦崖子、冷口關、桃林口。三屯營、沙河堡、喜峰口三巡司。道光中，移三屯副將大沽口。太平寨、漢兒崖、沙河三鎭。七家嶺、灤陽二驛。撫寧衝，難。府東七十里。海，東南五十里。戴家河三源合於榆關南，爲渝河，合獅子河，緣界。又西洋河二源納燕子河入焉。乾溝河起河東，自臨榆入。沙河西自遷安入，合爲會河。汛二：界嶺口、臺頭營。鎭三：蒲河營、洋河口、深河堡。蘆峰口、榆關二驛。昌黎繁，難。府東南七十里。北：碣石山。海，東南三十餘里，突北出七里，一曰七里海。灤河自灤州入，左出，支津入焉，爲甜水溝口。飲馬河自盧龍入，爲沙河。四鎭：姜各莊、蒲河口、沙崖口、蛤泊堡。有鐵路。灤州難。府西南四十五里。海，南百三十里。有劉家河口，清河合沂河緣界入。西蠶沙口，小清河入。灤河自盧龍入。沙河自遷安入。館水亦自其縣入，曰陡河，亦曰牤牛河，合石溜河。州判駐胡各莊。三鎭：劉河口、稻地、開平。榛子鎭，巡司駐。鐵路。樂亭簡。府南少東百二十里。海，南四十五里。灤河自昌黎入，歧爲二：東胡盧河，至老米溝；西曰定流，至清河口入灤。入海處五十里內凝碧，一曰綠洋溝。都行二千一百里。石碑場，西南。二鎭：西關里、馬頭營。臨榆衝，繁，難。府東北百七十里。奉天奉錦道寄此。乾隆二年，以明山海衞置山海關。今東門古榆關。順治時置副將，後改游擊。道光末，與永平副將互徙。北有角山，長城枕其上。石河，古渝水，縣氏焉，譌「榆」。合鴨子河，帥府河入焉。故道在行宮西。其西湯河口。大清河出東北，入奉天寧遠。乾溝河、起河並出西北。汛四：義院口、大毛山口、寧海城、黃土嶺。小河口東曰柳邊。門二：鳴水塘、白石嘴。三鎮：海陽、乾溝、白塔嶺。西有陽化場。石門寨巡司。遷安驛。鐵路。

遵化直隸州：衝，繁，難。隸通永道。明，縣，屬薊州。康熙十五年，以陵寢隩區，升州，改隸順天。乾隆八年，復援易州例升直隸州，割永平之二縣來隸。西南距省治六百三十里。廣百六十里，袤三百七十里。北極高四十度十三分。京師偏東一度三十二分三十秒。領縣二。

昌瑞山，西北七十里，本豐臺嶺，改鳳臺山，康熙初復改，東陵在焉。又西北霧靈山，淋、柳、澈、橫四河源此。橫即澈右源，合東入遷安，與左源之黑河會。梨河古浭水，出東北蘆兒嶺，自遷安入，一曰果河，合沙河。又有雙女河、車道峪水。馬蘭峪、洪山口，總兵駐；與鮎魚口、大安口、羅文峪爲五鎮。石門鎮，州判駐。又大窪汛、窩哨子、窖道子、老廠四鎮。西：半壁山。巡司二：駐州及石門。有丞。

玉田 衝，繁，難。州西南九十五里。雍正二年，自順天改屬。乾隆八年來隸。燕山，西北二十五里。北有黎河自州入，曰漳泗河，入薊曰沽河，復緣界曰薊運河。小泉河出東北，嘉慶末，建行宮其上，更名縈輝河，合藍泉、螺山水注之。還鄉河自豐潤入，合沙流河，逕雅鴻橋，合黑龍河，又西來會。雙城河出縣北黃家山，亦南來會。雅鴻橋，河主簿駐。嘉慶十二年，以河丞改。有陽樊驛。鐵路。

豐潤 衝，繁，難。州東南百里。改隸同玉田。海，南二百里。陡河自灤入，錯出復入，合倍河，分流復合，入爲澗河口。東支金沱泊，支津西南合王家河。薊運河自玉田緣界。還鄉河自遷安入，納雙女河、車道峪水。同治中南決，至黑馬甸，於是有黑龍河，合泥河，並注薊運河。沙流河出西北。豐臺鎮西南，有河主簿、巡司。越支場，南百里，大使駐，今移宋家營。小集、畢家圈、開平營三鎮。又義豐驛。鐵路。

易州直隸州：繁，難。隸清河道。明屬保定，領縣一。雍正十一年，升直隸州。割山西大同之廣昌來隸。南距省治百四十里。廣二百六十里，袤二百二十里。北極高三十九度二十三分。京師偏西初度五十分三十秒。領縣二。西有行宮二：一、良各莊；一、泰寧鎮，總兵駐。有永寧山，西陵在焉。北：易濡水，出州西益津嶺，合安河、五里河，其東北即迎紫河。中易、白澗河，出西北武峰嶺，南易、雹水，出西南石虎岡，其南有徐河、潤河、界河。拒馬河自廣昌入，錯出復入，合小水以十數，入邊。口十八，飛狐最險。有塔崖、奇峰二廢巡司。鎮二：烏龍溝、紫荊關。康熙中，移副將眞定，改置參將，轄白石口、廣昌營、浮圖峪、烏龍溝、凝靜菴五營。二驛：清苑、上陳。有丞，兼巡司。又州判駐。有鐵路。淶水　衝，繁。州東北四十里。西北：檀山。拒馬河自州入，右出支津合鐵嶺水，又北東緣界復合。左出支津復入，合清水河。西南：北易亦自州入，合迎紫河，又東合迺欄河。口七。鎮二：大龍門、馬水口。舊稱京師右輔，有都司，轄大龍口、金水口諸汛。二鎮：水東營、秋瀾汛。黃莊鎮巡司。在城、石亭二驛。鐵路。廣昌　簡。州西八十里。雍正十一年自山西大同來隸。城西淶水，譌「漆」，又借「七」，拒馬西源出焉。會東源，錯出復入。湯河自山西靈丘入。口八。鎮八。浮圖峪古銀防路，最險；插箭嶺口、白石口、胡核嶺口、黃土嶺口，又黑石嶺鎮，古飛狐口。縣驛一。鐵路。

冀州直隸州：繁，疲。隸清河道。明屬眞定。領縣四。雍正二年，升直隸州。割正定之衡水來隸。北距省治三百里。廣百六十里，袤二百五十里。北極高三十七度三十八分五十秒。

京師偏西初度四十七分三十秒。領縣五。滹沱、滏陽，舊自束鹿會縣西，入衡水。雍正初，滹北徙，與滏離，遂横潰，後卒合滏順軌焉。北有枯洚渠。州驛一。南宫 簡。州西南六十里。漳河故道三，中洚瀆，東南古漳，西北新漳。今復南徙，邑遂無水患。縣驛一。棗强 繁，疲，難。州東南三十里。東：古漳河，一曰黄瀘河，自南宫入。西：索盧河。衛支津自州入。並涸。新河 簡。州西少南六十里。西有滏陽河，自寧晉再入。有胡盧灣，舊與漳合處。縣驛一。武邑 疲，難。州東北九十里。西：滏陽河自衡水入。又廢龍冶河、老漳河。有水驛。衡水 簡。州東北九十里。漳河衡流，古亦曰衡水。隋以氏縣。後爲新漳河，乾隆中南徙。其滹沱今北徙。惟滏陽河自州入。古鹽河湮。縣驛一。

趙州直隸州：衝，繁。隸清河道。明屬眞定。領縣六。雍正二年，升直隸州。改贊皇隸正定。東北距省治三百九十里。廣二百里，袤百四十里。北極高三十七度四十八分三十秒。京師偏西一度三十三分三十秒。領縣五。西北：洨河自欒城入，納豬龍河、冶河、新桃河。槐河自高邑入，緜蔓既合甘淘、冶河，而洨逕其故道，故即斯洨。太白渠下流亦被冶河目也。有滹沱故道，咸豐初淤。鄗城驛。柏鄉 衝，繁。州南六十里。午河自臨城入。泲河及支津並自高邑入。而泲納新溝河。有槐水驛。隆平 簡。州南九十里。東有滏陽河。灃河自任入。灃有九閘，雍、乾中建。北有泜河，自唐山入，合新溝水。泲河自栢鄉入，合支津及午河，曰槐午河。有驛。高邑 簡。州西南五十里。北有槐河，自元氏入。南新溝河。泲河自贊皇入。縣驛一。鐵路。寧晉 簡。州東南四十里。滏陽河自隆平入。有寧晉泊，周百餘里，匯其灃、泜、午及州之洨、槐諸水，自十字河來會，錯出復入。邑故澤國，康熙末，漳南徙，雍正初，滹東徙，怡賢親王復濬各水口，築隄設斗門，閼內外水出入，積潦始消。光緒中，滹沱復淤塞，半爲平陸。有百尺口廢巡司。縣驛一。

深州直隸州：簡。隸清河道。明屬眞定。領縣一。雍正二年升，以正定之武强、饒陽、安平來隸。衡水還屬正定。北距省治二百八十里。廣百四十里，袤百六十里。北極高三十八度三分四十秒。京師偏西初度四十七分。領縣三。州境自古病河、漳二水。河、漳先後他徙，滏、滋亦不甚橫。惟滹沱於乾隆十九年自束鹿分支潰入，同治七年復北徙，自安平入，諸故道並淤。有驛。武强　簡。府東五十里。南：武强山，下有淵。滏陽自武邑入，至小范鎭北，奪滹沱故道。道光初，滏、滹同溢。有廢亭子、龍治二河。有驛。饒陽　疲，繁，難。州東北六十里。乾隆初，知縣侯珏以滹爲患，濬新溝七。同治中，唐世祿復疏經流三、支渠八，並注獻之古洋河。逾年復決安平。知縣吳恩慶築堤，首郭村，訖秦王莊，滹、滋始分。今滹沱中、南二支自州入；而古唐河自蠡入，半淤。有驛。安平　簡。州西北五十里。滹沱中、南二支並自深澤入。豬龍河自祁入。其支津礓石河，湮。有驛。

定州直隸州：衝，繁，疲，難。隸清河道。明領二縣。雍正二年升。十二年，以保定祁州之深澤來隸。新樂還屬正定。東北距省治百五十里。廣百四十里，袤二百里。北極高三十八度三十二分三十秒。京師偏西一度二十一分。領縣二。中山，城內，今設鐘鼓樓。北有唐河自唐入，始爲患。乾隆中，南奪小清河。嘉慶中，復北奪小清河爲今瀆。南有嘉河自曲陽入。沙河自新樂入資河。同治十年南徙，錯出復入會資河，自深澤緣界。唐、沙各故道及木刀溝並涸。有永定驛。鐵路。曲陽　簡。州西北六十里。西北：恆山，古北嶽。順治末，改祀於山西渾源。恆水出其北谷，合三會河。唐河納縣北馬泥河，錯入。西北：沙河自阜平入，合平陽河，左得圓覺泉諸水。長星溝出西北孔山，側城東南，合曲逆溪、靈河，自是曰孟良河。縣驛一。深澤簡。州東南九十里。雍正十二年，自祁州來隸。滹沱、滋並自無極入。滹歧爲三，北爲經流。滋舊納支津木道溝，涸。乾隆初，決趙八莊，尋塞。復濬官道溝，導城西瀝水東注安平。縣驛一。

# 清史稿卷五十五

## 志三十

### 地理二

#### 奉天

奉天：禹貢青、冀二州之域。舜析其東北爲幽、營。夏仍青、冀。商改營州。周，幽州。明，遼東都指揮使司。清天命十年三月，定都瀋陽。天聰八年，尊爲盛京。順治元年，悉裁明諸衞所，設內大臣、副都統，及八旗駐防。三年，改內大臣爲昂邦章京，給鎭守總管印。康熙元年，改昂邦章京爲鎭守遼東等處地方將軍。四年，改鎭守奉天等處地方將軍。光緒三十三年三月，罷將軍，置東三省總督、奉天巡撫，改爲行省。北至洮南；與黑龍江界。南至旅順口；海界東南，以鴨綠江與朝鮮界。西至山海關；與直隸界。東至安圖。與吉林界。廣一千八百里，袤一千七百五十里。

北極高三十九度四十分至四十四度十五分。京師偏東四度至十二度。宣統三年，編戶一百六十五萬五百七十三，口一千六十九萬六千零四。共領府八，直隸廳五，廳三，州六，縣三十三。案：盛京，天聰五年因明瀋陽衞城增修。城周九里三百三十二步，高三丈五尺，厚一丈，女牆高七尺五寸，垛口凡六百五十一。門八：東之左曰撫近，右曰內治，南之左曰德盛，右曰天祐，西之左曰懷遠，右曰外攘，北之左曰地載，右曰福勝。門各有樓閭，加之角樓。四城之中爲大政殿，太宗聽政之所也。殿西爲大內。南向曰大清門，門內曰崇政殿，殿前東飛龍閣，西翔鳳閣。崇政殿直北爲鳳凰樓，樓北清寧宮。宮之東曰衍慶宮、關睢宮，西曰永福宮、麟趾宮。鳳凰樓之前，東爲師善齋，齋南日華樓，西協中齋，齋南霞綺樓。崇政殿東頤和殿，殿後介祉宮，宮後爲敬典閣。崇政殿西爲迪光殿，殿後保極宮，宮後繼思齋，齋後崇謨閣。大內之西文溯閣，藏書之所也。東南太廟。銀庫在大政殿南，織造庫在大內南。戶部、禮部、工部在銀庫東，刑部、兵部在織造庫西。御史公署在城東北隅。其外關城則康熙十九年建，高七尺五寸，周三十二里四十八步。門八：東之左曰小東關，右曰大東關，南之左曰大南關，右曰小南關，西之左曰大西關，右曰小西關，北之左曰小北關，右曰大北關。關城內南爲天壇，東爲地壇、爲堂子，西南隅爲社稷壇、爲雷雨壇，東南隅爲先農祠，爲耤田。耤田西南隅設水門二，導小瀋水自門出焉，下流注於渾河。其名山爲醫巫閭、松嶺。其巨川爲遼河、渾河。其重險：山海關、鳳凰城、威遠堡。其船路：自營口西南通天津，南通之罘，東南通朝鮮仁川。其鐵路：內屬者，營榆；屬日者，俄築東清枝路。其電線：西通天津，西南旅順，東南鳳凰、安東，東北吉林。

奉天府：衝，繁，疲，難。總督兼將軍，民政、提法、交涉、度支、鹽運司，勸業道，副都統駐。順治十四年四月，於盛京城內置府，設府尹。光緒三十一年八月，裁府尹設知府，爲奉天省治。西南至京師一千四百七十里。廣八百七十里，袤九百九十里。北極高四十一度五十一分五十秒。京師偏東七度十五分。領廳一，州二，縣八。承德 衝，繁，疲，難。倚。明，瀋陽中衛。康熙三年置縣，附府。福陵在東二十里天柱山，昭陵在西北十里隆業山。有副都統兼二陵守衛大臣。渾河在南，卽瀋水，自撫順入，西南入遼中。左受高素屯、白塔鋪、于家臺河，右受馬官橋、萬泉河。萬泉亦稱小瀋水。東北：大淸山，蒲河所出，西南流，逕永安橋，入新民境。永安橋，崇德六年建。初，太祖定瀋陽，以西路沮洳，命旗丁修疊道百二十里，直抵遼陽。太宗復建此橋，行旅便之。舊設驛四：西老邊，通新民；北懿路，通鐵嶺；東噶布拉村，通興京；南十里河，卽明虎皮驛，通遼陽。鐵路三：京奉，東淸，安奉。京奉鐵路行境內六十里，車站二，曰馬三家，曰瀋陽，在小西關外，卽京奉全路尾站。商埠，光緒二十九年八月中美約開。遼陽州 繁，疲，難。府南百二十里。明，定遼中衛，兼置自在州。天命六年三月克遼陽，四月遷都於此。十年移瀋陽。順治十年設遼陽府，遼陽縣附郭。十四年，府移縣來隸。康熙三年六月，縣升爲州，仍隸府。有城守尉。南：千山山脈，東自懷仁老嶺入，爲遼東半島之脊，山南之水，獨行入海，遼東山脈主峰也。北：太子河，自本溪入，西流至遼中境，迤南入海城。左受細河、藍河、湯河、沙河、鞍山河；右受十里河，渾河枝水，國語曰塔思哈河。舊設驛三：曰迎水寺、浪子山、甜水站。商埠，光緒三十一年中日約開。有東淸鐵路。復州 繁、疲。府南五百四十里。明爲復州衛。天命七年三月復州降。康熙三年併入蓋平。雍正四年，分蓋平地置復州廳。十一年改爲州，隸府。有城守尉。州境多山，西與西南皆海。其海曰復州灣。北：浮渡河。南：復州河，左受欒古河，皆西入海。東：沙河、淸水、贊子、碧流，右受弔橋河，皆南入金州。長興島州判在西南百四十里海中，光緒三十四年置。其東北娘娘宮。港岸曰東崖、西崖，商船出入，海道咽喉也。水門子巡檢，光緒三十二年置。舊設舖司四：北核桃嶆、李官墳，通蓋平；南龐河舖、欒古城，通金州。有東清鐵路。

**撫順**衝，繁，疲，難。府東八十里。明，撫順千戶所。天命四年克撫順。光緒二十八年，分承德縣地設興仁縣，附府。三十三年移治撫順城，劃興京西北地入之，更名，仍隸府。東：薩爾滸山、鐵背山，皆天命四年破明兵處。南：渾河南北二源自興京入，合流西，左受章黨、馬郡丹、塔兒峪、拉古河，右受溫道、柳林、金花樓河，入承德。東有營盤市鎮，舊設驛一。薩爾滸南，奉撫運煤鐵路；西南姚千戶屯，安奉鐵路。

**開原**繁，疲。府東北三百里。明洪武二十年，置三萬衞於元開元路故城西，二十一年徙此。改開元爲開原。永樂七年兼置安樂州。天命四年六月克開原。康熙三年六月置縣，隸府。有城守尉。東北：黃龍山。西北：遼河自康平入，左納馬鬃、亮子河。南：清河，右受碾盤河、扣河；又南沙河，皆西入遼河。東南：柴河，西入鐵嶺境。又東南英額河，西南入興京。邊門三：北馬千總臺，東北威遠堡，東南英額。舊設驛一。又有道，東南經石人溝至山城子，西經英城子達法庫門，東經威遠堡門至西豐，號四達通衢。有東清鐵路。

**鐵嶺**衝，疲。府北一百三十里。明置鐵嶺衞。天命四年七月克鐵嶺。康熙三年六月置縣，隸府。有防守尉。遼河在西，自開原東南流入，屈西南流入法庫境。其旁多水泊，曰蓮花泡、葦子、五角、蓮子、欒子諸湖，瀰漫十里，土人呼遼海，有遼海屯。北柴河，南范河，又南懿路河，皆西入遼河。舊設驛一。商埠，中日約開。有東清鐵路。

**海城**繁，疲，難。府南二百四十里。明置海州衞。天命六年海州降。順治十年十一月置海城縣，隸遼陽府。十四年四月改隸。西六十里有牛莊防守尉。西南：唐王山。遼河在西。渾河自遼中入，曰蛤蜊河，左匯太子河，西流入之，名三岔河。北土河、鞍山河西入太子河，南入海州河，西入遼河。三岔巡司，康熙二十一年置，駐牛莊。西鄉、三家子、石佛寺等處舊有河道，繞流入遼，後淤塞。光緒三十四年開濬故河，涸出良田三十六七萬畝。東南有析木城市鎮。舊設鋪司四：西南營口，南大石橋，接蓋平；北鞍山站，接遼陽；東二道河，入岫巖。有東清鐵路。

蓋平 繁，疲。府西南三百六十里。明置蓋州衞。天命六年三月蓋州降。康熙三年六月置縣，隸府。有城守尉。又西南六十里有熊岳防守尉，故遼城也，舊駐副都統，後裁。東：棉羊山，縣東南諸山皆發脈於此。西瀕海曰蓋州灣。北：淤泥河。南：蓋州熊岳河、浮渡諸河，皆西流入海。東南：碧流河，卽畢利河，出布霧山，南流入復州。舊設鋪司三：西北沒溝營，北大石橋，南熊岳城。有紅旗廠、藍旗廠、吳家屯三鹽場。有東清鐵路。

遼中 繁，難。府西南一百四十里。明，定遼中衞、右衞地。光緒三十二年七月，分新民、遼陽、海城地，設治阿司牛彔鎮，尋劃承德西南境增入，置縣隸府。遼河在西，有冷家口。支流西南入盤山，曰分遼水，亦曰減河。正流南入縣境。又西柳河，南入分遼水。又西鷂鷹河支津，南入柳河。東：蒲河自新民入，南入渾河。又東南太子河支津二入之。西南：遼河。西：達都牛彔，縣丞駐，光緒三十三年置。

本溪 府東南一百二十里。明爲清河城。光緒三十二年，分遼陽、興京、鳳凰地，設治本溪湖，置縣隸府。南：摩天嶺，一名太高嶺，山脈東連老嶺，西接千山。其北：細河，卽萬流河，北流入遼陽。其南：草河、賽馬集河，南流入鳳凰。南：太子河南北二源，自懷仁、興京入，合流西入遼陽。東：清河，南入太子河。賽馬集巡檢，光緒三年置，屬鳳凰廳，三十二年來屬。舊設連山關驛。有安奉鐵路。

金州廳 衝，繁，疲，難。府南七百二十里。明置金州衞。雍正十二年置寧海縣，隸府。道光二十三年改金州廳，仍隸府。有副都統，寄治承德。廳境萬山環抱，東西南北皆海，惟東南一隅陸地，連復州成半島形。沙河、清水、贊子、碧流諸河在東北入海。

有貔子窩市鎮。旅順口在西南。自旅順循半島以西，歷遼河口、大小凌河口至山海關，爲渤海岸；以東歷碧流河口、莊河口、大洋河口至鴨綠江，爲黃海岸。旅順鐵山角與山東登州頭對峙，爲渤海口門。有舊水師營城。舊設鋪司一，石河驛。商埠：光緒二十三年中俄約開。海關在大連灣。有東清鐵路。

法庫直隸廳：衝，繁，難。省西北一百六十里。明，三萬衞地。康熙元年，設法庫邊門防禦。光緒三十二年，分新民府及開原、鐵嶺、康平三縣地，設治法庫門，置廳，直隸行省。法庫山在南。遼河自鐵嶺入，北流，屈西流，逕廳南入新民。其津渡處有三面船市鎮。西：沙河，南入遼河。又西秀水河，南入新民。有秀水河市鎮。廳城北門仍舊邊門。邊門外道路作三叉形。西行至彰武；北行由桃兒山、馬奇溝赴康平，可至吉林伯都訥；東北行由齊家店、公主屯赴昌圖，可至吉林長春。北邊衝要也。商埠，中日約開。

錦州府：繁，難。明置廣寧中、左、右屯三衞，隸遼東都指揮使司。崇德七年三月克錦州。康熙三年置廣寧府，並縣爲治。四年改置，徙治錦。省西南四百九十里。廣五百三十里，袤百七十里。北極高四十度九分。京師偏東四度三十九分。領州二，廳一，縣三。錦　衝，繁，疲，難。倚。明置廣寧中屯衞及左屯、右屯衞。康熙元年七月改錦州爲錦縣，隸奉天府。三年六月改隸廣寧府。十二月罷廣寧，置錦州縣，附府。舊駐副都統。光緒三十四年裁。有協領。松山、杏山、塔山在南，皆崇德七年破明兵處。紫荆山在東，爲縣境諸山冠。南瀕海。東大凌河，西小凌河，右受女兒河，皆南入海。西南：天橋廠巡檢，雍正元年置。又西南海濱有地伸出海中如三角形，曰葫蘆島，島勢向西環抱成一海灣。光緒三十四年，勘爲通商港。舊設驛二：小凌河，十三山。京奉鐵路行境內一百一十里，車站四：錦州，雙陽甸，大凌河，石山站。鹽場八：上坎、天橋廠、大東山、白馬石、邰子屯、頭溝、四溝、沙溝。卡倫二：高家屯，天橋廠。

**錦西廳** 繁，難。府西九十五里。明，廣寧中屯衞地。光緒三十二年分錦縣西境置江家屯廳，尋更名。三十三年隸府。東：大虹螺、小虹螺山，山東七里河，南入海。女兒河導源直隸朝陽，東流入邊，逕廳北，迤東北流，又東流入錦縣。北：松嶺邊門。東北：虹螺峴市鎭。舊設高橋驛。京奉鐵路車站三：連山，高橋，女兒河。

**盤山廳** 衝，疲，難。府東一百七十里。明，廣寧盤山驛。光緒三十二年，分廣寧縣地及盤蛇驛牧廠地置廳，隸府。南瀕海。分遼水自遼中冷家口西南入，逕廳南入海。西南：沙河、東沙河、西沙河皆南入海。錦營鐵路自廣寧溝帮子站分支入境，東南入營口，長百二十餘里。車站三：胡家窩棚，雙台子，大窪。鹽場五：藍石鰲、西夾信、南夾信、二道磧、二龍江。

**義州** 繁，疲，難。府北九十里。明，義州衞。天命七年正月克義州。崇德元年以封察哈爾。康熙十四年，察哈爾叛，討平之。六十一年設通判。雍正十一年，置州隸府。有城守尉。東北：英歌龍灣山。東南：望海山。西北：崑崙山。西南：大嶺、小嶺。大凌河導源直隸朝陽，東流入邊，逕州北，屈南流入錦縣。細河、清河導源直隸阜新，合流南入大凌河。小凌河亦導源朝陽，東流入邊，逕州西南，迤南流入錦縣。楊樹溝河南入小凌河。北有九官台、清河、白土廠三邊門。舊設舖司四：南大嶺關、隆祉、七里河，東大楡樹，皆通錦縣。

**寧遠州** 衝，繁，疲，難。府西南一百里。明置寧遠衞。順治元年克寧遠。康熙三年置州，隸廣寧府，尋改隸府。有城守尉。西北：青山。西南：望夫。東：首山。南瀕海。寧遠西河、寧遠東河，在城南合流，南入海。又西東沙、煙台、東關站、六股諸河，皆南入海。有釣魚台海口。海中島有桃花、菊花卽覺華島，島西南小島二，曰小張山、大張山，相距間水勢深闊，足容大戰艦。島岸山可建炮台。光緒三十四年勘爲海軍港。西北：白石嘴、梨樹溝、新台三邊門。市街四邑環錯。有山海關道稅局。舊設驛二：東關、寧遠。京奉鐵路車站三：東辛莊，沙後所，寧遠州。鹽場十：廠子溝、項家屯、蘇家屯、張莊、杜家台、蜊蝗溝、五里橋、狐狸套、沙坨、大明山。廣寧 衝，疲。府東北一百六十里。明，廣寧衞。天命七年克廣寧。康熙三年六月改廣寧爲府，設廣寧縣。十二月府移錦州，縣隸府。有城守尉。醫無閭山在西，古幽州鎭，今有北鎭廟。東：沙河導源醫無閭山三道溝，東南流，逕城北而南，右受大石橋河，入盤山西南閭陽驛。河南流入盤山，曰西沙河。西北：馬市河，東南流入羊腸河。舊設廣寧驛。京奉鐵路行境內七十五里，車站三：羊圈子，溝帮子，青堆子。自溝幫子分支逕南歷盤山達營口，名錦營鐵路，計行境內三十里。有馬帳房、大台、小台、毛家屯、郭家屯、北井六鹽場。綏中 衝，繁，疲，難。府西南一百九十里。明，廣寧前屯衞、中前所、中後所。順治元年，克廣寧前屯衞，中前、中後所。康熙三年，以其地併入寧遠州。光緒二十八年六月析出置縣隸府。北：大磯子山。西：松嶺，筆架山。南瀕海。東以六股河與寧遠界。六股河即古六州河，導源直隸建昌，從白石嘴邊門入。右受黑水、王寶河，迤南流入海。西：高兒、石子、涼水諸河，皆南入海。西：山海關。邊門十有七，在縣境者曰明水塘邊門。舊設驛二：山海關、涼水河。京奉鐵路行境內一百一十里，車站四：前所，前衞，荒地，綏中。

新民府： 衝，繁，難。省西一百二十里。明，瀋陽中衞與廣寧左衞地。嘉慶十八年六月，分承德、廣寧二縣地置新民廳，隸奉天府。光緒二十八年，升爲府。廣五百三十里，袤百七十里。北極高四十一度五十六分。京師偏東七度三十三分。領縣二。 無城。遼河自法庫入，屈西南逕古城。養息牧河自彰武入，左合秀水河，南入遼河。其東蒲河自承德入，逕黑魚泡，西有新開河自庫倫入，爲柳河，並入遼中。又西鴿鷹河，南入鎭安。舊設驛二：白旗堡、巨流河。京奉鐵路車站四：白旗堡、新民府、巨流河、興隆店。商埠，中日約開。

**鎭安** 衝，難。府西一百五十里。明，廣寧衞之鎭安堡。光緒二十八年，分廣寧東境，設治小黑山，置縣隸府。西：羊腸河，導源直隸阜新，下流散漫。東沙河導源直隸綏東，南流，右受老河，入盤山曰南沙河，又東鴿鷹河，南溢爲蓮花泡，入分遼水。小三家子，縣丞，光緒三十二年置。三十四年，其地設奉天官牧場。東北有半拉門市鎭。舊設驛二：小黑山、二道井。京奉鐵路行境內八十里，車站四：高山子、打虎山、勵家窩鋪、繞陽河。有卡：拉木屯、營城子二。

**彰武** 繁，疲，難。府北百十里。明初，置廣寧後屯衞，後徙。康熙三十一年設養息牧廠於此。光緒二十八年以養息牧墾地，設治横道子，置縣隸府。縣境居彰武台邊門外。東北：阿莫山。東：少陵哈達山。西北：杜爾筆山。西：柳河，又西鴿鷹河，皆導源直隸綏東，世所稱小庫倫也。東：養息牧河，導源科爾沁左翼前旗，皆南流入府境。西北：哈爾套街，縣丞，光緒二十九年置。有官商路三：一由縣治赴府，一由縣西北哈爾套街赴直隸綏東，一由縣西新立屯赴直隸阜新。

**營口直隸廳：** 省西南三百六十里。明，蓋州衞之梁房口關。同治五年，設營口海防同知。宣統元年，分海城、蓋平兩縣地置廳，直隸行省。奉錦山海關道改爲分巡錦新營口兵備道，駐廳。北：遼河自海城入，南迤東流，屈西流入海。納東南淤泥河，至蓋平遼河入海口。距廳治四十五里，輪船交通之地也。初，廳境名沒溝營，爲蒙古人窩棚。道光中辦海防，其地始重。通商後乃繁盛。錦營鐵路自盤山大窪車站入境，歷田莊台至河北車站，長六十七里。又自河東牛家屯至大石橋，與東清鐵路接。有二道溝、三道溝等鹽場。漁業總局。商埠，咸豐十年天津約開。有海關。光緒三十二年設遼河巡船十艘。三十四年增安海、綏遼兩巡海兵艦。

興京府：繁，疲，難。省東南三百二十里。明，建州右衞。天聰八年，尊赫圖阿拉地曰興京。乾隆三十八年，設理事通判。光緒三年，改爲興京撫民同知，移治新賓堡。　宣統元年，升爲府。廣六百六十里，袤三百一十里。北極高四十一度四十五分十五秒。京師偏東八度三十七分十六秒。領縣四。永陵在西四十里啓運山，駐副都統。西三十里興京城，駐協領。東納嚕窩集果爾敏珠敦，總謂之分水嶺山脈，上接庫呼納窩集，下連龍岡。山西之水皆入遼河，山東之水皆入松花江，爲遼河、松花江之分水嶺，卽漢志遼山也。渾河出其下。南源曰蘇子河，左合索爾科河，西北流，北源曰英額河，左合滾馬嶺河，西南流，俱入撫順。西南：平頂山，太子河北源所出，西入本溪。舊設驛一：穆喜。舖司四：南老城、大呼倫、窪子嶺，入鳳凰境；東舊門，通懷仁。

通化　繁，難。府東南二百七十里。明，建州衞之額爾敏路。光緒三年置縣，隸興京同知。宣統元年改隸府。縣境居旺清邊門外。北：龍岡山脈，自興京、海龍間納嚕窩集入，迤邐而東，歷臨江直達長白山，亙二百餘里。山南之水皆入鴨綠江，山北之水皆入松花江，爲鴨綠江、松花江之分水嶺，以其爲永陵幹脈，故曰龍岡。南有渾江，自臨江入，西流，屈東流，復迤西南入懷仁。左受大羅圈溝河、小羅圈溝河，右受哈泥河、加爾圖庫河。舊設馬撥七：西哈馬河、快當帽子、英額布、歡喜嶺、半截拉子，入興京；又由快當帽子西南行，曰高麗墓、頭道溝等，達懷仁。

懷仁　疲，難。府南一百八十里。明，建州衞之棟鄂部。光緒三年置縣，隸興京同知。宣統元年改隸府。縣境居靉陽邊門外。老嶺在西南，太子河南源所出，西北入本溪。老嶺山脈自龍岡分入，迤西與摩天嶺接，山南之水皆入鴨綠江，山北之水皆入遼河，爲遼河、鴨綠江之分水嶺，國語曰薩禪山。渾江自通化入，流經北、西、南三面，入輯安。富爾江合衣密蘇河自北，六道河、大雅河自西，流入渾江。富爾江口蓋古梁口也。古棟鄂河，南入大雅河。西：四平街巡檢，光緒四年置。渾江南流旋曲處有哈達山，乾隆十一年設莽牛哨於此，尋廢。舊設馬撥十：東北三層砬子、二棚甸子、朱胡溝、恆道川、長春溝，入通化境；西南大雅河、前牛毛、大青溝、砍椽溝、掛牌嶺，入寬甸。輯安 疲，難。府東南四百二十里。明，建州衛之鴨綠江部。光緒二十八年，分通化、懷仁二縣地，設治通溝口，置縣隸興京同知。宣統元年改隸府。東北：老嶺岡。北：丸都山。鴨綠江在南，自臨江入，迤西南入寬甸。西：渾江自懷仁入，南入鴨綠江，曰渾江口。光緒三十四年，設鴨、渾兩江巡船。西岔溝門巡檢，光緒三年置，駐通溝口，二十八年移駐。舊設馬撥九：北同和嶺、梨樹溝、葦沙河、二道崴子、夾皮溝，入通化；西五道嶺、皮條溝、上漏河、二棚甸子，入懷仁。又光緒三十四年城東新闢一道，由錯草溝出臨江。臨江 繁，難。府東南五百九十里。明，鴨綠江部。光緒二十八年，分通化縣地，設治帽兒山，置縣隸興京同知。宣統元年改隸府。北有龍岡。鴨綠江在南，自長白入，西北流，屈西南，入輯安。西：頭道溝，以次而東，而東北，沿鴨綠江有二十五道溝，皆岡前山水，南流注江，縣得其七，長白得其十八。北：三岔子，即長白山西南分水嶺，渾江所出，西南流，左受紅土崖河，入通化，舊所稱佟家江也，西北入道江。巡檢，光緒二十八年自帽兒山移駐，屬通化，宣統元年來屬。初，縣西北接通化，山路險絕。光緒三十四年改修，自林子頭越老爺嶺，歷三道陽岔達縣治，剷山梁谿，長百二十餘里，通車馬，名蕩平嶺道。

鳳凰直隸廳：衝，繁，難。省東南四百八十里。明置鳳凰城堡。天命六年降。乾隆四十一年，設鳳凰城巡司。光緒二年改置廳，直隸行省。廣六百六十五里，袤四百里。北極高四十度三十四分十六秒。京師偏東七度四十九分三十五秒。領州一，縣二。有城守尉。鳳凰山在南。四大嶺在西北。南瀕海。東：草河，右受通遠堡河，左合靉河，南入安東。東北：賽馬集河，南入靉河。西：大洋河，南入海。西北：哨子河，南入大洋河。東北靉陽、南鳳凰二邊門。舊設驛三：通遠堡、雪裏站、鳳凰城。有窟窿山至洋河口鹽場。商埠，中日約開。有安奉鐵路。岫巖州 衝，繁，疲，難。廳西北一百八十里。明置岫巖堡。乾隆三十七年設岫巖城通判。光緒二年改爲州，隸廳。有城守尉。南：羅圈背嶺。西北：分水嶺，大洋河出東南，流繞城東，右受雅河、大王攔溝河。又東南，哨子河自北來匯，屈南流，右受小洋河，入莊河。其左岸爲廳境。舊設舖司三：東哨子河，入廳境；北偏嶺、埯溝，接海城。安東 繁，疲，難。廳東南一百五十里。明置鎮江城，天命六年降。光緒二年置縣，隸廳。分巡奉天東邊兵備道，宣統元年改爲分巡興鳳兵備道，駐縣。縣境居鳳凰邊門外。北：元寶山。鴨綠江東自寬甸入，右受草河，迤南流入海。其海岸曰大東溝，卽太平溝，木材輸出之地也。有巡司，光緒二十六年置。東有九連城鎮，對岸卽朝鮮義州。舊設馬撥十一：東沙河鎮，北中江台、大樓房、老邊牆，西北高麗店、營台、湯山城、邊門口，西南白菜地、石橋崗、大東溝。有二道溝至窟窿山鹽場。大東溝商埠，中美約開。有海關。安奉鐵路。寬甸 繁，疲，難。廳東北一百八十里。明，東寧衞之寬甸六堡。光緒三年置縣，隸廳。縣境居靉陽邊門外。東南：盤道嶺、望寶山。東北：掛牌嶺。鴨綠江南自輯安渾江口流入，西南入安東。右受小蒲石、永甸、長甸、大蒲石、安平諸河。東：渾江，右受小雅、北鼓、南鼓諸河。靉河導源西北牛毛嶺，西南入廳境。西南：長甸河縣丞，東北：二龍渡巡司，皆光緒三年置。東南有小蒲石河、東北有太平哨二市鎮。舊設馬撥十四：西大水溝、葡萄架、毛甸子、懸羊砬子、土門子、太平川、夾河口，入安東；東北馬牙河、曲柳川、頭青溝、寺院崴子、興隆峪、北土門子，入懷仁。

莊河直隸廳：衝，繁，難。省南六百里。明，鳳凰城、岫巖城、金州衞地。光緒三十二年，分鳳凰廳、岫巖州地置廳，隸東邊道。南瀕海。西以碧流河與復州、金州廳界。東以大洋河與鳳凰廳界。莊河導源西北鷄冠山，南流，逕廳東入海。東：英阿、沙河，皆南入海。東：孤山、石城島二巡司。又東南百四十里，海中鹿島，宣統元年隸廳。大洋河亦稱大孤山港，港內商船通行，惟輪船不能進駛，寄泊鹿島。西花園口，東青堆子，皆臨海小商港。官商路三：東欒店，赴鳳凰；北八道嶺，赴岫巖；西北拉木屯，赴復州。

長白府：衝，繁。省東南九百八十里。明，建州衞之鴨綠江部。光緒三十三年，分臨江縣及吉林長白山北麓地，設治塔甸，置府。北極高四十二度。京師偏東十二度。領縣二。長白山在北。上有天池，舊曰闥門，形橢圓，斜長二十九里，周七十餘里。池深莫測，水鳴如鼓，七日一潮，土人謂池與海通。鴨綠江導源天池南曰靉江，南流至雙岔口，葡萄河自東北來匯，此下爲中、韓界水，始名鴨綠江。屈西流，逕府南入臨江。西以八道溝與臨江界。東北至二十五道溝。府治居十八道、十九道溝間。唐滅高麗，用兵於此。府治對岸卽朝鮮惠山鎭。初，府境僅治鴨綠江一小徑，倚巖臨澗，必乘木槽渡江，假道朝鮮。光緒三十四年新闢龍華岡道，自臨江新化街、史家蹚子以下入府西嘉魚河，至梨溝鎭達府治西，長約四百餘里，以避江道之險焉。安圖衝，繁。府東北四百里。明，建州左衞地。宣統元年，以府東圖們江源地，設治紅旗河口，置縣隸府。長白山在西。圖們江在南，導源紅土溝，卽長白山東南分水嶺，東入吉林。東：紅旗河，導源荒溝，卽長白山東北分水嶺，東南入圖們江。西北有二道江，自天池出，北流，曰二道白河。娘娘庫河導源荒溝，西北流，左合五道、四道、三道白河注之，屈西，富爾河自吉林南流注之，曰上兩江口，二道江之名始此。

又西，左受頭道白河，入撫松。松花江正源也。西二百里布爾瑚里有天女浴池碑，土人呼圓池。東南七里湖，由府至縣之道，光緒三十四年勘定。自府東二十一道溝口入岡北行，出二十二道溝、十九道溝之間，至鼕江源，經小白山後至新民屯，東行歷齊國屯、朝陽窩達縣治。由縣西北行至上兩江口，達吉林樺甸。東渡紅旗河，達吉林延吉。南渡圖們江，卽朝鮮境。撫松　衝，繁。府西北五百二十里。明，建州衞之訥音部。宣統元年，以府西北松花江上游地，設治雙甸，置縣隸府。長白山在東。頭道江在西，上源曰緊江、漫江。緊江導源長白山西坡，漫江導源章茂草頂山，卽長白山西南分水嶺，合而西北流，湯河自吉林東北流注之，頭道江之名始此。又西北流，右受松香河。又西北，二道江自安圖西流來匯，曰下兩江口。此下統名松花江，入吉林。由府至縣之路，自府西梨溝鎭至十五道溝，西北行，踰嶺頂，經竹木里、漫江營、小谷山、石頭河、海青嶺、大營、湯河口，再北行達縣治。由縣西渡江，入吉林濛江。北循松花江，直抵吉林省城。

海龍府：　衝，繁，難。省東北六百里。明，海西女眞輝發、哈嗟、葉赫三部。光緒五年，以流民墾鮮圍場地置海龍廳。二十八年，升府。領縣四。　府境居英額邊門外。西：納嚕窩集果爾敏珠敦，與興京分山脉，唐謂之長嶺。輝發江在南，導源納嚕窩集東麓，北流屈東，左受橫道河、梅河、沙河、大沙河，右受押鹿、一統河，入輝南，國語曰遼吉善河，入松花江。英額河導源英額邊門東，當果爾敏珠敦西麓，西南入開原，卽渾河北源。東：朝陽鎭。西：山城子鎭。舊設馬撥十：自城西沙河口、大黑嘴子、山城子、二龍山、郭家店、土口子、孤家子、李家店、八棵樹、貂皮屯，至尚陽堡入開原。又有道由城東奶子山至托佛入吉林城；東北馬家船戶至康大營入吉林伊通；牛心頂子至郭大橋入吉林磐石。東平　繁，難。府西六十里。明，梅赫衞，後屬輝發部。光緒二十八年，分海龍屬之東圍場地，設治大度川，置縣隸府。東北：庫呼納窩集，山脉連緜，與果勒敏珠敦接。其南橫道河、梅河、沙河、大沙河，皆東南入府。其北小伊通河，西北入吉林。縣治居沙河北，西有鷄鷹河，東有柳樹河，南入沙河。官商路四：一，由縣南渡沙河、秀水河赴府；一，西渡鷄鷹河赴西豐；一，北赴西安；一，東北渡柳樹河，過黃泥河，赴吉林伊通。

西豐 繁，難。府西二百二十里。明，塔山左衞、罕達河衞，後屬葉赫部及哈達部。光緒二十八年，以大圍場西流水墾地之溯鹿，置縣隸府。縣境居威遠堡邊門外。達揚阿嶺在東南，清河所出，即哈達河，西入開原。南：扣河即瞻河，又南碾盤河，俱西入開原。東北：東遼河自西安入，北入吉林伊通，名赫爾蘇河。扣河上游有雙河鎮。官商路四：南由六馬架至老坡溝赴開原；西南由平嶺赴鐵嶺；由東南赴府及山城子；由東北赴吉林。

西安 繁，難。府西北百六十里。明，珠敦河衞、塔魯木衞，後屬葉赫部。光緒二十八年，分海龍屬之西圍場地，設治老虎嘴，置縣隸府。二十九年移治大興鎮。庫呼訥窩集在東，與東平分山脉。東：遼河導源窩集之轉心湖，西逕縣南，屈西北入西豐。左受渭津河、大小梨樹河，右受登杵、二道、頭道諸河，入遼河。北：楊樹河，西北入吉林。老虎嘴今名安吉鎮，在縣西北。官商路四：東由龍首山至東岡赴東平；南由梨樹社至望兒樓赴西豐；北由雙馬架至大台房赴吉林伊通；又由仙人洞、溝嶺子至北廟子赴吉林。

柳河 衝，難。府西南一百二十里。明，建州衞地。光緒二十八年，分通化縣柳樹河縣丞地，置縣隸府。南：龍岡，與通化分山脉。一統河導源西南龍岡之金廠嶺，東北入府境。三統河導源西南龍岡之青溝子山，東流屈北入輝南境。縣治居一統河南。東：柳樹河，西流屈北入一統河。東北：窩集河，北入一統河。東：樣子哨，巡司，光緒三十二年置。官商路五：北渡一統河赴府；南由小堡赴通化；西由南山城子赴開原；西南由碗口溝赴興京；東由孟家店赴府。縣境東至吉林濛江。

輝南直隸廳：省東南六百八十里。明，輝發部。今廳北三十五里有輝發城。宣統元年，分海龍府東南八社，設治大肚川，置廳，直隸行省。移治謝家店。北：輝發城山，卽聖音吉林峰。又北輝發江，自海龍合一統河入，東流，右受三統、黃泥、蛤螞、蛟河，入吉林。廳治居蛤螞河西，全境在輝發江南。西以窩集河、一統河與海龍界。東界吉林濛江。官商路四：西南由三間房場赴柳河；西北赴海龍府；東赴吉林濛江；東北由蛤螞河出海與社赴吉林磐石。

昌圖府：繁，疲，難。省東北二百四十里。明初置遼海衞於此，地名牛家莊，後屬福餘衞之科爾沁諸部。嘉慶十一年，以科爾沁左翼後博多勒噶台王旗地，設昌圖額勒克理事通判。同治三年，改爲昌圖遼海撫民同知。光緒三年，升府。廣二百八十里，袤二百九十里。北極高四十二度五十一分八秒。京師偏東七度四十二分三十五秒。領州一，縣三。府境居馬千總台邊門外，無城。而遼河自遼源入，南入開原。南馬鬃河，北亮子河，俱西南入開原。又北昭蘇太河，左受條子河、蓮花泡河，西南入遼河。東北：八面城照磨，由梨樹城移駐。西南：同江口同知，宣統二年改經歷。同江口距遼河上游，商船薈萃。河流東徙，曲如懸瓠，光緒三十四年，挑河道取直，添築順水壩，逼河西行，以保商埠。舊設舖司三：東北四面城、鴜鷺樹入奉化；西北八棵樹，入康平。又道東南由永安堡至二道溝赴吉林；又由二道溝經伊通赴西豐。同江口商埠，中日約開。有東清鐵路。

遼源州　繁，難。府西北二百四十里。明屬福餘衞。光緒二十八年，分昌圖、康平、奉化地，設治鄭家屯，置州隸府。宣統元年三月，設分巡洮昌兵備道，駐州。東北有東西蛤拉巴山。內興安嶺山脉自烏珠穆沁旗東出，伏行蒙古平原中，至是特起二山。由是山脈行於東遼河外，至源爲庫哷訥窩集，卽長白山脈也。西遼河卽西喇木倫河，導源克什克騰旗，新遼河卽大布蘇圖河，導源札魯特旗，俱自科爾沁左翼中旗入，合流至三江口，東遼河自懷德入，西南流來匯，以下統名遼河，入昌圖。州治居西遼河西。有官商路六：西南張家窩鋪赴康平；北五道岡至新甸，赴吉林長春；東北閣陵窩鋪赴懷德；南白廟子赴府；西北下土台赴洮南；西蒙古套力街赴博多勒噶台王府。

**奉化** 繁，難。府東北一百四十里。明屬福餘衞。國初爲科爾沁左翼中達爾罕王旗地，原名梨樹城。道光元年，設昌圖廳照磨。光緒三年，改置縣，隸府。東北：青石嶺、太平山。西北：二龍山。西：黑牛山、蘑菇山。南條子河，北昭蘇太河，俱西流入府。東遼河，自吉林伊通州赫爾蘇邊門入，北流，屈西南入遼河。環縣境東、北、西三面，稱遼河套。其右岸爲懷德境。舊設舖司二：東北小城子入懷德；東南四平街入府。又有道由縣東五里堡至翟家店，達赫爾蘇門，赴吉林伊通。有東清鐵路。

**懷德** 繁，難。府東北三百里。明屬福餘衞。國朝爲科爾沁左翼中旗地。舊名八家鎭，初屬開原，同治五年劃歸昌圖，設分防經歷。光緒三年，改置縣，隸府。西以東遼河與奉化界。東界吉林。西北：哈拉巴、楊樹嶺、大青山。西南：圍山。南：萬靈。東南：白龍駒、回龍山。夾城南北三道岡水，南香水河，西北朝陽山水，皆西入東遼河。東南：新開河，北入吉林長春。舊設舖司三：西八屋，西南朝陽坡，皆入奉化；東南大嶺，接吉林長春。又有道由縣東南拉拉屯至鳳凰坡，赴吉林伊通；由縣西北小邊經八屋至邊壕赴遼源。有東清鐵路。

**康平** 繁，難。府西一百二十里。明屬福餘衞。國朝爲科爾沁左翼後旗地。舊名康家屯，光緒三年移八家鎭經歷治此。六年，析科爾沁左翼中、後二旗南境，前賓圖王旗東境，改置縣，隸府。無城。南北巴虎山在西南。遼河自遼源入，其遼河岔入爲老背河。右合公河，會犇牛河注之，入開原。西：秀水河自科爾沁左翼後旗入，南入法庫。西南：後新秋，主簿舊駐鄭家屯，二十八年移駐。舊設鋪司三：東南吳家店入開原；東小塔子入府；北太平街接科爾沁。又有道由縣西哈拉沁屯赴賓圖王府；迤西至青溝達熱河綏東；由縣北六家子赴達爾罕王府。

**洮南府**：繁，疲，難。省北九百里。明屬泰寧衞。光緒三十年，以科爾沁右翼前札薩克圖王旗墾地，設治雙流鎭，置府。領縣五。西北：敖牛山、野馬圖山，皆內興安嶺東南迤出支山，過此山脉伏行。洮爾河導源烏珠穆沁旗索岳爾濟山，南流，逕本旗郡王府東流；交流河導源右翼中旗，左合那金河，自西來匯，東流入靖安。府治當匯口之南少西，地勢平原，河泡錯列。西北：乾安鎭，西與右翼中旗毘連，亦係烏珠穆沁往來大道。有照磨，光緒三十三年置。官商路七：一，府北八仙套海赴本旗郡王府；一，府北德勒順昭至高平鎭赴靖安；一，府西抱林昭至海廟西赴熱河綏東；一，府西五家子赴右翼中旗；一，府南叉干他拉赴開通；一，府東英哥窩棚赴右翼後旗；一，府東金山堡至報馬吐岡赴安廣。舊有蒙古站曰奎遜布喇克，在府西。**靖安** 繁，疲，難。府東北九十里。古東室韋地。明屬泰寧衞。光緒三十年，以右翼前旗墾地置縣隸府。西北：七十七嶺。南：洮爾河自府入，東屈，東北流，入鎭東。官商路三：一，南英哥套赴府；一，東北赴黑龍江；一，東南撮倫坡達右翼後旗赴吉林。舊有蒙古站諸木齊伯里額爾格，在縣西北。**開通** 繁，疲，難。府南一百四十里。明屬泰寧衞。光緒三十年，以右翼前旗墾地，設治哈拉烏蘇，移治七井子，置縣隸府。地皆平原井泉，無山水。縣治當洮遼驛路之東，由巴彥昭北行六十里至縣治。又北行百里至叉干他拉入府境。設有文報站四。又由巴彥昭南行，歷達爾罕王旗至遼源，爲洮遼驛路，設站。惟中經達爾罕旗二百餘里荒地。宣統元年，始勘放旗界站荒，沿站兩旁各劃十里墾放，以利交通。又道由縣東南巷鷹溝出境，經郭爾羅斯前旗，直達吉林農安之新集廠。**安**

廣　衝，繁，疲，難。府東南百六十里。明屬泰寧衞。光緒三十一年，以科爾沁右翼後鎮國公旗墾地，設治解家窩堡，置縣隸府。北：太平嶺。南：長嶺。西：朝陽山。東北：沙坨子。東南：雙龍山、大黑山。山皆無木石。洮爾河自府入，受黃花碩泊水，東北流，屈東南，入黑龍江大賚廳，其北岸爲鎮東境。官商路六：西包馬圖赴府；西南赴開通；西北六家子赴河北鎮國公本旗；東北托托寺赴黑龍江；東王賚屯赴黑龍江大賚廳；東南大楡樹入郭爾羅斯前旗赴吉林農安。

醴泉　衝，繁。府西北一百八十里。古鮮卑地。明屬泰寧衞。宣統元年，以科爾沁右翼中圖什業圖王旗墾地，設治醴泉鎮，置縣隸府。北：茂改吐山。南：霍勒河，導源札魯特旗，曰哈古勒河，曰阿嚕坤都倫河，合流入本旗境，東南至縣。有開化鎮城基，光緒三十二年，與醴泉鎮同時勘定。官商路四：縣東羅窩棚歷青陽鎮赴府；北渡交流河達黑龍江景星鎮；南赴本旗親王府；西赴烏珠穆沁旗。舊有蒙古站曰希嫩果爾，曰三音地哈希，在縣東，南達喜峰口，卽蒙古草地也。

鎮東　府東北二百里。古東室韋地。明屬泰寧衞。宣統二年，以科爾沁右翼後鎮國公旗北段墾地，設治南叉干撓，置縣隸府。南：洮爾河自靖安入，東北流，屈東南，入黑龍江大賚會嫩江，所謂「與那河合」也。官商路四：西南薛家店赴府；南金圈窩舖渡洮爾河赴安廣；西麻力洪茅頭赴靖安；東北利順昭赴黑龍江之大來氣鎮。縣西北舊有蒙古站哈沙圖。

# 清史稿卷五十六

## 志三十一

## 地理三

### 吉林

吉林：古肅愼國之域。明初，奴兒干都司地，領衞百八十四、所二十。後爲長白山三部、扈倫四部所屬輝發、烏拉、葉赫，兼有哈達北境及東海部地。清初，建滿洲城於俄漠惠之野鄂多理城。順治十年，置昂邦章京及副都統二人鎭守寧古塔。康熙元年，改寧古塔將軍。十五年徙，改吉林將軍。先是十年徙副都統一人駐吉林，三十三年徙伯都訥。雍正三年，復置吉林阿勒楚喀副都統。五年，增三姓副都統。光緒七年，置琿春副都統，吉林、賓州、五常三廳。八年，吉林廳升府。後增長春、新城、依蘭，各領縣有差。三十三年建行省，改將軍爲巡撫，盡裁副都統等。宣統三年，定西南、西北、東南、東北四路爲四道。凡轄府十有一，州一，廳五，縣十八。西至伊通州，界盛京；東至烏蘇里江，界俄領東海濱省；北至松花江，界黑龍江；南至圖們、鴨綠江，界朝鮮。廣二千四百餘里，袤千五百餘里。北極高四十一度三十分至四十五度四十分。京師偏東九度八分至十三度十分。宣統三年，編戶七十三萬九千四百六十一，口三百七十三萬五千一百六十七。案：吉之舊界，東至寧古塔八百餘里，又烏扎庫邊卡七百餘里，又松阿察河三百里，又千餘里至海，凡三千里有奇。其東北至三姓千二百里，又五百餘里富克錦，又七百餘里烏蘇里江口，又二千餘里至廟爾，實四千四百里有奇。又自富克錦逾混同，循黑龍江東界，北至外興安嶺，二千里有奇。又自琿春而東至海參崴，又東七百里有奇錫林河。其中部落，若費雅，居圖庫魯、鄂古二河之間，在混同江北海濱；若費雅喀，居額濟第河西；若貢豹，居約色河北；若奇雅喀喇，居約色河南，並混同江東南海濱。其自混同江口西至黑勒爾，則濟勒彌部居之，卽金史之濟勒敏；自黑勒爾西至阿吉大山，沿混同江兩岸，則額登喀喇部居之，卽不薙髮黑斤；自阿吉大山西至伯利，則赫哲喀喇居之，卽薙髮黑斤；並久隸版圖，比於編戶。咸豐八年愛琿之約，以烏蘇里江口爲新界，失地二千餘里，然於吉只東北一隅。十一年北京之約，自烏蘇里江口泝流至松阿察河，逾興凱湖西至白棱河口，又逾大綏芬河而南至瑚布圖河口，又南而西至圖們江口以東舊界屬俄，以烏札庫邊卡瑚布圖河口爲新界，又失數千里，遂無復有江口入海爲吉轄境者。光緒十二年，黑頂子勘界，定琿春之海口屬俄，則圖們江口內去海三十里「土」字界碑爲中俄新界矣。又東北海中庫葉島，一曰黑龍嶼，廣三四百里，袤二千餘里。西北圖克蘇圖山，山陰祉瓦狠、陽費雅喀部，南有阿當吉山，山東嵩闊洛、南俄倫春部，又南雅丹部，並天命中內附。遼遠不克時至，歲以夏六月遣使至寧古塔東北三千里普魯鄉貢獻，頒賚有差。後屬三姓。今亦爲俄有矣。又東南海中蝦夷島，康熙中屢偕庫葉人至混同江境內貢貂受賞，後亦隸日。其名山：長白。北迤者，黑山、平頂。歧爲二：西支，西北迤爲色齊窩集、張廣才嶺，至拉林；東支，東北迤爲哈爾巴嶺、老松嶺。至綏芬河源復歧，一東訖俄東海濱省，一東北爲察庫蘭嶺、哈達嶺、阿爾哈山。其巨川：松花、混同、嫩江、牡丹、烏蘇里、圖們諸江。其驛路：西達盛京開原；北齊齊哈爾；西南達琿春。電綫：東達海參崴，北齊齊哈爾，西南達奉天。

**吉林府**：繁，疲，難。總督駐奉天。巡撫兼副都統，民政、交涉、提學、提法、度支司，勸業道駐。明，烏拉等衞。後屬扈倫族之烏拉部。本吉林烏拉，一曰烏拉雞林，又名船廠。清初，隸寧古塔將軍。康熙十五年徙駐。雍正五年置永吉州，隸奉天。乾隆十二年改吉林廳，仍隸將軍。光緒八年升爲吉林省治，領伊通、敦化，後削。西南至京師二千三百里。距盛京八百二十餘里。隸西南路道。廣四百九十里，袤五百餘里。北極高四十五度四十九分。京師偏東十度二十七分。東：團山，尼什哈龍潭。西南：溫德亨，亦望祭山，有殿祀長白，雍正十一年建；壽山。東南：松花江自額穆入，右合海青溝，左溫德亨河。東北逕城東，又北，右合莽牛、四家子，左鼇龍，興隆河，緣舒蘭界入德惠。西南驛馬河，即伊勒們，自磐石緣界合岔路河，又北緣雙陽界，西北木石河，並從之。打牲烏拉，城北七十里，本烏拉國，舊曰布特哈烏拉。太祖先後克其宜罕山、臨河、金州、遜扎塔諸城，遂平之。柳邊四圍長六百二十二里，柵高四尺五寸，壕寬深各一丈，插柳結繩以定內外，曰「柳條邊」，亦新邊。東北接舒蘭，西南至雙陽。農事試驗場，桑蠶山蠶林業土山分局，松花江官輪局，歡喜嶺稽查所。

商埠，光緒三十一年中日約開。舊設站五：東尼什哈、額赫，北金珠鄂佛羅，西蒐登、伊勒們。官商路四：南並溫德河達樺甸官街；東南歷大小風門達敦化；西南雙河鎮、磐石；北渡鼇龍達德惠。吉長鐵路站九：吉林、孤店子、樺皮廠、趙家店、土門嶺、馬鞍山、營城子、下九台、驛馬河。

長春府：繁，疲，難。省西二百四十里。古扶餘國地。明初，三萬衞。後屬蒙古科爾沁部。清初屬蒙古郭爾羅斯前旗，曰寬城子。嘉慶五年，於長春堡置長春廳。道光五年徙治，仍舊名。光緒十五年升。宣統元年，設西南路分巡兵備道，駐府。廣三百二十里，袤一百七十里。北極高四十三度四十一分。京師偏東八度三十三分。西南：白龍駒山。俄築東清鐵路採石。光緒三十四年，與日本交涉封禁。西人謂世界最古石山，與英阿爾蘭爲二。西：龍泉、大青、對龍。南：伊通河自其州邊門入，逕城東，又北，左會新開河，東北緣農安界，逕潘家嶺，入德惠。東：驛馬河，自雙陽緣界，右岸及霧海河並北從之。朱家城照磨，光緒十六年由農安徙。官商路四：南入伊通門，達其州；東南十里堡達雙陽；西：萬家橋達奉天懷德；北：萬寶山鎮達農安。吉長鐵路自吉林歷德惠入。站四：飲馬河、卡倫、長春、頭道溝。在府西北與東清接。日俄戰後，長春以北屬俄之東清，以南屬日本南滿鐵道會社。俄站寬城子，曰長春驛。商埠，光緒三十一年中日約開。

伊通州：衝，繁，難。省西偏南二百八十里。渤海長嶺府地。明初，塔山、雅哈河、伊敦、拉克山、發河等衞。後屬扈倫族之葉赫部。雍正六年，由吉林鑲黃、正黃二旗各撥一旗駐之。嘉慶十九年，置伊通河巡司。光緒八年爲州，屬吉林。宣統元年直隸。二年降隸西南路道。北極高四十三度四十分。京師偏東八度五十分。西南：龍潭山。西：摩里、靑、馬鞍。北：勒克。東：尖山。東南：大星嶺，其東板石屯，伊通河出西北，逕城東，右合伊巴丹河，出邊入長春。西：小伊通河，自奉天東平錯入，爲新開河，入懷德。太平河從之。又西，東遼河自西豐入，右合大小雅哈河，入奉化。昭蘇太及條子河亦入焉。左納陽斯河，一曰赫爾蘇河。又西，淸河入爲葉赫河，入開原。其瞻河錯入從之。赫爾蘇，州同，光緒二十八年由磨盤山徙。舊設站五：東自雙陽（蘇瓦延）入境，六十里伊巴丹；又西百里阿勒坦額墨勒，卽大孤山站；又西六十里赫爾蘇；又八十里葉赫；又五十里蒙古霍羅，卽蓮花街站。官商路四：北達長春；東南營城子達磐石；西赫爾蘇站達奉天奉化；西南蓮花街達昌圖。

濛江州：省南四百六十里。明，鄂爾琿山所。後屬訥音部。光緒三十四年，析吉林極南地置。宣統元年，隸西南路道。北：那爾轟嶺。南：長牛城山、五金頂子。東南：頭道江，自奉天撫松緣界，爲湯河口，屈北，合花園河。其西裴德里山，頭道濛江出，州以此得名。右合二道、三道水，左珠子河來會。又東北合那爾轟河，其右岸會二道江，是爲松花江，入樺甸。官商路四：北達樺甸官街至省；東北至夾皮溝；西達奉天輝南；東南湯河口入長白。

農安縣：疲，難。省西北三百六十里。古扶餘國都。明置三萬衞。淸初，郭爾羅斯前旗地。光緒八年置照磨，十五年改，仍隸長春。宣統元年，隸西南路道。東：臥牛石山、紅石砑。西：太平嶺、伏山、大靑。東：松花江，自德惠入。城南伊通河自長春緣界注之，西北入蒙古郭爾羅斯前旗。舊有蒙古站路，共十一站，三百九十里。

長嶺縣：省西北五百二十里。蒙古郭爾羅斯前旗地，曰長嶺子。光緒三十三年，析農安之農家、農齊、農國三區置，隸西南路道。南：朱克山、團山。境無河流。北有大漠如瀚海，俗呼北海。冬夏恆苦風沙，惟東、南二鄉繁盛。新安鎮，主簿。官商路四：東南至長春；西北至奉天開通；北歷郭爾羅斯前旗達安廣；南歷科爾沁達爾罕旗達遼源。

樺甸縣：省南偏東二百七十里。明，法河衞。末屬長白山之訥音部。清初禁地。光緒三十四年，置治樺皮甸子，徙樺樹林子。宣統元年，隸西南路道。西北：趙大吉山、慶嶺。西：杉松、天平。南：帽山、猴嶺。東南：金銀壁嶺。二道江自奉天安圖緣界，富爾河合古洞、黃泥、蒲岑諸水注之，爲上兩江口。又西仍緣安圖及撫松界，至下兩江口。左岸合頭道江，是爲松花江。合境內柳河五。又葦沙色勒河，復緣濛江界入，右合穆奇河，逕城西，左會輝發河，爲大渡口。又北右合漂河，逕樺皮甸子入額穆。側有常山屯，扼琿春、敦化西至奉天孔道。官商路五：西至官街，折北入吉林；北出大鷹溝，並達省；西南至濛江；東至敦化；東南延吉洞河入延吉。

磐石縣：省南偏西三百里。明，扈倫族輝發部。清初，北境屬吉林，南奉天圍場。光緒八年，置磨盤山巡司，隸伊通。十三年改州同。二十八年爲縣，隸吉林。宣統元年，隸西南路道。磨盤山，東北二里。北：雞冠。東北：老茅。西：大紅石磖、庫勒嶺。東南：輝發江自奉天海龍亮子河入，東北，左合石頭、富大都嶺，右蝦蟆、獨木河，逕黑石鎮，左合朱其、呼蘭，右大小色力河。五道至頭道荒溝，入樺甸。東北：呼蘭嶺，驛馬河出西北，左合黃河，入吉林，岔路河從之。官商路三：北小城子達省城；西由朝陽山達伊通；東南黑石鎮西達海龍；

南濛江。

舒蘭縣：省北偏東百六十里。明，阿林衞地。康熙二十年，置巴彥鄂佛羅防禦旗員，屬烏拉總管。宣統元年，置於舒蘭站。二年，徙治朝陽川南，隸西南路道。南：北慶嶺。東南：玲瓏嶺。西：松花江自吉林緣界西北入德惠。卡岔河西北入榆樹達之。東：蘭陵河，自額穆緣界入五常。東南：馬鞍山，溪浪河出東北，逕鞦韆嶺，合呼蘭河從之。有巴彥鄂佛羅邊門，卽法特哈，康熙中更名。舊設站二：舒蘭、法特哈。南接吉林金珠鄂佛羅，北達榆樹盟溫。官商路三：西南達烏拉街；東北水曲達五常；東南小城子鎭達額穆。

德惠縣：省北偏西百四十里。蒙古郭爾羅斯前旗地。舊屬長春。宣統二年，析長春沐德、懷惠二鄉置，治大房身，隸西南路道。南：狼洞嶺。西：團山、雙山。西南：土牛。東南：松花江自吉林緣界合木石河，入新城。西北伊通河，自長春緣界，納驛馬及霧海河從之。官商路三：南五台達省；東岔路口達榆樹；西雙山崖鎭達農安。吉長，東清鐵路。

雙陽縣：省西百九十五里。明，依爾們、蘇完河二衞。宣統二年，析吉林西界、長春東界、伊通北界置，治蘇斡延，隸西南路道。西南：黑頂子。南：土頂子、將軍嶺，光僻山，雙陽河出焉。東南驛馬河，自磐石緣界，合杜帶、雙陽、放牛、溝河入長春，西北霧海河從之。舊設站一：蘇斡延。官商路三：南皇營；東南五家子鎭，並達磐石；北奢嶺口達長春。

新城府：繁，疲，難。省西北六百里。卽伯都訥副都統城。古扶餘國地。明，三岔河衞。後屬烏拉部。嘉慶十五年，置伯都訥廳。光緒三十二年，改隸西北路道。廣四百二十里，袤一百七十里。北極高四十五度十五分。京師偏東八度三十七分。南：大青山、鷹山。東南：松花江自德惠緣界農安，又西，左岸逕城南，又西北，左岸蒙古郭爾羅斯前旗界，至三岔口會嫩江。折東，緣黑龍江界，右會拉林河。自榆樹緣界，復緣雙城，合灰塘、薛家窩舖河，入雙城府境。松花環其南、北、西三面，拉林流其東，川原廣衍，水陸輻輳，富庶甲全省。舊設站五：自榆樹盟溫西北五十里入陶賴昭，又西五十里遜札保，又四十里伯都，又五十里社哩，又北八十里伯都訥，至松花渡口出境。官商路四：東北長春嶺達雙城；東南集廠達榆樹；西渡江歷郭爾羅斯前旗達奉天洮南；一由社哩渡江至郭爾羅斯鎮國公府。有輪船埠。東清鐵路站三：蔡家溝、石頭城、陶賴昭。有通松花鐵橋。

雙城府：衝，繁，難。省北五百里。明，拉林河衛。有古城二，舊曰雙城子。嘉慶十九年，置委協領，隸阿勒楚喀副都統。光緒八年，置雙城廳。宣統元年，改隸西北路道。廣二百四十里，袤一百四十里。北極高四十五度四十分。京師偏東九度二十分。東南：砍戶德山。西北：松花江自新城會拉林河，東南自五常入，緣榆樹、新城界，合朝陽葦塘河，入濱江。東：阿什河自賓州緣界，合混元河，逕小青頂子，合大紅黃泥河，屈北緣阿城界入之。拉林城巡司。舊設站二：多歡、雙城。官商路三：東東官所達阿城；東南至拉林；西西官所達新城。東清鐵路二：西路站二，雙城堡、五家子；東路站一，帽兒山。

賓州府：衝，繁，難。省北偏東六百十里。古挹婁國地。明，費克圖河衛。光緒六年，建城葦子溝，置賓州廳。二十八年直隸。宣統元年升府，隸西北路道。廣四百三十里，袤二百六十里。北極高四十五度五十一分。京師偏東十一度五分。東：海里渾山、太平、大青。南：黃頭、混元。西北：圖山。松花江自阿城入，合裴克圖河，出南釣水湖嶺，緣阿城界。又東合烏爾海里琿夾板。有新甸鎮，江運巨埠。陶淇、擺渡諸河，入方正。東南：墨爾根阿什河出，西緣雙城界合混元河入之。舊設站三：裴克圖、葦子溝、色勒佛特庫，東入松花北岸之佛斯亨。官商路三：東廟嶺達長壽；西北滿井達阿城；南古道嶺達五常。東清鐵路，府南。站：小嶺。

五常府：繁，疲，難。省北偏東三百八十里。渤海上京屬境。明屬摩琳衞。同治八年，置五常堡協領。光緒六年，建城歡喜嶺。八年改五常廳。宣統元年升府，隸西北路道。廣二百一十二里，袤二百三十五里。北極高四十五度。京師偏東十度二十七分。東：螞蜒窩集。東北：索多和。東南：九十五頂子。蘭林河自額穆緣界，又西北緣舒蘭界，合響水、寒蔥河入。右合渾水、黃泥，左納石頭、溪浪河，逕城西，復緣榆樹界。東南摩琳莫勒恩河出，右合沖河、香水、大小泥，左小黑、取才、條子、藤子河，逕五常堡來會，爲拉林河。又西北入雙城。山河屯經歷，南六十里。藍采橋巡司。舊設站一：五常。官商路五：北達賓州；南達舒蘭；東南向陽山街達額穆；東北太平山達長壽；東南沖河鎮達寧安。

榆樹直隸廳：繁，疲，難。省北二百八十里。舊孤榆樹屯，屬伯都訥部。光緒八年，伯都訥同知徙駐。三十二年，置榆樹縣。宣統元年升。二年，隸西北路道。東：龍首山。西南：松花江自舒蘭入，西北緣德惠界，逕五棵樹鎮，入新城。有渚曰巴彥通。東北：蘭棱河，自五常緣界，迤西北緣雙城界，爲拉林河。至牛頭山鎮，南卡岔河自舒蘭入，右合二、三、四道河注之。舊設站三。登伊勒哲庫卽秀水甸子，西接蒙古喀倫，西北接拉林多歡，東達五常盟溫，南接舒蘭之法特哈，西北接新城之陶賴昭。

濱江廳：省北五百五十里。卽哈爾濱，本松花江右灘地。光緒三十二年，置治傅家甸，爲江防同知，駐濱江關道，分隸黑龍江省。宣統元年，劃雙城東北境益之，江防改撫民，專屬吉林，分巡西北路道駐廳。東：秦家岡。北：松花江自雙城合葦塘溝河緣界入。左岸黑龍江哈爾濱。總車站，城西。自此西南雙城、新城、德惠，達長春。東南阿城、賓州、雙城、長壽、寧安、穆棱，達東寧之交界驛。商埠，光緒三十一年中日約開。海關。兩江郵船總局。

長壽縣：疲，難。省東北八百六十里。明，螞蜒河衞。光緒八年，置燒鍋甸子巡司，屬賓州廳。二十八年改置，隸賓州直隸廳。宣統二年，隸西北路道。南：花曲柳山。東：西老嶺。東南：螞蜒窩集嶺，螞蜒河出，屈西，左合小石頭、七道、葦沙、西烏吉密，右養魚池、蒿麥、棱河。折東北，左合西亮珠，右黃玉、長壽。逕城東，又東北逕夾信鎮，右合東亮珠、大石頭、大黃泥河，入方正。一面坡，巡司。官商路三：西黑龍宮達賓州；南一面坡達五常；東黃泥鎮達方正。東清鐵路站五：烏吉密、一面坡、葦沙河、石頭河、交嶺子。

阿城縣：省北四百八十里。卽阿勒楚喀副都統城。渤海海古勒地。明，岳希、河突二衞。宣統元年，裁改阿勒楚喀副都統置，隸西北路道。東南：牛角、廢兒諸嶺。北：松花江自濱江入，納阿什，合裴克圖河自賓州。舊設站一：薩庫哩。東清鐵路站二：阿什河、三層甸子。

延吉府：繁，疲，難。省東南七百六十里。東南路道駐。明，錫璘、布爾哈通、愛丹三衞。清初，爲南荒圍場。光緒七年，弛墾。二十八年，置延吉廳。宣統元年升。西：哈爾巴嶺，布爾哈通河出其東，東南匯太平、倒木、岔條、簸箕、葦子諸溝，細鱗河，逕銅佛寺，至朝陽川，左合朝陽延吉河，至城南，右納海蘭河，又東北，左合一兩溝，抵汪清界。頭道嘎雅會二道嘎雅河錯出，仍緣界來會，折東南入圖們江。舊設站三：老松嶺、薩奇庫、瑚珠。官商路四：西南東古城達樺甸；西銅佛寺達敦化；南六道溝達和龍；東北小盤嶺達琿春。商埠，頭道溝、龍井村、局子街，三。宣統元年中日間島約開。

寧安府：省東八百里。即寧古塔副都統城。其舊城，西北五十里舊街鎮。康熙五年徙之。古肅愼國都。明，奴兒干都指揮使司。光緒二十八年置綏芬廳，駐三岔口，尋徙寧古塔城。宣統元年升，二年更名，隸東南路道。廣八百餘里，袤六百里。北極高四十四度四十六分。京師偏東十三度三十五分。西：茨老茅山。東北：卡倫。西北：瑪展窩集。南：老松、瑪爾瑚哩窩集諸嶺。西南：牡丹河自額穆入，匯為鏡泊。右受大小夾溪、松陰河，左布尼、畢拉罕河。復北出，左合沙蘭，右馬連河，逕東京城，至府治東。右合蛤螞，左海浪河，逕乜河鎮。右合乜，左頭、二、三道河，入方正分界碯子。舊設站九：西必爾罕、沙蘭、寧古台，北鲂頭岔、沙河子、細鱗、三道河，分自吉林三姓達寧古塔，南新官地、瑪爾瑚哩，則自塔達琿春。東淸鐵路，橫道河、山岩、海林、牡丹江站四。商埠，光緒三十一年中日約開。

東寧廳：省東千四百里。明，綏芬河地，置率賓江衞。光緒二十八年，置綏芬撫民同知。宣統元年，改通判，更名。隸東南路道。北：黃窩集山。南：通肯。西北：萬鹿溝。西：穆棱窩集、老松諸嶺。西南：大綏芬河自汪清入，左合蛤螞、黃泥、寒葱河，右葦子諸溝。又東北，左合小綏芬河，逕城北，南大瑚布圖河，北緣俄東海濱省界，合小瑚布圖河來會入之。官商路四：西北萬鹿溝達東清鐵路；西屯田營達寧安；西南達汪清；南沿瑚布圖河達於琿春。東清鐵路，六、小、五站三。界碑「倭」、「那」字二。綏芬河稅關。

琿春廳：省東南千二百里。明，琿春衞。後屬瓦爾喀部。清初，南荒圍場。光緒七年，始弛禁設墾局。宣統元年，改副都統，置同知廳，隸東南路道。廣二百五十里，袤三百餘里。北極高四十三度，京師偏東十四度三十分。東：分水嶺長嶺子。西北：圖們江自汪清、朝鮮緣界，合乾密江，至紅旗河口，卽琿春河。出東北土門嶺，屈南，逕太平川，左合官道，右六道、五道諸溝。又西，左合夾心子、胡盧別、瓦岡寨、大小紅旗河，右四、三、頭、二道、車擔溝。逕城南，右合二道、罕通河來會。又南，逕黑頂子，合圈河，出境入海。舊設站二：北密江，中阻大盤嶺，恆假道朝鮮鍾城達慶源；東路三道溝、哈達門、二道河並達俄。界碑：南「土」，東「薩」、「啦」、「帕」字，凡四。商埠，光緒三十二年中日約開。

敦化縣：疲，難。省東南四百七十里。古挹婁國。明，建州左衞。後屬窩集部之赫席赫路。清始祖居鄂多哩城，卽此。初爲額穆赫索羅堧地。光緒八年建新城置，隸吉林。宣統元年，改隸東南路道。西南：牡丹嶺。牡丹江出東北，左會小牡丹江，右合四、三、二、大荒溝。又東北，左合黃泥、大石頭河，逕城東。又北，左合小石頭、雷風氣河，入額穆。東大沙、西北鰄鯱河並從之。舊設站二：自額穆通溝西南八十里至城；又東八十里滴達嘴達寧古塔。官商路三：西半截河出新開道達樺甸；西南逾牡丹嶺達濛江；東黃土腰子達延吉。

穆稜縣：省東偏北千里。明，木倫河衞。清初穆稜路。光緒二十八年，置穆稜河分防知事，屬綏芬廳。宣統元年，改隸東南路道。穆稜窩集，鎮南。穆稜河出嶺北，屈折東北，左合泉水、大小石頭、僞臉河，右廟溝，逕城南。又東北，左合柳毛河、坎椽子、扣河溝，右太平、朝陽川。馬橋河出四頂子山，合狐狸密河。又北，左合氈羊磖子河、雷風氣、百草溝。右上亮子河，出鐵鍬背，逕下管入密山。官商路三：西泰東站入寧安；東北下城子逾靑溝嶺達密山；一東渡細鱗逾鐵路至東寧。東淸鐵路，磨刀石、台馬溝、美嶺、馬橋河、太平嶺站五。

額穆縣：省東三百八十里。明，斡朶里、禿屯河二衞。後屬窩集部之鄂謨和蘇魯路。淸始祖所居俄漠惠，卽此。舊曰額穆赫索羅。乾隆三年，置佐領。宣統三年，改隸東南路道。西：嵩嶺。蘭陵河出其北，曰黃泥河，會大石頭河，緣五常界入。西南：松花江自樺甸入，左合拉發及嘎雅河，折西北入吉林。南：牡丹江自敦化入，右合大沙河，左朱爾德河，納鹹鯱河注入，屈東，左合馬鹿溝、都林、塔拉泡，右朝陽、大小空心木河，入寧安。舊設站六：西拉法，距吉林額赫穆站八十里；又東六十五里退摶；八十里伊壽松；又四十里至城，卽額穆赫索羅站；又東八十里塔拉達寧安；一東南八十里通溝達敦化。

汪淸縣：省東南千二十三里。明，阿布達哩衞。淸初庫雅拉部鈕呼特居之，爲世管佐領。宣統二年置，隸東南路道。北：老松嶺。南：圖們江自和龍入，二道嘎雅河自嶺西合樺安溝，緣延吉界，合蘗水河，至摩天嶺仍入。左合大小汪淸溝，逕城東，又南復緣延吉界注之，入琿春。東北：荒溝嶺。大綏芬河出東北，左合大石頭、老母豬河、太平溝，入東寧。舊設站三：東哈順，北至延吉瑚珠嶺站六十里；又南四十五里德通；西北逾高麗嶺至牛什哈嶺爲分站。官商路二：南逾吉清嶺至延吉；東北歷綏芬甸子入東寧。商埠，百草溝，宣統元年中日間島協約開。

和龍縣：省東南八百里。明，曆金河衞地。光緒十一年，吉、韓通商，和龍峪與光霽峪西步江互市。二十八年，置分防經歷，屬延吉。宣統二年，改隸東南路道。西：秭稭嶺。迤東北鷄冠磖子，又北窩集嶺，其東三、二道溝並入延吉。西南：圖們江自奉天安圖入，合紅旗河外六、五、四道溝，逕東景德，至汗王習射台。又北逕光霽峪入汪清。官商路二：一北至延吉；一南至火狐狸溝，渡江達朝鮮會寧。又西北由窩集嶺出長白北麓，沿古洞、富爾河，歷樺甸、磐石，達奉天海龍，俗呼盤道，清初爲通衢。後別爲圍場，禁塞。光緒中復通。

依蘭府：繁，疲，難。省東北千四十里。東北路道駐。卽三姓副都統城。古肅愼國地。明，和屯衞。清初稱依蘭喀喇。光緒三十一年改置，隸東北路道。東：大德依亨山、阿爾布善。東南：窩庫嶺。西北：松花江自方正入。西南牡丹江自寧安緣界，又北緣方正界，合阿什明達、烏斯渾、伯利，逕城西注之。東：倭肯河自樺川入，合奇塔、庫倫、連珠岡、大小八浪，納七八虎力，又西北合蘇木，至城東來會。舊設站九：西妙嘎山，又西鄂爾國木索、崇古爾庫、富拉渾、佛斯恆，並江北岸，約二百八十餘里；南太平莊、烏斯渾、小巴彥蘇、蓮花泡接寧安。官商路三：西珠淇河達方正；東阿穆達樺川；東南土龍山達密山。有護江關。

臨江府：繁，疲，難。省東北二千里。金，黑水靺鞨部。清初黑哲喀喇人所居，卽薙髮黑斤。曰拉哈蘇蘇。光緒初，始由三姓副都統編戶入旗，分三佐領。三十二年，置臨江州。宣統元年升，隸東北路道。廣四百三十里，袤四百餘里。北極高四十六度二十分。京師偏東十三度二十分。東：街津山、小白。南：西太平。西南：葛蘭棒子。西：烏爾古力。松花江自富錦入，左會黑龍江，曰黑河口，爲混同江。又東合街津河，出向陽山，入綏遠。南：饒力河自密山緣界，合依瓦魯河，又東緣饒河界，大七里星河入之。西南：倭肯河，西入樺川。官商路四：西圖斯科達富錦；東睦鄰鎮達綏遠；東南寒蔥山達饒河；又由二道岡西歷駝腰子，亦達富錦。

密山府：省東北千三百里。渤海湖州地。明，木倫河衛及松阿察河埡地。清初瓦爾喀部人所居，隸寧古塔副都統。光緒三十四年置。蜂蜜山南十餘里，脈與西南黃窩集接，亙三百里。隸東北路道。西南：穆稜河自其縣入。右合小穆稜、滴道哈達嶺水，左下亮子，逕城西。又東北，左合大穆稜河，其北七虎林河，其東南阿松察河，出興凱湖，東北緣界，並入虎林。北：饒力河，東緣臨江界入饒河。官商路六：西大柞木台達穆稜；東楊木岡達虎林；西北太平磂子達依蘭；北達臨江；南至快當別；東南龍王廟達俄。界碑：興凱湖東「亦」字、西「喀」字，又西「拉」字、「瑪」字。

虎林廳：省東北千九百里。宣統元年，置呢嗎口廳。二年更名。署西南關帝廟榜題「嘉慶己巳重修」，則漢民足跡早至。隸東北路道。西：七虎林山。西南：半拉窩集、蘇爾德。西北：安巴倭克里。北：那丹哈達拉嶺。南：烏蘇里江自俄東海濱省緣界，納松阿察及小黑河，又北納大小穆稜河，逕城東。又北納七虎林河，合阿布沁、小大木克、獨木、外七里星河，入饒河。官商路三：南至大穆稜河，西歷索倫營達密山；南歷倒木溝至龍王廟；一城北下水撈達饒河。惟烏蘇里時溢，沿江哈湯多，足礙行旅。又由廳治至渡江，泝呢嗎，卽至烏蘇里鐵路伊曼站。

綏遠州：省東北二千五百里。清初使犬部額眞喀喇人居之，隸三姓副都統，曰伊力嘎。宣統元年置，隸東北路道。北極高四十度四十九分。京師偏西四度四十八分。西南：秦得力山、額圖、昂古喀蘭、太平。南：完達、科勒木蘇拉立喀蘭。北：混同江自臨江入，合二吉利、秦得力、沃泥河、濃江。南：烏蘇里江自饒河入。右畢拉音畢爾賓，屈東北，右東海濱省，分二支來會，折西北亦入之。官商路三：西秦皇、魚通，西小白山，並達臨江；東南窩集口達饒河。烏蘇里下口西岸有「耶」字界碑。

方正縣：繁，疲，難。省東北九百二十里。清初呼爾哈部人居之，隸三姓副都統。光緒三十二年置大通，隸依蘭，治江北崇古爾庫站。宣統元年，徙治江南方正泡，割濱州長壽東境益之，更名，隸東北路道。西：萬寶山。東：雙鳳、烏槍頂子。南：東老龍爪溝嶺。北：松花江自賓州入，納螞蜓及柳樹、黃泥河，逕城北，合二古力、德墨里、大小羅拉蜜。又東北，納珠淇河，入依蘭。東南：牡丹江自寧安緣界，合大小營門石，四、五、三道諸河從之。官商路三：西新安入賓州；東達溝達依蘭，舊阻哈湯；近通利；西南黃泥河入長壽。船埠：德墨里屯。

樺川縣：省東北千三百十八里。清初黑哲喀喇人居之，隸三姓副都統。宣統二年置，治佳木斯。三年，徙悅來鎭，隸東北路道。西：格布蘇嶺、猴石山。南：巴虎。東：馬庫力。南：筆架、哈達密。東南：倭肯河，自臨江緣界，及七八虎力河入依蘭，注松花江。西北合音達木、小鈴鐺麥河，入富錦。東南：柳樹河從之。官商路三：西蘇蘇屯達依蘭；東汶登岡，東南寶山鎭，並達富錦。船埠：佳木斯屯，瀕江。

富錦縣：省東北千八百里。清初黑哲喀喇人本部，曰富克錦。光緒七年置協領。三十三年置巡司，隸臨江州。宣統元年改隸東北路道。南：對錦山、別拉音、四方台。西南：雙崖。東：烏爾古力。北：松花江自樺川入，納柳樹、哈達密河，入臨江。西南七星磖子，大七里星河出東北，緣界合砭石河，逕對面城屯，流分復合。官商路四：西霍悅路達樺川；東古必扎拉達臨江；東南歷臨江二龍山鎮達饒河；南懷德鎮達密山。

饒河縣：省東北二千百四十里。明，尼瑪河堧地。後爲窩集部之諾羅路。清初瓦爾喀部人居之，隸寧古塔副都統。宣統元年置，隸東北路道。南：佛力山、大頂。西：小荼根。西南：雙呀堪達。東：東老營盤。東南：烏蘇里江自虎林入，合外七里星、大小別拉、大帶、小安河，北至斯莫勒山。西南：饒河自密山緣臨江界，合大索倫、蛤蟆通、寶清、獾子、裏七里星、大佳氣河，入逕城北，又東，右合小佳氣、蛤蟆河，逕饒力葛山來會。又東北，入綏遠。官商路二：東沿烏蘇里，分達綏遠、虎林；西沿饒力，分達臨江、密山。

附志

寶清州：宣統元年擬置於饒河西境寶清河西。

勃利州：宣統元年擬置於依蘭東南倭肯河上游，卽古勃利州地。

臨湖縣：宣統元年擬置於密山東，南臨興凱湖，有小興凱湖。

# 清史稿卷五十七

## 志三十二

## 地理四

### 黑龍江

黑龍江：古肅愼國北境。明領于奴兒干都司。清初有索倫、達呼爾諸部，散居黑龍江內外額爾古訥河及精奇里江之地。天聰、崇德中，次第征服。康熙二十二年征羅刹，始設鎭守黑龍江等處將軍及副都統駐江東岸之愛渾城，尋並移駐墨爾根。三十七年，副都統移駐齊齊哈爾。三十八年，將軍亦移駐，遂爲省治。後增設墨爾根、黑龍江、呼蘭、呼倫貝爾、布特哈各副都統。光緒末，裁省其半，改置廳、府、縣有差。三十三年，罷將軍，設黑龍江巡撫，改爲行省，悉裁副都統各缺，變置地方官制。宣統三年，爲道三，府七，廳六，州一，縣七。

擬設之府一，直隸廳十一，縣五。南至松花江與吉林界，西至額爾古訥河與俄領薩拜哈勒省及外蒙古車臣汗旗界，西南接內蒙古之烏珠穆沁左翼、科爾沁右翼中、前、後各旗界，東至松花、黑龍兩江合流處，仍界吉林，北及東北皆與俄領阿穆爾省界。廣二千八百餘里，袤一千五百餘里。北極高四十五度五十分至五十二度五十分。京師偏東三度四十分至十六度二十分。案黑龍江舊界，楊賓柳邊紀略云：「艾渾將軍所屬，東至海，西至你不楮俄羅斯界。」你不楮卽尼布楚，今俄名揑爾臣斯克。艾渾將軍卽黑龍江將軍，此淸初界也。自安巴格爾必齊河口，卽循此河上流之外興安嶺，東至于海。凡嶺以南，流入黑龍江之溪河屬中國，嶺以北屬俄羅斯。中、俄分嶺，此康熙二十八年尼布楚條約界也。自額爾古訥河入黑龍江處起，至黑龍江與松花江會流處止，以南以西屬黑龍江省，以北以東屬俄羅斯，中、俄分江，此咸豐八年璦琿條約界也。尼布楚在安巴格爾必齊河西五百餘里，本中國茂明安、布拉特、烏梁海諸部落地。崇德中，卽爲俄羅斯人竊據，築城居之，以侵掠索倫、達呼爾諸部，爲邊患者三十餘年。康熙二十八年定界，遂捐以畀俄，已蹙舊界地五百餘里矣。若外興安嶺以南，黑龍江以北以東舊界地，殆三千七百里有奇，其境內山川、部落、城屯雖爲俄有，亦並志之，不忘其朔焉。外興安嶺爲崑崙北出之大幹。蓋崑崙山脉南幹，爲涼州南山，爲賀蘭山，爲陰山，爲內興安嶺。北幹爲葱嶺，爲天山，爲阿爾泰山，爲墾特山，爲外興安嶺。內外者，據黑龍江言之。餘若斗色山、若楊山、若珠德赫山、若訥丹哈達拉山、若達勒替沙山、若阿喇拉山、若道斯哈達、若察哈彥哈達、若茂哈達，皆外興安嶺支絡，並在江東北。水以安巴格爾必齊河爲康熙舊界入江之始。由此而東，曰卓魯克齊河、曰烏魯穆河、曰格爾必齊河、曰呼吉河、曰張他拉河、曰鄂爾多昆河、曰烏爾蘇河、曰波羅穆達河、曰額爾格河、曰巴爾坦河，又東少南，曰託羅河、曰臥諾河、曰巴里彥河、曰阿蘇河、曰淘斯河、曰凱蘭河、曰阿喇拉河、曰大蘭河、曰庫呼恩河、曰額蘇里河、曰多普塔拉河。又南曰精奇里江，爲諸河最，源出外興安嶺極北之地，東南流，轉西南流，江形如弓。有烏爾格河、託克吉魯河、烏爾替河、克德畢河，自西北來注之。有阿爾吉河、巴里木河、塔烏爾堪河、畢奇勒圖河、欽都河、寧尼河、額勒格河、牒葉普河、鐵牛河、西里木迪河、察勒布克爾河、英肯河、們臥勒河、莫昆河、巴沙河、楊奇尼河、密奇訥河、翁額納拉河、巴里木邁庫里河、託莫臥河、伊羅河、昆貝河、屯布河、迪音河，自東北來注之。黑龍江水色微黑，精奇里江獨黃，又稱黃河。又南而東，曰謨里爾克河、曰博屯河。又南而東，曰牛滿河，源出外興安嶺，嶺東舊界吉林。西南流，東合烏旺那河、烏莫勒德河、攸瓦爾奇河、敖拉河、塔拉耐河、塔里木河、薩公那河、吉克河，西合臥爾喜河、卓羅奇河、木爾木河、楊奇里河、珠奇河、寧那河、伊莫勒河、楚克河。牛滿河亦稱斗滿河，又南而東，曰哈拉河、曰阿拉河、曰塔拉木河、曰庫勒圖爾河、曰庫木弩河、曰珠春河、曰格林河、曰胡裕魯河、曰蘇魯河、曰伊圖里河、曰畢占河。以上諸河，並南入黑龍江。畢占河以南，舊爲吉林境。其部落，則精奇里江東西，爲索倫部、達呼爾部。有索倫村，在精奇里江、額爾格河之間，南距黑龍江城五六日程。欽都河西及巴爾坦河東，爲使鹿鄂倫春部。自額蘇里河口溯江而西，至額爾格河口，爲庫爾喀部，其城屯有曰鐸辰城、阿薩津城、多金城、烏魯蘇穆丹城、郭博勒屯、博和哩屯、噶勒達遜屯、穆丹屯、都孫屯、烏爾堪屯、德篤勒屯、額蘇哩屯、額爾圖屯，並在江北岸東岸。雅克薩城在黑龍江城西北一千三百餘里，城東卽提咸河灣城，本索倫部築。嗣因博木博果爾等據城以叛，崇德四年討平之，墟其城。順治初年，羅刹竊據，又築之。康熙二十五年，復克其城。二十八年界約，雅克薩之地俄羅斯所治之城，盡行毀除。今其地俄名阿勒巴沁云。宣統三年，編戶二十四萬一千零一十一。口一百四十五萬三千三百八十二。其名山：特爾根、佛思亨、興安嶺。黑省之山，皆脈自車臣汗部肯特山，入境則特爾根，折而東而南，緜亙嫩江、黑龍間者，以興安嶺目之。至混同、黑龍兩江將會處，乃起佛思亨。內興安嶺自索岳爾濟山入境，爲哈瑪爾，爲室韋，爲雅克，爲西興安嶺，爲伊勒呼里。分支西北迤，爲治吉察。正支又東北，爲嫩江源。又東南，爲庫穆爾，爲東興安嶺。西出一支爲和羅爾。又西曰烏雲和爾冬吉。正支又東迤，爲小興安嶺。又分支東北爲老爺嶺。正支東盡於佛思亨。其巨川：黑龍、精奇里、松花、烏蘇諸江。其驛路：東北逾興安嶺達海蘭泡。電綫：自齊齊哈爾至海蘭泡，南達吉林。鐵路：齊昂；其屬俄者，東清北段。

龍江府：衝，繁，疲，難。巡撫，民政、提學、提法司駐。卽齊齊哈爾。舊曰卜魁。明，朵顏衞地。光緒三十一年，設黑水廳。三十四年改置府，爲黑龍江省治。西南至京師三千三百餘里。廣六百六十餘里，袤六百六十餘里。北極高四十七度二十七分。京師偏東七度三十二分。北：敖寶山。西：五道梁子、碾子山、廉家大岡。東北：嫩江自訥河入，南流，至府城東北。東分一支爲塔哈爾河，西南受阿倫河、音河，逕城西南。距城約五里曰船套，康熙中嫩江水師戰船泊此。光緒三十三年闢爲商埠。由西南江口斜開引河縈泗城西。沿江築長隄一、小隄二。嫩江又西南納雅爾河，入安達。東：胡裕爾河自拜泉入，西流，入塔哈爾河。一支南出，歧爲九道溝，西南入安達。舊設站十，在府境四：卜魁、特穆德赫、塔拉爾、寧年。西路台十七，在府境三：七家、甘井子、那奇希。官商路二：東南東官地屯達海倫；小五明馬屯達景星鎮。卡倫三：曰莽鼐，曰綽羅，曰博爾齊勒。又和倫部卡倫三：曰拉哈鄂佛羅，曰溫德亨，曰蘇克台蘇蘇。鐵路二：齊昂，東清。商埠，光緒三十一年中日約開。

## 呼蘭府

呼蘭府：衝，繁，難。省東南八百四十里。卽呼蘭副都統城。明爲呼蘭山衞。光緒三十年，移呼蘭廳治呼蘭城，升爲府。廣一千二百餘里，袤四百二十餘里。北極高四十六度十二分。京師偏東九度五十九分。領州一，縣二。西南：松花江自肇州入，東流入巴彥。呼蘭河自蘭西入，南流，大城溝自西來注之。屈東南，逕府城南入松花江。東：漂河自巴彥入。又東，少陵河，則綽羅河亦自巴彥入，右受韓溝河，南流，同入松花江。北：濠河自綏化入，左受大荒溝河，西流入呼蘭河。府境據呼蘭河下游水域，松花襟其南，長河支港，足資灌溉，土味膏沃，號爲產糧之區。雍正十三年後，移屯設莊，日事開闢。咸豐、同治之際，直隸、山東遊民流徙關外者，競赴屯莊傭工，積日既久，私相售賣，占地日廣，聚徒日繁，歷任將軍乃奏辦民墾，增改民官，行省規模，府爲先導焉。舊設台三：察哈和碩；呼蘭城，卽府城；新安。官商路二：西北經蘭西赴省城；東北經巴彥赴綏化。有康家井、朝陽堡文報局。舊設卡倫四：曰珊延富勒，曰綽羅河口，曰諾敏河，曰布勒嘎哩。西南：東清鐵路對青山車站，南六十里至哈爾濱。呼蘭河口有輪船埠。

巴彥州 繁，難。府東一百五十里。原名巴彥蘇蘇。光緒元年設呼蘭廳，三十年改隸府。北：青頂山、雙牙。西：少陵、泥馬爾。東北：黑山，緜亙百餘里，與木蘭青山接，故布特哈人虞獵場也，又名蒙古爾山，呼蘭民屯自山前後始。南：松花江自府境入，東入木蘭。北：少陵河自東興鎮入，西流，納布爾嘎里河、小柳樹河、朱克特河，屈西南，漂河分支曰韓溝，東流注之，爲綽羅河口。又東：五岳河，出棗拉拉屯，西流屈南，逕府城西，入松花江。東：大黃泥河，左會小黃泥，又東小石頭河，皆南入松花江。北：濠河由餘慶入，合拉三太河、大荒溝入府境。西北：興隆鎮州判。舊設台一：呼蘭廳，卽州城。官商路三：東至木蘭；北至餘慶；北由小猪蹄山屯西行，經興隆鎮達綏化。五岳河口有輪船埠。蘭西縣 衝，繁，難。府西北一百里。原名雙廟子，光緒三十年置，隸府。東呼蘭河自綏化緣海倫界，會通肯河入，屈南，右大城溝河，左濠河，入府境。官商路四：東榆樹林達府；北至青岡；西達肇州；西北至安達。有小榆樹鎮。木蘭縣 疲，難。府東二百五十四里。明，木蘭河衛。光緒三十年置，隸府。北：青山，山勢與巴彥黑山接，舊稱呼蘭青、黑二山。西北：駱駝砬子、硯台、蒙古山。東北有玉皇閣山，皆在縣北境。南：松花江自巴彥入，東入大通。西：白楊木河；又西，大小木蘭達河，左會鎮陽河；又西，萬寶、柳樹、楊樹、大小石頭諸河，皆南入松花江。東：頭道河，左會二道河，南入大通。北：木蘭鎮巡檢協領駐。官商路三：西至巴彥；東至大通，有五站，文報局一；循大木蘭達河北東興鎮達綏化。

綏化府：衝，繁，難。省東南七百六十里。原名北團林子，隸呼蘭副都統。光緒十一年，設綏化廳。是時副都統治所號中路，呼蘭廳號南路，廳城號北路，名爲呼蘭三城。三十年升廳爲府。廣三百餘里，袤一百餘里。北極高四十七度三十八分。京師偏東十度五十六分。領縣一。東北：綏額楞山，尼爾吉、克音二河出。呼蘭河自餘慶入，各緣界右注之。西流，右受尼爾吉、克音河，左受津河，入蘭西。南：濠河亦緣界從之。東北：上集廠，駐經歷。官商路五：北赴海倫；南出巴彥；西至蘭西；東津河鎮赴餘慶；東北雙河鎮達鐵山包。餘慶縣 繁，難。府東一百里。原名餘慶街。光緒十一年設分防經歷，屬綏化廳。三十年改置，隸府。南：青山、黑山山脉，跨木蘭、巴彥兩州縣界。北：呼蘭河，導源鐵山包達里代嶺西麓，西流入境，又西入府。濠河導源極南沈萬合屯，西流入府。南：格木克河出上窖子，北至郭吳屯，屈西，逕縣治南，又西北入呼蘭河。東：拉列罕、安拜、穩水、鐵山包、尼爾吉諸河，皆北入呼蘭河。又東北額伊琿河，西南流至王家堡，合歐肯河，大伊吉密合小伊吉密河，皆入呼蘭河。官商路四：西赴府；東赴鐵山包；北出五道岡西行達海倫；東行達鐵山包。一東南黎家屯南行至東興鎮，又便道南渡格木克河、雙銀河、濠河達巴彥。民船可溯呼蘭河至鐵山包運煤。

海倫府：繁，疲，難。省東南六百里。即通肯副都統城。光緒三十年，以通肯、海倫河新墾地置海倫廳。三十四年升府。領縣二。東北：內興安嶺。通肯河出西麓，西流，右受十一道至八道溝，屈南流，札克河東來注。西南：七道溝自胡裕爾河分出，南流來注。南：海倫河自東來注，三道、二道、頭道、汚窿河自西來注，又南會呼蘭河。呼蘭河南自綏化入，合通肯河、克音河來會，入呼蘭境。北：胡裕爾河緣訥河界入之。府境居海倫河北，有通肯協領。官商路三：西至拜泉；西南至青岡；南至綏化。東南行經綏化上集廠達餘慶。又西北海布道至布特哈，北海畢道至畢拉爾協領地，二道皆宣統中開。商船由呼蘭河入通肯河至女兒城。青岡縣疲，難。府西南二百六十里。原名柞樹岡。柞樹一名青岡柳，縣以此名。光緒三十年置，隸廳。東：通肯河自拜泉入，南流，與府分界，入呼蘭河。呼蘭河自府會通肯河入，西南流，與呼蘭分界，入呼蘭境。官商路四：東北駱家窩棚赴府；西大林家店赴省城；西南白家店至安達；南李春芳屯達蘭西。又縣南呂馬店、東南何小懷屯，爲省城東路站道，由此赴興京。拜泉縣繁，難。府西北一百六十里。原名巴拜泉，即那吉泊，土名大泡子，縣以此名。光緒三十二年置，隸廳。三十四年改府，仍隸。東：通肯河自府境入，南流，與府分界。右受七道、六道、五道、四道、三道、二道、頭道溝，入青岡。北：胡裕爾河自訥河入，受印京河，西入龍江。南：雙陽河，東逕縣南，又東瀦爲松津泊。巴拜泉在雙陽河南，其東南白水泉。西南：馬鞍泊、白華泊，皆平地出泉，可供汲飲，故有巴拜之稱。巴拜卽「寶貝」轉音也。官商路四：東南三道溝赴府；東北李喜屯達訥河之三站，卽新開海布道；西孔家地房赴省城；南榮富屯至青岡。胡裕爾河北岸有莽鼐牧場。有額魯特依克明安公府。

嫩江府：省東北四百五十里。卽墨爾根副都統城。明爲木里吉衞，譯卽墨爾根。康熙十年，墨爾哲勒氏屯長來歸，編爲墨爾根四十佐領，號新滿洲是也。光緒三十四年，以墨爾根城改置府。廣四百餘里，袤六百餘里。北極高四十九度十三分。京師偏東八度四十二分。府境爲內興安嶺山脉三面環繞，嫩江縱貫其中，全境東西之水皆入嫩江，江出北伊勒呼里阿林，山脉自西而東橫亙處也。江以西山之著者，曰莽藍哈達七峯山、庫勒木爾山、穆克珠勒渾山、阿昆迪奇山、阿察特山、噶珊山、博里克山、達克固善山，東曰傅什霍山、伊勒貢孛山、勒吉勒圖山、勒吉爾山、達巴爾山、特克屯山、旺安山、圖墨爾肯山。嫩江導源東南流，逕格爾布爾山前，左受納約爾河、那昔台河、霍吉格那彥河、額勒和肯河，右受伊斯肯。折南流，左受哈羅爾、阿魯三松哈諾勒、雅普薩台、固巴諸河，右受喀柰、吉里克、喇都里、多布庫爾、歐肯諸河。又南屈西，江流瀠環作二曲，又南讓魯爾河、和羅爾河自東來注之。又南逕府城西，又屈西，甘河自西北來注之，西南入訥河。舊設站五：自訥河博爾多站北四十三里至府屬喀木尼喀，又四十二里至依拉喀，又七十里至墨爾根，卽府。又東北七十六里至科絡爾，又七十六里至喀勒塔爾奇，又東北接黑龍江城之庫穆爾。宣統元年，於兩城交界處增設陡溝子文報局。又由府北行，沿嫩江東岸，可達呼瑪金廠。卡倫九：曰諾敏河巴延和羅，曰甘河商河哈達，凡二；又和倫部曰塞楞山，曰喀穆尼峯，凡二；曰庫雨爾河，曰諾敏河，曰喀布奇勒峯，曰綏楞額山，曰布爾札木，凡五。府境爲水陸通衢，沿江兩岸水土沃饒，屯地之腴，稍遜呼蘭，猶駕諸城而上。有多布庫爾協領，統鄂倫春人。

訥河直隸廳：省東北二百八十里。卽布特哈東路總管。明，布兒哈衞。宣統二年，以東布特哈改置。廣一千一百餘里，袤七百餘里。北極高四十八度五十九分。京師偏東八度一分。東北：琉璜山、胡爾冬吉。東南：吉爾嘎爾哈瑪圖山。西：嫩江自嫩江府入，南流入龍江。東南：訥謨爾河。西北：合黑河烏德鄰池水，自東北來注。翁查爾河，自東南來注，折西，洪果爾津、芒柰、那彥、額勒合奇諸河，皆自北來注。保大泉河自東南來注。又西布拉克河，又羅洛河，皆自北來注，逕廳治南。又西，分二支入嫩江。東南：胡裕爾河導源胡耳山，西流入廳境。又西，左受印京河，右受敖倫河，入拜泉廳境，本索倫、達呼爾部落人打牲之所。光緒三十二年，始將南北荒段丈放。舊設站二：自龍江寧年站北八十五里至廳屬拉哈，又六十里至博爾多，卽廳治。又北接嫩江喀木尼站。又廳東南頭、二、三站達海倫，卽海布新道。舊卡倫五：喀爾開圖、烏爾布、齊吉爾吉、哈諾爾、溫托渾喀喇山。

瑷琿直隸廳：省東北八百二十里。卽黑龍江副都統城。明，考郎兀衞。光緒三十四年，以黑龍江城改置。瑷琿兵備道駐廳。廣一千三百餘里，袤六百餘里。北極高五十度四分。京師偏東十一度。西：托列爾哈達、坤安嶺、大橫、樺皮、答儼、青泉山。南：札克達齊、博克里。東南：吉里爾哈達。黑龍江自黑河合烏克薩河入，南屈西，右受五道、四道、三道、二道諸溝，屈南，右受頭道溝，逕廳城東。又南，右合坤河，折東南，右合康達罕、霍爾穆勒津、博科里，左納伯勒格爾沁河，合博爾和里鄂模水，又東南合遜河，入興東。江東六十四屯在焉。精奇里江以南，黑龍江以北，東以光緒九年封堆爲界，有伯勒格爾沁河、博爾和里鄂模，南北一百四十里，東西五十里至七十里，咸豐八年條約，本旗民永住之業。庚子之變，俄人違約驅奪，且擾及江右，脅耆民爲官沈江者至數萬。和約成，光緒三十二年僅收回江右地，六十四屯迄未索還，今廳境僅西南北三鄉耳。有遜別拉荒段十餘萬晌，光緒末放墾。舊設站三：自嫩江之額勒塔爾奇東北八十五里至廳屬之庫木爾；又三十五里至額雨爾；又百里至黑龍江城，即廳治。此省城北路十站。又由廳南行至畢拉爾會海畢新道。又北穿森林達漠河，有新設霍爾莫津、奇勒克二卡倫。商埠，在城北頭道溝、二道溝間，光緒三十一年中日約開。按雍正中，舊設卡倫十三。咸豐八年，中、俄分江爲界，如伊瑪畢拉昂阿、精奇里河、烏魯穆蘇丹、紐勒們河、黑龍混同兩江會口，五卡倫歸左岸俄境，而右岸境東增八、西增三。光緒十二年，以防護漠河金廠，增西爾根土哈達等二十三，接呼倫貝爾城之珠爾特依。又東南增車勒山、遜河、闊爾斐音河口、吉普遜河、提音河，凡五，共卡倫三十九處。庚子亂後，卡倫盡燬。遜河以南，劃歸興東道。三十四年，乃上自額爾古訥河口起，下迄遜河口止，新設卡倫二十：曰洛古河，曰訥欽哈達，曰漠河，曰烏蘇里，曰巴爾嘎力，曰阿穆爾，曰開庫康，曰安羅，曰依西肯，曰倭西門，曰安干，曰察哈彥，曰望哈達，曰呼瑪爾，曰西爾根奇，曰奇拉，曰札克達霍洛，曰霍爾沁，曰霍爾莫津，曰奇克勒。每卡弁一、兵三十。五卡設卡官一，十卡設一總卡官。卡兵三十，以十人巡查，以二十人給荒墾種，更番輪替，所得糧即作弁兵津貼。地熟年豐，給地停餉。

黑河府：省東北九百里。原名大黑河屯。光緒三十四年置府，屬璦琿道。西：內興安嶺支山之著者，烟筒、白石、庫穆爾室韋山、額勒克爾山。黑龍江自北來，與俄分界，右受呼瑪爾河，入境。南至西爾伊奇卡倫，合丹河、寬河、奇拉、喀尼、庫倫、克魯倫、達彥、霍力戈必、法別拉、額尼、阿勒喀木諸河。又東逕城北，又南，左受精奇里江，右受烏克薩河，入璦琿。北呼瑪爾河，導源伊勒呼里山，南北四源，合而東流入境，有倭力克、庫勒郭里、綽諾、札克達齊河自西來注。又東呼爾哈，東入黑龍江。源委約七八百里，兩岸爲庫瑪爾部貢貂之使馬鄂倫春人等漁獵處。南岸有呼瑪爾古城。府治舊爲中、俄通商口岸，初時互市不及江海各口千分之一。分江以後，貿易遂繁。自彼銳意經營海蘭泡，又值庚子之變，華商趨附彼境，商務日興，而我驟減。然府治南屏璦琿，實邊防要衝。有法別拉荒段十餘萬晌，光緒三十四年放墾。官商路一：南八十里至璦琿城。餘皆水路，附俄輪以往。有新設卡倫四：曰西爾根奇，曰奇拉札克達，曰霍爾沁，曰霍爾沁。

呼倫直隸廳：省西北八百六十里。卽呼倫貝爾副都統城。古室韋國。有室韋山。明屬朵顏三衞。光緒三十四年，以呼倫貝爾城改置。呼倫兵備道駐廳。廣一千一百餘里，袤一千六百里。北極高四十九度三十五分。京師偏東二度二分。內興安嶺在東。山脉自索岳爾濟山北走，爲伊勒呼里阿林，乃旋而東，餘脉西絡海拉爾河南北岸；額爾古訥河右岸爲廳境，諸水源此。海拉爾河出嶺西麓，西逕綽羅爾，北察爾巴奇山，南納都爾，西札敦，又西特諾克，又西伊敏河，同來注。逕城北，合墨爾根河，入臚濱。西北合額爾古訥入室韋。北：根河西受鄂羅諾爾諸河，又西入額爾古訥河。南有達爾彬池，哈爾哈河出，西匯爲貝爾池。烏爾順河自池出，北入呼倫池。廳境爲索倫、新巴爾虎、厄魯特、陳巴爾虎諸旗牧場。又海拉爾河北有託河路協領，統鄂倫春人。舊設台八：自西布特哈之牙爾伯克台西五十里至廳之依爾克特，又五十里呼耳各特伊，又五十里舒都克依，又六十里牙克薩，又五十里哈拉合碩，又六十五里札拉木太，又五十二里哈克鄂模，又六十里呼倫貝爾城，卽廳治。爲省城西路十七台。庚子之變，台站毀，往來皆由東清鐵路。又西南三百二十里布野圖布爾都之野壽寧寺，道出張家口。寺北八里有大市場，歲八月，內外蒙古走集焉。新設卡倫三：曰孟克錫里，曰額爾得尼托羅輝，曰庫克多博，爲總卡倫。西南有珠爾博特鹽池。東清鐵路自臚濱入境，逕城北，入西布特哈境。有完工、烏古諾爾、海拉爾、哈克、札爾木、牙克什、免渡河、烏諾爾、伊立克都九車站。商埠，光緒三十一年十一月中日約開。按呼倫沿邊卡倫，自雍正五年與俄勘界，設察汗敖拉、蘇克特依等卡倫十有二，名外卡倫。十一年，復於外卡倫以內設庫里多爾特勒、墨勒津等卡倫十有五，與各外卡倫相距一二百里不等，名曰內卡倫。咸豐七年，因內外相距遠，量爲遷移，各三四十里，以便互巡。改三卡爲三台，另立新名，後並圮廢無考。光緒十年，防俄人越界挖金，由黑龍江城於呼倫珠爾特依卡倫北沿額爾古訥右岸，增莫里勒克等五，前後共外卡倫十有七。庚子並毀。三十四年，重行整頓，首塔爾巴幹達呼山，訖額爾古訥河口，復設二十有一，沿舊名者十有五，新命名者六：曰塔爾巴幹達呼，曰察罕敖拉，曰阿巴該圖，以上屬臚濱；曰孟克西里，曰額爾得尼托羅輝，曰庫克多博，庫克多博爲總卡倫，以上屬呼倫；曰巴圖爾和碩，曰巴雅斯胡郎圖溫都爾，曰胡裕爾和奇，曰巴彥魯克，曰珠爾特依，曰莫里勒克，曰畢拉爾河，曰牛爾河，曰珠爾干河，珠爾干河爲總卡倫；曰溫河，曰長甸，曰伊穆河，曰奇乾河，曰永安山，曰額勒哈達，以上屬室韋。先是俄人越界墾地刈草，至是驅逐，呼倫設邊墾總局，臚濱設分局，俄人遵章納稅，華人領票經商者，絡繹不絕。此光緒三十四年冬月事也。又呼倫西南舊十六卡倫，凡以防喀爾喀也。

**臚濱府**：省西北一千一百六十里。原名滿洲里，爲東清鐵路入中國第一車站。**光緒三十四年，初擬設滿珠府，後更名，屬呼倫道。**東：額爾古訥河自呼倫入，西北流，至近阿巴該圖山，分二派。一西南流，爲達蘭鄂洛木河，入呼倫池。其正流由山西東北流，爲額爾古訥河。流至此作大轉折，如人曲腰以手遞物。額爾古訥，蒙古語謂以手遞物也。海拉爾河轉爲額爾古訥河，分二汊，一沿東岸流，曰海拉爾河口，一沿西岸流，曰額爾古訥河，北行復合爲一，入黑龍江。自阿巴該圖山以下爲中、俄界水，康熙二十八年，尼布楚約立界碑。克魯倫河自喀爾喀部入，達蘭鄂洛木河自海拉爾河分出，均入呼倫池，瀦而不流，故呼倫爲鹹水湖。東南有烏爾順河，自貝爾池出，北流入呼倫池。其右岸爲呼倫廳境，有新巴爾虎各旗牧場。舊設中、俄國界鄂博六：曰塔爾郭達固，曰察罕烏魯，曰博羅托羅海，曰索克圖，曰額爾底里托羅海，曰阿巴哈依圖，此爲庫倫東中、俄界第六十三鄂博。雍正五年恰克圖約鄂博止此。塔爾巴幹達呼山西南卽喀爾喀界，有滿、蒙文界碑，係呼倫與喀爾喀分界，十年一換。有新設卡倫三：曰塔爾巴幹達呼，曰察罕敖拉，曰阿巴該圖。北有金源邊堡。東淸鐵路自俄薩拜喀勒省入中國境，逕府治東，入呼倫廳。有滿洲里，咱剛，扎賚諾爾，赫勒洪德四車站。商埠，中日約開。有海關。

興東道：省東北一千五百里。明爲黑龍江地面，及速溫河衛、眞河所等地。光緒三十二年，移綏化城之綏蘭海道駐內興安嶺迤東，更名興東兵備道，專辦墾務、林、礦各事宜。三十四年，建署托蘿山北，爲道治。領縣二。內興安嶺脉自璦琿入，南行爲嫩江與黑龍江之分水嶺，至海倫東北迤東爲黑龍江與松花江之分水嶺，曰布倫山，曰佛斯亨山，盡于黑龍、松花兩江匯處，謂之小興安嶺。黑龍江自璦琿合遜河入境，東南流，科爾芬河上源曰額爾皮河，又東南，右受噶其河，西都里、古勒庫拉、畢罕嘎、其達、莫里、烏雲諸河，自西南來注。又東南，右受佳勒河、輔河，屈南，嘉蔭河自西來注。又南逕道治東而南，有秋台河自西曲折來注。屈東，右受斐爾法鄂模水、布占河、伊里河，會松花江。北有遜河，東流有占河，右合阿爾沁，匯入黑龍江。其左岸爲璦琿境。西：都魯，又西湯旺，右合伊春札里河，又西巴蘭河，東流屈南，皆入湯原。道治瀕黑龍江右岸，與俄屯松由子隔江對峙。西北：占河、遜河匯流，上段有畢拉爾、鄂倫春協領。鄂倫春本打牲部落，不識文字稼穡，爲俄人誆誘。光緒末年，始議收撫。興東道兼署協領，創設墾務局、學堂。興安嶺嶺西有龍門鎮，黑龍江南岸有兆興鎮、裕興鎮，墾務皆盛。官商路三：舊有由齊齊哈爾至觀音山路；光緒三十四年，新開自興東逕烟筒山赴湯原，爲西南路；又由觀音山經湯原境至三姓，爲西路。宣統二年，新開海畢道，可由畢拉爾達海倫。

**大通縣**　道治西南五百二十里。原爲崇古爾庫站，吉林江北五站之一。光緒三十一年置，爲吉林依蘭屬縣。三十四年改隸。北有內興安嶺山脉縈帶，南皆平野。南：松花江自木蘭入，東流迤東北入湯原，其右岸爲吉林方正。西：岔林、小橋子、富拉渾、頭道、二道、三道、四道沙河、轉心湖、二道河子，皆南入松花江。二道河子右岸爲木蘭境，東有大通河，縣以此名。又東烏拉琿、大古洞、小古洞河，亦南入松花江。小古洞河左岸爲湯原境。烏拉琿河西流，匯爲二泊，曰三捷泡，曰二龍潭，泊旁地肥饒。站路一。乾隆二十七年，吉林借江北地設五站，由今賓州渡江東行入縣，曰佛斯恆，曰富拉渾，曰崇古爾庫，卽縣治，曰鄂爾國木索，又東接今湯原之妙噶山站，以達三姓城。光緒末，各站改隸，皆設文報局。

**湯原縣**　道治西南三百五十里，明，屯河衞。屯河卽湯旺河，光緒三十一年置，爲吉林依蘭屬縣，三十四年改隸。北當小興安嶺山脉南麓，南近松花江，地坦平。松花江自大通入，東北流，逕縣治東，會黑龍江。松花江在縣境流甚曲，岸樹深雜，航路如蚓行。其右岸爲吉林依蘭、富錦、臨江。南：湯旺河自興東入，南流，受如意河，窪丹、蘇拉巴蘭、小古洞河，皆東南流入松花江。小古洞河右岸爲大通境。東北香蘭，西半節、赫金、各節、花爾布、阿凌達、鶴立諸河，左合梧桐、蒲鴨、額勒密十二入代河，皆東南入松花江。黑龍江有沱流泆出，入松花江，西小黑河入之。港汊縈迴，形同溝洫，爲奧區上腴。有高家屯巡司。宣統二年，置額勒密河招徠鎭，有東益公司，鶴立河有興東公司，皆營墾務。縣境自西南至東北，狹長千餘里，若盡開闢，可設十縣。西南稍繁庶，東北權輿而已。站路自妙噶山站渡江至三姓，又有自興東煙筒山達縣西南，自觀音山歷縣境至三姓之西路。光緒末，新開有各節河、窪丹河文報局。

肇州直隸廳：繁，難。省東南六百里。明，撒察河衞，卽三岔河衞。光緒三十二年，以郭爾羅斯後旗墾地置廳。南：松花江自吉林伯都訥入境，匯嫩江，東流，受博爾古哈泊水，逕城南，又東受蓮花泊水、下代吉船口水、三道岡子水、滂洲船口水，入呼蘭。右岸爲吉林新城、雙城境。西：嫩江自安達入，南流，受烏蘭諾爾水，注松花江。右岸爲大賚境。廳境平曠，北城泡南出匯爲差達瑪泊，下流瀦于沙。東北有肇東分防經歷。舊設站三：自安達之他拉哈站南至廳之古魯，又南至烏蘭諾爾，又南至茂興，此南路十站。又東南路八台，在廳境者四。自茂興站起，東至波爾吉哈台，又東至察布奇爾，又東至鄂你多圖，又東至布拉克，又東入呼蘭境。官商路一：自茂興西至郭爾羅斯公府，又西由八家船口渡嫩江入大賚。東北五站。商埠，西南信宿岡子，伯都訥、哈爾濱適中地，沿江要衝，光緒末勘留商埠。東清鐵路自安達入境，逕廳東北入呼蘭。有酣草岡、滿溝二車站。

大賚直隸廳：衝，疲，難。省西南二百一十里。古靺鞨、室韋交界。明，洮兒河衞及卓兒河地面。光緒三十年，以札賚特旗莫勒紅岡子墾地置。北有索倫山脈，蜿蜒數百里，境內東流之水皆導源焉，所謂索倫圍場也。東：嫩江自龍江入，南流，匯松花江。其左岸爲安達、肇州境。北：洮爾河自奉天東鎭入，東流，匯爲納藍撒藍池，猶言日月池也，下流入嫩江。又北瑚爾達河、綽爾河、雅爾河，皆東南流入嫩江。雅爾河左岸爲龍江境。北：塔子城、景星鎭分防二經歷。舊有蒙古站二：自卜魁站起，西至綽爾河，曰哈代罕站，曰綽羅站。又入今奉天之克爾蘇台站。官商路三：一北出景星鎮赴省城；一東渡嫩江接茂興站；一西由二龍鎖口入奉天境，歷鎮東、靖安達洮南。嫩江沿岸哈喇和碩，有陸軍退伍兵屯田，一夫授田百畝，以火犂耕種。

安達直隸廳：衝，繁，難。省東南二百八十里。諳達，蒙古官名，無正譯。光緒三十二年，以杜爾伯特旗墾地置，又分省屬墾地益之。西：嫩江自龍江入，南流入肇州。北：九道溝水，西流與龍江分界，屈南入境，匯爲納赫爾泊，西南：烏克吐泊，下流入嫩江。南：青肯泊，泊形如環，中有灘地，半隸肇州。放墾區域，大都在嫩江東岸及東南北三面沿邊，中部平原無河流，間有積潦，土含鹹質，不宜種植。舊設站三：自龍江之特木德赫站南至廳屬之溫托歡，又南至多耐，又南至他拉哈，又南入肇州。官商路四：一北由林家店、九道溝赴省；一東南入呼蘭，有小林家店文報局；一東由長安堡赴青岡；一西越東清鐵路安達站至杜爾伯特貝子府，又西接多耐站。產鹻，有鹹廠二十五處。西北瑙奈屯有鹽灘。東清鐵路自龍江入境，斜貫中部，逕廳治西南入肇州。有煙土屯，小河子，喇嘛甸，薩勒圖，安達五車站。

## 附志

林甸縣：光緒三十四年，擬設治林家甸，隸龍江府。在龍江府東南，安達廳西北。東清鐵路迤北，當省城東路孔道。光緒三十三年改訂東清鐵路合同，收回公司射佔地畝，設縣墾闢。西九道溝子、東戚家店，皆東路所經，如台站然。由此入呼蘭達興東。

諾敏縣：光緒三十四年，擬設治隸嫩江府。在嫩江府西，諾敏河東岸庫如爾其屯。西岸都克他耳屯有尼爾吉山，諸敏河上游札克奇山西有牧場，沿河有山路出呼倫。由縣南行，經西布特哈，渡嫩江，達拉哈站。

通北縣：光緒三十四年，擬設治海倫府北，通肯河北、胡裕爾河南。西：七道溝自胡裕爾河分出，南注通肯河，東至內興安嶺麓，與興東道龍門鎭界，北接訥河，即海布道所出。通肯河瀕岸多森林，土人呼曰樹川。

鐵驪縣：光緒三十四年，擬設治海倫府東南、餘慶東鐵山包。東至金牛山、興東道界。南大青山，東興鎭界。西，鐵山包河，北，依吉密河，並餘慶縣界。呼蘭河出境東達里代嶺，西入餘慶。有協領駐河北，管理旗丁屯田。以上二縣隸海倫府。

布西直隸廳：光緒三十四年，擬設治西布特哈，在省城東北二百八十里嫩江西岸。西有內興安嶺，與呼倫分界。西南即索倫圍場。西北諾敏河，至廳南入嫩江。西有阿倫河、音河、雅爾河，皆東南入龍江。又西迤南，綽爾河入大賚。舊設台七：自龍江之那希奇台東至廳之木爾楚衮台，又東至赫尼昂阿，又東至和尼，又東至錫伯爾，又東至巴林，又東至嘎爾甘，又東至雅勒伯霍托，又東入呼倫境。廳境少平原，森林之利獨饒。有土城，因起伏西去數千里，直至木蘭圍場，又西至歸化城。往時流人亡去不識途，多循此入關，蓋即金源時長城汪古部所居者也。東清鐵路自呼倫鑿興安嶺入境，橫貫中部，入龍江。有興安嶺、博爾多、雅魯、巴里木、哈拉蘇、札蘭屯、成吉思汗七車站。

甘南直隸廳：光緒三十四年，擬設治富拉爾基，在省城西南嫩江西。有雅爾河支津。北有東清鐵路庫勒站。由此渡嫩江達昂昂溪。富拉爾基屯開闢最先，生聚日繁，蓋鐵路交通之效。

武興直隸廳：光緒三十四年，擬設治多耐站，在省城南二百零五里，嫩江東路四五里，與溫托歡、他拉哈兩站首尾相接。南北長，東西窄，成一半規長梭形。向爲杜爾伯特旗境。光緒三十二年，設局放荒五萬六千四百餘晌。

呼瑪直隸廳：光緒三十四年，擬設治西爾根卡倫。宣統二年，試辦設治，移呼瑪爾河口北岸，隸璦琿道，在道治北五百餘里。東：黑龍江。呼瑪爾河出伊勒呼里山，內興安山脈向北行者也。東行者伊勒呼里阿林，四源，合東窩集、倭勒克、庫勒都里、綽羅呼爾吉、布列斯，屈南，右受札克達奇河，又東入黑龍江。黑龍江東流，逕安羅卡倫北，屈南流，下至呼瑪爾河口。沿西岸設卡倫六：曰依西肯，曰倭西們，曰安干，曰察哈彥，曰望哈達，曰呼瑪爾。下游接西爾根卡倫。屬黑河府。瀕臨河口駐協領，統鄂倫春人。

漠河直隸廳：光緒三十四年，擬設治漠河，隸璦琿道。在道治西北千餘里。漠河出治雞察山，東北入黑龍江。南額穆爾河，東北流，左受吉里瑪那里多什都克河，屈東流，右受大札丹庫爾、小札丹庫爾，入黑龍江。又南旁烏河，東南流，左受巴達吉察，右受札克達奇，屈東北，右受布爾嘎里河、沽里千河，入黑龍江。又南有呼瑪爾河上源，其南爲伊勒呼里阿林，乃內興安嶺自西轉東橫幹脈也。山南卽嫩江源，西有額爾古訥河入黑龍江口，爲璦琿與呼倫兩屬交界，卽中、俄以江爲界之起處。沿黑龍江南岸設卡倫八：曰洛古河，曰訥欽哈達，曰漠河，卽廳治，曰額蘇里，曰巴爾嘎力，曰額穆爾，曰開庫康，曰安羅。有木廠一處。黑龍江由此轉南流，安羅卡倫下游接西岸之依西肯卡倫，屬呼瑪廳。漠河金礦，光緒十四年經始開採，庚子入於俄，光緒三十二年始行收復。漠河爲省北屏障，黑龍江轉運專落俄人之手。光緒三十四年，議由嫩江之源開闢山道，卒以工費浩繁中止，故礦業衰歇而設治亦難也。

室韋直隸廳：光緒三十四年，擬設治吉拉林，隸呼倫道。在道治北四百餘里，額爾古訥河右岸。對岸爲俄臥牛、槐敖、洛氣等屯疆域。額爾古訥河自臚濱之阿巴該圖北流，至呼倫之庫克多博，東北流，合根河、特勒布爾、胡裕爾和奇、珠魯克圖卽約羅、珠爾格特依、布魯、色木特勒克諸河，皆自東南山來注，此在吉拉林以南者也。中根河最大，出內興安嶺，西北流，兩岸沃野膏原，爲殖民善地。額爾古訥河逕廳治西，又東北流，有哈拉爾卽吉拉林河，眉勒喀卽尼布楚約內之河，遜河、額爾奇木、畢拉爾、畢拉克產、古爾布奇、吉林子、阿木毗、牛爾、珠爾干、溫諸河，皆自東南山來注。額爾古訥河至是屈西北流，有烏瑪、大吉嘎達、小吉嘎達，復有小河入，皆自東南來注。再折而東北流，有伊穆河，復有小河二十餘，皆自東南來注。此在吉拉林以北者也。中牛爾河最大，出內興安嶺，河口左右有平地兩區，田土肥美。額爾古訥河自受根河、牛爾河，水大而急，直注黑龍江，而吉拉林爲適中地，故廳治在焉。新設防邊卡倫，在境內者十有五，自庫克多博總卡倫以北，曰巴圖爾和碩，曰巴雅斯胡郎圖溫都爾，曰胡裕爾和奇，曰巴彥珠魯克，曰珠爾格特依，曰莫里勒克，曰畢拉爾河，曰牛爾河，曰珠爾干河總卡倫，曰溫河，曰伊穆河，曰奇乾河，曰永安山，曰額勒哈達。珠爾干、額勒哈達爲鄂倫春與俄人交易之所。尤要道路自吉拉林南至塔爾巴幹達呼山七百餘里，其北至珠爾干河三百五十餘里，則小徑不通車馬。自珠爾干至額爾古訥河口五百五十餘里，則懸崖壁立，非假道於俄，不能飛越。根河口新立官渡，爲華、俄商旅必趨之路。根河上源有道出西布特哈達墨爾根，額爾古訥民船祇達吉拉林，以下溜急，民船可順流而下，不能溯流而上，非輪船不爲功。冬令，河上可駕駛冰橇，每一日夜行三四百里。

舒都直隸廳：光緒三十四年，擬設治免渡河，隸呼倫道，在道治東二百八十餘里。河出阿爾奇山，北合札郭河，入海拉爾河。廳東卽內興安嶺。東清鐵路經廳南，有免渡河車站，由廳境鑿興安山洞入西布特哈境。

佛山府：光緒三十四年，擬設治觀音山，隸興東道，在道治北，瀕黑龍江岸。對岸爲俄吉春屯，北有輔河，南有嘉蔭河。附府治有小水曰十里河，皆東入黑龍江。

蘿北直隸廳：光緒三十四年，擬設治托蘿山北，隸興東道，附郭，如璦琿、呼倫兩直隸廳之比。

烏雲直隸廳：光緒三十四年，擬設治烏雲河，隸興東道，在道治西北，瀕黑龍江岸。對岸爲俄嘎薩得報屯。烏雲河在廳西，北入黑龍江。

車陸直隸廳：光緒三十四年，擬設治車陸，隸興東道，在道治西北遜河南。原爲車勒山卡倫，音轉爲車陸。東臨黑龍江，對岸爲俄吉滿屯。南科爾芬河，東北流入黑龍江。

春源直隸廳：光緒三十四年，擬設治伊春呼蘭河源，隸興東道，在道治西南。西有布倫山，伊春河出，東流入湯旺河。布倫山西麓卽呼蘭河源。南札里河，東流，左合黃泥河、報達河，入湯旺河；又南巴蘭河源在焉。

鶴岡縣：光緒三十四年，擬設治鶴立岡，隸興東道，在湯原縣北、鶴立河西。有興東墾務公司，宣統中擬移駐黑龍、松花兩江匯流處，額勒密河東，地尤沃饒，爲全省冠。

# 清史稿卷五十八

## 志三十三

## 地理五

### 江蘇

江蘇：禹貢揚及徐、豫三州之域。明爲南京。清順治二年改江南省，設布政使司，置兩江總督轄江南、江西，駐江寧。又設淮揚總督，尋裁。及江寧巡撫。治蘇州。又設鳳廬安徽巡撫，尋裁。十八年，分府九：安慶、徽州、寧國、池州、太平、廬州、鳳陽、淮安、揚州，直隸州四：徐、滁、和、廣德，屬安徽，江南左布政使領之。康熙元年，安徽設巡撫。三年，分江北按察使往治。五年，揚州、淮安、徐州復隸江南。六年，江南更今名，改左布政使爲安徽布政使司，駐江寧。右布政使爲江蘇布政使司，治蘇州。統江寧、蘇州、常州、松江、鎮江、揚州、淮安府七，徐州直隸州一。雍正二年，升太倉、邳、海、通四州爲直隸州。十一年，徐州升府，邳還爲州，屬之。乾隆二十五年，移安徽布政使司安慶，增設江寧布政使司，析江寧、淮安、徐、揚四府，通、海二直隸州屬之，與江蘇布政使司對治。三十二年，增海門直隸廳，屬江寧。光緒三十年，又設江淮巡撫，駐清江浦。尋復故。廣九百五十里，袤千一百三十里，積三十七萬二千五十四方里。北極高三十一度五分至三十五度十分。京師偏東五分至五度三分。宣統三年，編戶三百二十一萬三千四百八十三，口九百三十五萬六千七百五十五。領府八，直隸州三，直隸廳一，州三，廳四，縣六十。

江寧府：衝，繁，難。隸江寧道。明，應天府。江寧布政、交涉、提學三使，江安糧儲、江南勸業、巡警、鹽法四道，江寧將軍，副都統，織造兼督龍江西新稅關駐。順治初，因明制，縣八。雍正八年，改溧陽屬鎮江。北距京師二千四百四十五里。廣二百里，袤三百里。北極高三十二度四分。京師偏東二度二十八分。領縣七。上元衝，繁，難。倚。附郭有清涼山、師子山、富貴山。北：紫金山、幕府山。東：烏龍山、聖遊山。有朱湖洞，道書三十一洞天。清江門內有小倉山。石城門內冶城山。南：大江自安徽當塗入，受秦淮河水，爲草鞋夾。左與江浦分岸，得觀音山水。有燕子磯。秦淮河上承句容赤山湖水，合廬山水，逕通濟門，一入江寧，一入城。又西北流，至下關入江。新開河東北，乾隆四十五年濬，賜名便民。有市曰石埠橋。又東爲黃天蕩。鎮四：淳化、靖安、土橋、石步。草鞋夾、燕子磯、棲霞街、湖熟有汛。一驛：金陵。淳化巡司。有鐵路。商埠：下關。光緒二十一年馬關條約四埠之一。江寧衝，繁，難。倚。南：聚寶山雨花台設礮台。大江西逕下關鎮。港七：銅井、烈山，北曰河口、綠新墅，又北大勝關，古新林浦也，西北曰北河，曰下關，分受秦淮河水。鎮三：江寧、秣陵、金陵。大勝、秣陵有汛。有驛。江寧、秣陵巡司二。有鐵路。句容衝，難。府東九十里。縣有句容山，以此名。北：華山。東北：銅山。東南：茅山。大江西來。港二：羅絲溝、下蜀港。赤山湖出絳巖山，秦淮水源於此，亦曰絳巖湖。匯亭水、黃堰河、蒲里溪，曰南源，與北源合於白米湖，又西入上元。鎮五：白土、常寧、東陽、下蜀、龍潭。龍潭巡司。有驛。溧水簡。府東南一百四十里。南：芝山、中山一曰獨山。東：廬山，秦淮水別源所出。石臼湖西南，逕城北流入秦淮，明故運道也，今淤。一驛：孔家。江浦衝。府西北四十里。東北：十三公山、九連山。西：龍洞山。大江西南自安徽和州入，右與江寧分岸。爲口四：曰烏江，曰老西江，曰新河，曰老河。受浦子口河，東北入六合。滁水右瀆自安徽滁州入，亦曰後河，東與來安分岸，復盡入境，曰前河，右出支津至東葛鎮，又東北逕岔河集，會沙河入六合。鎮三：高望、香泉、葛城。二驛：江淮、東葛。浦口巡司一。江淮有驛丞，裁。有鐵路。六合簡。府北一百二十里。南：瓜步山。西南：晉王山。大江西南自江浦入，右與上元分岸。折東南爲通江集口支津，北抵城隍湖。有沙洲圩礮台。又東划子口。滁河西自江浦入，逕皂河口，北爲汊河，又南屈曲流入江。稅課局大使駐。鎮四：瓜步、長蘆、宣化、竹鎮。有堂邑驛丞，裁。瓜步巡司一。高淳簡。府東南二百四十里。東：大游山。東北：荊山。南：固城湖，又東播爲胥河。西：丹陽湖，北接石臼湖。有水自蕪湖東入丹陽湖，又東南入固城湖。或云禹貢中江也。鎮三：廣通、固城、水陽。廣通巡司一。

淮安府：衝，繁，疲，難。隸淮揚海道。順治初，因明制，州二，縣九。雍正二年，升海、邳爲直隸州，贛榆、沭陽屬海，宿遷、睢寧屬邳。九年，析山陽、鹽城地置阜寧。南距省治五百里。廣三百八十里，袤二百七十里。北極高三十三度三十二分。京師偏東二度五十二分。領縣六。山陽 衝，繁，疲，難。倚。漕標副將駐。北運河南流，烏沙、澗河諸水注之。東六草蕩，南白馬湖，匯洪澤湖水，與寶應錯，東北會於運河。北黃河故道。咸豐三年徙，今堰存。河所經南北岸，設同知、管河縣丞、主簿、巡檢，弁官廢置不常。咸豐十年裁。板牐鎮有鈔關巡司一。鎮二：北神、廟灣。菱陵、高堰、楊家廟有汛。驛一：淮陰。驛丞裁。阜寧 繁，疲，難。府東北一百六十里。雍正九年置。東北：大海。有堰曰范公堤。射陽湖上承苦大縱湖水，匯淮水爲湖，又東流，會諸水入海。運鹽河受射陽湖水，逕城南流，循范公堤入鹽城。西有黃河故道。鎮三：馬邏、北沙、蒙龍。草堰巡司一。鹽城 繁，難。府東南二百四十里。東：大海。港二：新洋、鬬龍。有新興、五佑鹽場，鹽課大使駐。運鹽河自草堰口環城流，至便倉鎮入興化。苦大縱湖西南與興化錯。縣西諸水所匯。有天妃牐，牐官裁。小關、劉莊、新陽、沙溝有汛。鎮九：上岡、大岡、沙溝、岡門、新河、安豐、清溝、喻口、新興。上岡、沙溝巡司二。清河 衝，繁，疲，難。淮揚道治所。江北提督、總兵駐。舊置總河，後省入總漕。自府城徙此，光緒三年裁。裏河同知及河庫道均先後裁。府西北三十五里。北：清江浦。明陳瑄開，宋沙河也。運河西北自桃源入，歧爲鹽河。又東爲中河口，水經謂之中瀆水，出山陽白馬湖。又東迤南至清口屈而東，逕三牐，與清江浦合，東南入山陽，是爲淮南運河。南：六塘河自桃源入，東北逕劉家莊入沭陽。鹽河東北流，逕西壩，淮安分司運判駐，乾隆二十八年移海州。又東至周莊入安東。西南：洪澤湖，西有黃河故道。鎮十：王家營、洪澤、老子、西壩、漁溝、官亭、大河口、澗橋、馬頭、周橋。王家營、馬頭、河北、漁溝有汛。一驛：清口。有驛丞，裁。澗橋巡司一。安東　繁，疲，難。府東北六十里。西南鹽河自清河入，貫縣境，入海州，與六塘河合。東北：一帆河自海州入，南至旗杆村。水經，淮水東左右各合一水，至淮浦入海。東北：黃河故道。淮海河務兵備道駐，咸豐十年裁。鎮三：太平、長樂、魚場口。五港、佃湖有汛。佃湖巡司一。桃源　衝，繁，難。府西北一百二十里。運河自宿遷南來，逕古城驛，入清河，歧為六塘河，一曰北鹽河，東北流入沭陽。洪澤湖西南與清河錯。西北有黃河故道。鎮七：三義、河北、崔鎮、衆興、張泗沖、白洋河、赤鯉湖。崔鎮、洋河、三義有汛。二驛：桃源、古城。驛丞裁。有巡司。

揚州府：衝，繁，疲，難。隸淮揚海道。兩淮鹽運使駐。順治初，因明制，州三，縣七。康熙十一年，海門圮於海，併通州。雍正三年，通州升直隸州，以如皋、泰興往屬。九年，析江都置甘泉。乾隆三十二年，析泰州置東臺。西南距省治二百十里。廣三百五十里，袤二百三十里。北極高三十二度二十七分。京師偏東二度五十六分。領州二，縣六。江都　衝，繁，疲，難。倚。大江西自六合歷揚子入，東逕七濠口。監製同知駐。又東逕裕民洲，為夾江，歧為二。又東為三江口，東南流，與江合。三江口與天福洲對，設礮台，守備駐。裁鹽務巡道。又東逕揚子港，入泰興。運河北入，環城南，逕新河灣，分流，西入揚子。又南流至瓜洲口，有礮台。總兵駐。又東逕連城洲，分入江。鹽河導運河水東北入泰州，白塔龍兒河水注之。有榷關。鎮三：瓜洲、萬壽、宜陵。瓜洲、大橋、馬橋、沙洲有汛。廣陵驛丞裁。瓜洲、萬壽巡司二。甘泉　衝，繁，疲，難。倚。雍正九年置。西北：蜀岡、甘泉山。北：邵伯湖，與高郵錯。運河合湖水南流，至壁虎橋入江都，綠洋湖、喬墅蕩分流入之。鎮三：邵伯、上官、大儀。一驛：邵伯。有汛。上官、邵伯二巡司。揚子　衝，繁。府西南七十里。明為儀真。雍正二年，改

「眞」爲「徵」。宣統元年，復曰揚子。西北有銅山、界墩山。南濱大江。西自六合入，有里世洲、沙漫洲二水自林家橋、王家壩北來注之。又西分流至泗源溝入江。稅課大使駐。新河出月塘集，西南流，亦入江。一鎭：新城。有水驛驛丞。淸江芒稻河牐官，裁。青山、舊港、黃泥港有汛。舊江口巡司一。**高郵州** 衝，繁。府北一百二十里。西南：神居山。運河北逕稅務橋，鹽河西流注之。又逕車邏壩，南澄子河注之，南匯爲綠洋湖。馬甓河東南流，入於清水潭，受運河北洩諸水，東積爲草蕩，三陽河南來注之。高郵湖西北，一曰甓社湖，北接界首湖，南赤岸湖，與甘泉錯。水高、永南有汛。二驛：界首、孟城。界首、時保巡司二。**興化** 疲，難。府東北一百六十五里。東：大海，有堤。鹽河幷堤流，西受界河、海溝、橫涇諸水，東出爲大團河、八竈、七竈河，東北會鬬龍港，入於海。有劉莊、草堰、丁溪三場，鹽課大使駐。北有吳公湖、苦大蹤湖，與鹽城、寶應錯。石𥖁、白駒三牐，有牐官。鎭三：安豐、陵亭、芙蓉。安豐巡司一。**寶應** 衝，繁。府北二百四十里。運河北自山陽入，逕八口鋪，東溢爲瓦溝溪。又南流，逕氾水鎭，至界首，有界首湖，入高郵。其西寶應湖，匯淮流下瀦之水。苦大蹤湖東北，周二百里，分支入運河。衡陽有汛。一驛：安平，有驛丞，裁。衡陽、槐樓巡司二。**泰州** 繁，疲，難。府東一百二十里。鹽河西自江都入，夾城東流，一曰裏下河，有溱潼水注之。至白米鎭，左通串場河，右出支津，入泰興。又東逕海安鎭，左歧爲界河，東南入如皋。鹽河東北自東臺入，西南流，逕淤溪達鰍魚港，又西南與之合。有泰壩，泰州分司運判駐。鮑湖東北。鎭四：海安、安鄉、斗門、樊汊。海安、曲塘有汛。海安、安鄉巡司二。**東臺** 繁，疲。府東二百四十里。乾隆三十二年置。東：大海，有堤。鹽場七：東臺、何垛、梁垛、安豐、富安、角斜、栟茶。鹽課大使駐。又小海場大使，裁。裏下河自泰州環城北流，又東溢爲支河入海。鹽河出縣西海道牐，西南流，錯出復入，至淤溪入泰州。

水利同知駐東臺場。草堰四牐有牐官。一鎭：西溪。巡司裁。王家港有汛。

徐州府：要，衝，繁，難。隸淮徐道。徐州鎭總兵駐。順治初爲直隸州。領蕭、碭山、豐、沛。雍正十一年，升府。置銅山縣。又以降直隸邳州來隸，及所領宿遷、睢寧。東南距省治七百三十里。廣三百二十里，袤一百八十里。北極高三十四度五分。京師偏東五十八分。領州一，縣七。銅山衝，繁，難。倚。雍正十一年置。東北有銅山，故名。微山湖，東北出爲荆山河，卽引河，一曰徐州河，承湖水至卞塘入邳州，與運河合。資河一曰奎河，東南流入蕭縣。黃河故道西北。一鎭：卞塘。鄭集三堡有汛。利國、東岸二驛，驛丞裁。雙溝、利國巡司二。蕭簡，難。府西五十里。南：丁公山。西：岱山。西北爲岱山湖。又東南有龍山河。資河自銅山入，東南逕軸山西，左出支津入靈璧，正渠入宿州。其西望川湖，逕大海子東，亦入宿。鎭二：白土、永安。一驛：桃山。張山店巡司一。碭山衝，繁，疲，難。府西北一百六十里。東北：芒碭山。利民溝一曰小神湖，東南流，屈而西，入永城。西沙河，西南逕鼎新集，入河南夏邑。城北爲黃河故道。周家寨、蟠龍集有汛。豐簡。府西北一百五十里。東南：華山。新開河北流逕章固鎭，又北入魚台。舊濬以導黃河，今堤存。豐水一曰泡河，班志泡水也，入泗，湮。一鎭：吳康。沛衝。府西北一百二十里。西：七山。有棲山圩，乾隆四十六年河決，縣沒，徙此。四十七年建城。咸豐元年河決，城復沒，還夏鎭。十一年仍還舊治。東：微山湖。西有聶莊舖小河口。運河自滕入，屈曲流入湖。泗水自山東魚臺入，亦曰南清河，受金溝水，爲金溝渡，東合三河口水，自此入運。有彭口、楊莊二牐。牐官裁。夏鎭、棲山圩有汛。夏陽巡司一。邳州衝，難。府東北一百五十里。舊治下邳。康熙二十八年還治艾山南。七年河決，移今治。雍正三年升直隸州。十一年來屬。南：葛嶧山，卽距山。北：艾山、石埠山。西北：黃石山。運河自嶧錯入，逕泇口，岔河東北注之。至徐塘口合徐川河水，又南合沂水，入宿遷。武河，古武水，一曰治水，左通沂河，右入武原水，復出數支津，與燕子、柴溝等並入運。武原水卽泇河，自蘭山入，東會沂水，達宿遷之黃墩湖，入黃河。城南有黃河故道。鎭三：直河、新安、泇口。姚灣、泇口有汛。舊城巡司一。宿遷 衝，繁，難。府東一百里。北：峒峿山、馬陵山。東：五華峰。南：斗山。運河自邳州入，南合六塘河水，入桃源。西北：駱馬湖，匯沂河、山澗諸水爲巨浸。北：沭河自郯城入，南得桃花澗水，再錯沭陽，折東北，逕燕集圩仍入之。西南：故黃河，有堤。鎭三：白洋河、小河口、邵店。順河、峒峿有汛。二驛：鍾吾、峒峿。鍾吾有驛丞，裁。峒峿巡司一。睢寧 簡。府東南一百二十里。有池山、官山。西：九頂山。西南：峰山、荆山、英公山。東南：池山。白塘河出小李集，東南流，合沈家河，卽今涸沙河，東入宿遷。又潼水，水經注所謂潼陂水入睢者，湮。鎭二：高紹、辛安。

通州直隸州：繁，難。隸常鎭通海道。順治初，因明制，屬揚州府。縣一，海門。康熙十一年，縣省。雍正二年，升直隸州，割揚州府之如皋、泰興來屬。西距省治五百三十里。廣三百里，袤百三十里。北極高三十二度三分。京師偏東四度十一分。領縣二。東：軍山、劍山。西：黃泥山、馬鞍山，五峯並峙。東北：天竺山。南：狼山，設礮台。狼山鎭總兵駐。東北：大海，產鹽，置場五：呂四、餘東、餘西、金沙、石港，鹽課大使駐。又馬塘、餘中二場，乾隆元年裁。西亭場，三十三年裁。通州分司運判駐石港，稅課大使亦駐。南：大江西自如皋入，東行達老洪港，會於海。鹽河自如皋西入江，東分流，循城而南，又東入於海。鎭二：狼山、石港。石港、金沙、餘東、呂四有汛。狼山巡司裁。呂東巡司一。如皋 繁，難。州西北一百二十里。東，瀕海。鹽場二：豐利、掘港。鹽課大使駐。大江西自靖江入，又東入通州，北通運鹽河。河西北自泰州入，循城南，分爲二。一南流入江。一東逕丁堰，又分流，至岔河，爲鹽場諸水。又南流，逕白蒲鎮入通州。鎮四：丁堰、掘港、豐利、白蒲。馬塘、豐利有汛。主簿駐掘港。西場、石莊巡司二。泰興 疲，難。州西二百四十里。大江西北自江都入，右與丹徒分岸，爲廟港。納李薛河，又南與丹陽分岸，東至界港。界河自靖江緣界而西入之，又東入靖江，分支爲老龍河，至黃橋，折南注界河。黃橋有汛。口岸、黃橋、印莊，巡司三。

海州直隸州：繁，難。隸淮揚海道。順治初，因明制，屬淮安府。縣一。雍正二年升直隸州，又割淮安府之沭陽來屬。西南距省治八百二十里。廣百七十五里，袤百九十里。北極高三十四度二十三分。京師偏東二度五十六分。領縣二。東北：雲台山，瀕海。東：高公島。西：金墅汛，設礮台。北：鴨島、竹島。東北：鷹遊山。鹽場三：中正、臨興、板浦。鹽課大使駐。又白駒、莞瀆二場，乾隆元年裁。海州分司運判駐板浦，有太平局、中富局、大義疃、富民疃、中興疃鹽垣。鹽河自安東入，逕新安鎮，合南北六塘河入海，其東支津與海通。西南：青伊湖、碩項湖，北播爲薔薇河。南有一帆河，受鹽河水入安東。鎮五：板浦、高橋、莞瀆、石湫、新壩。板浦、房山、吳家集有汛。高橋、惠澤巡司二。贛榆 難。州北八十里。北：吳山。西：徐山、界山。東：蘭山。南：泊船山、武強山。東，瀕海，自山東日照入，有秦山望海墩，設礮台。大沙河自郯城、青口河自莒，南流入海。興莊河水出西北吳山中。鎮四：臨洪、青口、荻水口、中岡站。青口巡司一。乾隆十六年，省荻水司改。沭陽 難。州西南一百二十里。西北：張倉山。東北：韓山、萬山。沭河，古漣水，自宿遷入，東流爲新挑河。後河循城東北入青伊湖，又南與沙礓河合，逕陽溝，六塘水注之，達於海。鎭六：湯溝、侯鎭、華沖、高流、陰平、劉莊。吳家集有汛。縣丞駐高流。

海門直隸廳：衝，繁。隸常鎭通海道。舊本沙洲。乾隆初，設沙務同知。三十三年，割通州之安慶、南安十九沙，崇明之半洋、富民十一沙，及天南沙，置廳。移蘇州府海防同知來治。西距省治五百七十里。廣一百四十里，袤三十七里。北極高三十一度五十五分。京師偏東四度四十五分。東南，瀕海。西，大江，西南自通州入，右與昭文分岸。又東錯崇明，折東北，由界洪復入，東南至蓼角嘴入海。白茆口爲江海潮所會。界河承海水西流，環治而南，入於江。

蘇州府：最要。衝，繁，疲，難。分巡蘇州道治所。江蘇布政、提學、提法三使，巡警、勸業二道，織造兼督滸墅榷關駐。雍正八年，按察使自江寧移此。宣統二年改提法使。順治初，因明制，州一，縣七。雍正二年，升太倉爲直隸州，割崇明、嘉定屬之。又析長洲置元和，崑山置新陽，常熟置昭文，吳江置震澤。乾隆元年，又設太湖廳。光緒三十年，設靖湖廳，隸府。北距京師二千七百里。廣二百里，袤二百四十里。北極高三十一度二十三分。京師偏東四度一分。領廳二，縣九。太湖廳　府西南九十八里。乾隆元年置，移吳江同里撫民同知來駐，治洞庭東山。東山一曰胥母山，有莫釐峯。太湖環廳治，積三萬六千頃。天目山水西南自浙之臨安、餘杭合苕、霅溪水，至大錢口；其西合宜、歙諸山水，逕長興箬溪，至小梅口，與宜興、荆溪諸縣水，西北匯爲湖。又東北，播爲吳淞江。又東爲澱山湖，達黃浦入於海。甪頭、下揚灣村巡司二。靖湖廳　簡。光緒三十年置，設撫民通判，治洞庭西山。有縹緲峯。吳　衝，繁，疲，難。倚。南：橫山。西：臯峯、姑蘇靈巖山。東南：香山。西南有天平、楞伽、靈巖、穹窿、鄧尉諸山。西北：運河自浙江秀水歷吳江、元和入，受太湖水，自胥口東逕木瀆，與光福塘、箭涇諸水會，又逕跨塘至胥門，越來溪注之。北出爲橫塘，與縣南鮎魚口水並入運河。商埠，城南青陽場，馬關條約四埠之一。鎭三：橫塘、橫涇、木瀆。縣丞駐木瀆。光福巡司一。乾隆十一年，省木瀆司改。長洲 衝，繁，疲，難。倚。西：高景山。西北：卑猶山。西：運河自吳入，有寒山汛。西北逕射瀆，會金墅港水，又西北入無錫。射瀆水東出爲長蕩，滸墅、烏角、白鶴諸溪並與運河合。婁江支津自元和緣界入，東北，左溢爲尙澤蕩，右陽城、西湖，北後湖，逕南蕩，逕陸港折東入新陽。滸墅有榷關。鎭三：陸墓、蠡口、望亭。滸墅、黃埭有汛。吳塔巡司一。有鐵路。元和 衝，繁，疲，難。倚。雍正二年置。東北：維亭山。西有虎丘。唐白居易鑿渠南達運河，今謂之山塘。東南：江寧山。吳淞江自吳江北迤東入新陽。運河亦自其縣入。其南：澄湖，溢爲蕭澱湖，又東南爲長白諸蕩。尹山湖，縣東南。其北：獨墅湖，有黃天蕩。又陽城湖東北西湖跨長洲。中湖、東湖俱與新陽錯。鎭二：甪直、維亭。沙河、周莊、章練塘有汛。二驛：姑蘇、望亭。縣丞二，駐甪直、章練塘。周莊巡司一。有鐵路。崑山 疲，難。府東七十里。吳淞江東逕三江口，屈曲流入青浦。南有澱山湖，北溢爲碁盤蕩、陳墓蕩，又北白蓮湖，歧爲商羊潭、楊氏田湖，逕直港與吳淞合。致和塘水自元和環城流，東會新洋江入太倉。鎭三：安亭、泗橋、蓬閬。石浦巡司一。有鐵路。新陽 疲，難。府東七十里。雍正二年置。西北：崑山、綽墩山。吳淞江自元和東入，復錯出。新洋江一曰新陽江，納吳淞水，北入致和塘。有傀儡湖、鰻鯉湖、巴城湖、雉城湖。巴城、雉城今湮。一鎭：兵墟。大王廟有汛。巴城巡司一。有鐵路。常熟 繁，疲，難。府北九十里。蘇松糧儲道駐。乾隆三十二年移省。北：大江。福山與隔江狼山對，設礮台，總兵駐。西北：崇德山、河陽山。西南：宛山。北：

大江自江陰入，左與通州分岸，有捍海塘。元和塘水卽運河，自長洲入，北逕福山塘。又黃泗浦水西北流，並入江。東北：大海。有塘。東南：崑承湖，一名隱湖，與尙湖相對，亦曰八字湖。鎭二：慶安、福山。鹿苑、唐市有汛。黃泗浦巡司一。

昭文　繁，難。府北九十里。雍正二年，析常熟東境置。東北：大江自常熟入，又東入太倉。其港口以許浦、白茆爲大。白茆受吳中諸水。許浦北海船出入長江道，此爲深水。鹹路、白茆、許浦，及茜涇、下張七鴉，宋爲崑山、常熟五大浦。自白茆岳廟起，北至周涇口入江，長二千九百丈，亦名里睦塘。鎭二：梅李、許浦。薛家沙、支塘、徐六涇有汛。白茆巡司一。

吳江　衝，繁，難。府南四十里。北：吳淞江，鮎魚口水北流入之。運河二源，一南塘河，一官塘河，東匯爲諸蕩，與汾湖合。龐山湖東受太湖水，溢爲九里湖，又東同里湖，其南爲葉澤湖，有元鶴、韓郎蕩。鶯脰湖，縣南。鎭三：簡邨、八赤、盛澤。同里有汛。一驛：松陵。縣丞駐盛澤。汾湖、同里巡司二。震澤　繁，難。府南四十里。雍正二年置。東臨運河，自吳江入，至平望鎭，西塘河來會。西臨太湖，合諸港漾水注唐家湖，東入吳江。橫塘西導烏程諸水，歧爲三，東與鶯脰湖會。橫塘之西曰震澤塘，東曰梅堰塘，爲孔道。鎭二：平望、嚴幕。震澤有汛。平望、震澤巡司二。

松江府：要，繁，疲，難。隸蘇松太道。江南提督駐。順治初，因明制，縣三。十二年，析華亭置婁縣。雍正二年，又析華亭置奉賢，析上海置南匯，析靑浦置福泉，改金山衞爲縣。乾隆八年，福泉省。嘉慶十年，又析上海南匯地設川沙廳，隸府。西北距省治一百六十里。廣一百六十里，袤一百四十里。北極高三十一度。京師偏東四度二十七分。領廳一，縣七。川沙廳　繁，疲，難。府東南二百四十里。故明川沙堡。乾隆二十四年，改董漕同知爲川沙海防同知。嘉慶十年，析置爲撫民同知。東：大海。有捍海塘三，曰外圩塘、欽公塘、東護塘。夾護塘河二。鹽河逕界浜入寶山。其左禦寇河，樁樹浦水引黃浦東入，與鹽河合。三尖嘴、海中、曹家路有汛。華亭 繁，疲，難。倚。東南有柘山、金山。海中有捍海塘。松江上承太湖，東逕笠澤，與東江、婁江而三。今婁江塞，而東江合松江出海，祇一江耳。黃浦江爲吳淞支津，首受泖、澱諸水，屈曲流，大洋涇水會之。春申塘水東引黃浦支流，合千步涇，會於北俞塘。又分流逕顧橋入黃浦。柘林營東南，水利通判駐。有鹽場曰袁浦，大使駐。鎭五：亭林、葉謝、曹涇、柘林、沙岡。柘林、亭林、張澤有汛。都司駐柘林，縣丞駐曹涇。亭林巡司一。有鐵路。婁 疲，難。倚。順治十二年置。西北有橫雲山、機山、天馬山。南：泖湖，源出華亭谷，與青浦金山錯，古三泖也。斜塘上承泖湖，自青浦入，東歧，合古浦塘及支津，貫城至華亭界，爲南俞塘。其北出者爲通波塘。斜塘東南合秀州塘、大蒸塘，入金山，爲黃浦，又東入上海。有橫浦鹽場，大使駐。一鎭：楓涇。天馬鎭、泗涇、楓涇有汛。縣丞駐白龍潭。小徵巡司一。有鐵路。奉賢 疲，難。府東九十里。明於華亭置青村所守禦、千戶，隸金山衞。雍正二年析置。南，瀕海，有塘。有青村鹽場，大使駐。青村港，縣西，有汛。南橋塘水上游望河涇，自華亭引黃浦水東入姚涇，又東會蕭塘，爲南橋塘，左得金匯塘，上承南匯界河水，又東爲青村港。西有龍泉港，亦受望河涇，錯出復入，逕阮港鎭，折東抵柘林營而止。鎭三：陶宅、南橋、四團。縣丞駐四團。南橋巡司一。金山 疲，難。府南七十二里。雍正二年置。故明金山衞，屬華亭。初治衞城，尋徙洙涇鎭。東南：秦山、查山。海中有金山，縣以此名。今隸華亭。東北：泖港，橫潦涇西流入之，匯平湖諸水，曰三秀塘。納秀州塘，逕城南，東達掘撻涇，南匯諸水合泖港入黃浦。南有鹽河，循衞城西溢爲黃姑塘，歧爲裏界河、黃浦界河，並北流而合，至大泖港與橫潦涇會，又北爲黃浦。折東與婁分岸，入華亭。有浦東鹽場，大使駐。典史駐衛城。一鎮：洙涇。張堰巡司一。洙涇、張堰、呂港有汛。上海 衝，繁，疲，難。府東北九十里。蘇松太道駐。黃浦江自華亭入，夾城流，東北至虹口。吳淞江西北來與之合，又東北入於海。吳淞江自嘉定入，納盤龍浦水、橫瀝水，逕新涇，又東爲古滬瀆，逕新閘北、泥城橋、老閘會黃浦江。西堧歐、美各國互市租界，道光二十三年英約五口通商之一。吳淞岸東北四十五里，光緒二十四年開爲商埠，海船殷輳，利盡東南。租界有會審公堂，理華、洋獄訟。有海關，蘇松太道監督。又南洋軍械製造局，西南。鎮四：吳淞，烏涇，吳會，閔行。塘橋、引翔港、閔行有汛。黃浦、吳淞巡司二。有鐵路。南滙 繁，疲，難。府東一百二十里。雍正二年置。故明南匯守禦所。東：大海。捍海塘二：內東護塘；外外護塘，即欽公塘。西黃浦江自華亭入，逕閘港，折北，左與上海分岸。縣西縱河曰鶴坡塘，在新陽鎮。會南七竈諸港水，至分水墩，是爲港閘。西會金匯塘，入奉賢。縣號窮海，獨饒鹽。東護塘內有運鹽河，南自奉賢入。一鎮：下沙。置鹽場三，鹽課大使駐。周浦有汛。縣丞駐泥城。三林莊巡司一。青浦 繁，疲，難。府西北五十里。東：簳山、佘山。東南：鳳凰山、薛山。北：福泉山。西：盧山、辰山。北：吳淞江。澱山湖西受太湖水，播爲諸蕩，南與泖湖合。北會朱家港水入於江。有趙屯浦、大盈浦、顧會浦、盤龍浦，俱分受吳淞水，入黃浦。鎮六：泗涇、金澤、朱家角、趙屯、七寶、白鶴江。北簳山、小徵有汛。縣丞駐七寶。澱山、新涇巡司二。

太倉直隸州： 繁，疲，難。隸蘇松太道。順治初，因明制，屬蘇州府，縣一。雍正二年，升直隸州，析州置鎮洋縣，又割蘇州府之嘉定屬之，析其地置寶山，同隸州。西南距省治一百二十里。廣一百五十里，袤一百四十里。北極高三十一度二十九分。京師偏東四度二十五分。

領縣四。北有穿山。東北：大海，有塘。七鴉口設礮台。一鎭：雙鳳。璜涇有汛。州同駐劉河鎭。七浦巡司一。昔太倉之水八百五十。南路之水，婁江獨任之。北路之水，七浦、楊林分任之。故七浦以輔婁江，楊林又以輔七浦。楊林南有湖川塘。湖川南朱涇，爲古婁江北道。又貫南北者，有鹽鐵塘，南出吳淞入海。北道白茆達江。雍正中，發帑疏濬兩江，兼治白茆，以補三江之缺。**鎭洋** 繁。倚。雍正二年置。東：大海。縣東劉河口，一曰婁河口，有汛。婁江入海處。禹貢中江也。「劉」卽「婁」，聲近字。上承致河塘，自新陽入，爲太倉塘。自城南南馬頭東合新塘港，又東入海。新塘港卽舊湖川塘，逕小塘子入劉河。南：鹽鐵塘水環城流，西北與七浦塘合。有牐官，裁。茜涇河西抵漕塘河，東逕花雙入海。茜涇城，乾隆三年築。鎭二：沙頭、茜涇。甘草巡司一。**崇明** 衝，繁。州東北五十七里。東：金鼇山、茶山。東北：海中設汛。海環縣治，港沙綺錯。有望海臺，當沙港南，與崇寶沙對，設礮台，總兵駐。施翹河水西南夾城流，又東與十滧口合，入於海。東：鹽灘，有場，巡鹽大使駐。雍正八年，於縣設太通巡道。乾隆五年移通州，六年裁。鎭三：新鎭、豹貔、楊家河。上沙、中沙、外沙、下沙有汛。縣丞駐五滧。大安有廢巡司。崇海巡司一。**嘉定** 疲，難。州南三十六里。初屬蘇州府。雍正二年來隸。東南：鶴槎山。吳淞江東入，緣界流，北爲鹽鐵塘水，入鎭洋。縣北劉河，古婁江也。橫瀝水北流逕縣城，又東與之合。練祁塘水承吳淞西來，環城流，逕羅店，入寶山。鎭三：外岡、安亭、南翔。縣丞駐南翔，有汛。諸翟巡司一。有鐵路。**寶山** 繁，疲，難。州東九十里。雍正二年置。故嘉定縣吳淞所，明寶山廳。東南有寶山故城。山北設汛。東瀕大海，有塘。南爲吳淞口，黃浦江入海處，設礮台，控扼東南，爲軍港要塞。崇寶沙，海中，與崇明對。蘊藻濱水自嘉定逕陳行鎭，界涇水西北逕羅店，合練祁塘水會之。歧爲二，東至胡巷口，南至虹口，並入黃浦。又北泗塘水引蘊藻濱水南迤東環城流，西有綵綯港。鎭四：高橋、江灣、大場、羅店。舊礮台、胡巷口、楊行、江灣、月浦有汛。縣丞駐高橋。有鐵路。

常州府：衝，繁，疲，難。隸常鎭通海道。順治初，因明制，縣五。雍正二年，總督查弼納以蘇、松、常賦重事繁，疏請太倉等十三州縣各析爲二，析武進置陽湖，無錫置金匱，宜興置荆溪。東南距省治二百八十里。廣一百六十里，袤一百八十里。北極高三十一度五十二分。京師偏東三度二十四分。領縣八。武進 衝，繁，疲，難。倚。府西偏。西北：黃山、固山。毘陵江西北自丹陽入，東南至桃花港入江陰。運河循城流，逕奔牛鎭入丹陽。滆湖北受運河，西受壇、溧、洮湖諸水，匯爲湖，又西溢爲大圩蕩，南與湖塘河會，入宜興。鎭三：奔牛、青城、阜通。西埠、孟河、魏村有汛。一驛：毘陵。奔牛、孟河巡司二。有鐵路。陽湖 繁，難。倚。府東偏。雍正二年置。以縣東陽湖名。東：芳茂山。東北：舜山。南：太湖，有馬蹟山，舊置寨，有汛。運河自無錫逕丁堰、戚墅堰，北商河水合舜河水東西分流入之。戚墅港合宋建湖，至白蕩歧爲三，一東入無錫達閶江，一黃堰河達百瀆，一薛堰河達下埠，並入太湖。其武進支津曰宜荆漕河，一曰西蠡河，西南流，會滆湖水，並湖行入宜興。一鎭：橫林。馬蹟巡司一。有鐵路。無錫 衝，繁。府東南九十里。北：九龍山。西：舜山、錫山。其東惠山，有泉。太湖，西南。又東溢爲五里湖，南出爲長廣溪，西逕吳塘門，仍入太湖。運河東南自長洲入，夾城流，東納漕河，卽白塘圩，支津出江陰，首受大江，北流，逕高橋，與之合。鎭一：潘葑。一驛：錫山。清寧有汛。高橋巡司一。有鐵路。金匱 繁，難。府東九十里。雍正二年置。以城內金匱山名。東北有斗山、膠山。北：橫山。南：夾山、前山。運河東南自長洲入，常昭漕河首受太湖，東緣長洲界，左與無錫分岸，環城入之。又分流，南北入常熟、江陰。又自東亭屈而西爲百瀆港，東流會於鵝眞蕩，與長洲錯。一鎭：望亭。黃埠墩有汛。巡司一。有鐵路。江陰 繁，疲，難。府東七十里。江蘇學政駐，光緒三十一年裁。北：君山。東北：綺山、定山、黃山。東：馬鞍山。隔江與天生港對，有礮台。北：大江西自武進入，漕河首受江水，逕四河口入無錫。應天河分漕河水，屈曲流，逕華墅東南，爲南長河。橫河，城東至泗港北入江。有青草、壽星諸沙。鎭三：楊舍、夏港、申浦。沙洲、楊舍有汛。顧山巡司一。宜興 疲，難。府南一百二十里。西北：有函山、東北：羊山、金鵝、羅科山。西：大坯山。北：滆湖，與武進、陽湖錯，受長蕩湖水。其支津湖塘河自武進入，歧爲二，至吳瀆口入於太湖。縣東有東氿、西氿，金壇、溧陽諸水會之。漕河北與二氿合，匯爲羊山諸蕩。又東北爲橫蕩，逕百瀆港入太湖。一鎭：楊港。和橋有汛，縣丞駐。鍾溪、下邾巡司二。荆溪 疲，難。府南百二十一里。雍正二年置。南：荆溪，縣以此名。南：白雲、茗嶺、君山、啄木嶺。西：芙蓉山、國山。三國吳天璽元年封禪爲中嶽，有摩崖，右羣峰相繆不一名。東：銅官山。西南：章山。東南：茶山、蘭山。瀕太湖東西二氿，與宜興錯。楊港河、文定港水分流入之。其南沙河自溧陽戴步流並瀦焉。東南：蜀山河，合川步水，東歧爲施塘，並注之。又東至大浦口，其南蓮花蕩自湖㳇匯諸山水，至烏溪口，並入太湖。徐舍有汛。湖㳇、張渚巡司二。靖江 難。府東一百五十里。東北：孤山。南濱大江，西自泰興入，東：張黃港。右與江陰分岸，又東逕縣南入如皋。港口八。迤東歧爲界河，折南至張黃港復合。港南紫氣河，漩洑深洪，海舶入江處。界河自港北環縣流，西達界港入於江。西有團河。鎭三：陳阜、生祠、新豐市。新港巡司一。

鎭江府：最要，衝，繁，疲，難。常鎭通海道治所。長江水師提督、京口副都統駐。順治初設鎭海將軍，乾隆二十八年裁。順治初，因明制，縣三。雍正八年，以江寧府之溧陽來屬。光緒三十年，又設太平廳，隸府。東南距省治三百七十里。廣二百十里，袤一百三十六里。北極高三十二度十二分。京師偏東二度五十七分。領廳一，縣四。太平廳 簡。府東七十里。光緒三十年置，設撫民同知，治太平洲，江中。丹徒 衝，繁，疲，難。倚。西北：金山，臨江，有中泠泉。北：北固山。焦山，江中，南北與象山、連城洲對，又東圌山、五峰山，隔江與高橋對，皆設礮台。大江，城北逕孩溪，復南繞圌山，分支爲大小夾江，有寶晉、天福、補沙諸洲。運河南自丹陽入，逕雩山西、洪山東，折西環城北流，所謂南運河。糧艘渡江入伊婁河，至邗溝，爲北運河，並入於江。橫越牐有牐官。西：高資河，東西與新開河合。河爲乾隆四十五年巡撫吳壇濬，出排灣西經高資入句容。商埠，縣北二里，外國互市租界，咸豐十年英法條約長江三口之一。有新關，常鎮道監督。鎮五：丹徒、高資、諫壁、大港、新豐。朱家圩有汛。二驛：京口、炭渚。京口有驛丞，裁。高資、安港、丹徒巡司三。有鐵路。丹陽 繁，疲，難。府東南七十里。東北有九齡山。大江北自丹徒播爲夾江，逕姚家橋入，東與江合。運河東南逕七里橋，漕河會之。又西南播爲香草河。簡瀆河環城流，入於江。包港東北導運河水與夾江合。北有練湖。鎮二：呂城、延陵。一驛：雲陽。呂城、包港巡司二。有鐵路。金壇 疲，難。府南一百六十里。西：茅山，一曰三茅峯。南：長蕩湖，與溧陽錯，古洮湖也。漕河環城爲濠，南會於白龍蕩，又南受湖水入溧陽。薛步水出薛步鎮，東流分爲二，一入漕河，一南與漕河遇，入於湖。東有錢資蕩。湖溪巡司一，裁。

溧陽 繁，疲。府南二百四十里。雍正八年來隸。西：曹姥山、鐵冶山一曰鐵峴。北：涪山，峙洮湖中，湖與金壇錯。三塔蕩西南溢爲昇平蕩。前馬蕩水出溧水廬山，合高淳諸水，東逕爲蕩入中河，東南流與漕河合，古中江也。五代楊行密築五堰，江自是不復東，禹蹟中湮矣。鎮三：舉善、甓橋、廣道。

# 清史稿卷五十九

## 志三十四

## 地理六

### 安徽

安徽：禹貢揚及徐、豫三州之域。明屬南京。清順治二年，改江南省，置鳳陽巡撫及安廬池太巡撫，兼理操江軍務，幷統于淮陽總督。六年，俱罷。十八年，設江南左、右布政使，以左布政轄安慶、徽州、寧國、池州、太平、廬州、鳳陽、淮安、揚州九府，暨徐、滁、和、廣德四直隸州，駐江寧。康熙元年，始分建安徽爲省治，復置巡撫，駐安慶。三年，江南分一按察使來治。五年，割揚州、淮安、徐州還隸江寧右布政。六年，改左布政爲安徽布政使司。雍正元年，以兩江總督統治安徽、江蘇、江西三省。二年，升鳳陽府屬之潁、亳、泗三州，廬州府屬之六安州，爲直隸州。十三年，潁州升府，亳州復降屬潁。乾隆二十五年，安徽布政使亦自江寧來駐。東至江蘇溧水；西至湖北麻城；南至江西彭澤、浙江遂安；北至河南鹿邑。廣七百三十五里，袤六百六十六里。宣統三年，編戶三百一十四萬二千一百八十四，口一千六百二十二萬九百五十二。領府八，直隸州五，屬州四，縣五十一。其名山：霍、皖、黃、九華、陵陽、敬亭。其大川：大江、皖、涇、樅陽、巢湖、淮、潁、渦、滁、澮、西肥、北肥、洪澤湖。航路：東達江蘇，西達江西、湖北。驛路：自安慶北逾北峽關渡淮達江蘇徐州；自江心驛東南出清流關達江浦；自桐城西南達湖北黃梅。鐵路擬設蕪寧路。電綫。

安慶府：衝，繁，難。安廬滁和道治所。巡撫，布政、提學、提法三使，巡警、勸業道，同駐。順治初，因明制，屬江南左布政使司。康熙六年，始分建安徽省。十四年，設提督，轄上江營汛。十八年，省提督，併入江南。乾隆二十五年，移左布政使來治。嘉慶八年，以巡撫兼提督，轄二鎮各標。西北距京師二千七百里。廣四百五十里，袤二百七十五里。北極高三十度三十七分，京師偏東三十四分。領縣六。懷寧 衝，繁，難。倚。東北：大龍山。西：皖山，百子。西北：獨秀山。大江自望江入，逕城南而東北出趨池口，又東北入無爲。皖水自潛山入，會長河，逕石牌港入江。北：黃麻河，一名黃馬河，自潛山入，會沙河、高河，達桐城爲練潭河。西北：井田河，上達練潭。西：冶塘湖，由皖口入江。東北：長楓港，引蓮湖、槐湖水入江，卽古之長風沙也。碎石嶺汛二，石牌市汛一。長楓、三橋二鎮，巡司各一。一驛：練潭。商埠濱江。桐城 衝，繁，難。府東北百二十里。東北：浮度山，北峽山一名北峽關，與舒城界。西：挂車。北：龍眠山，有水流爲龍眠河，入松山、鴨子諸湖。東南：大江自懷寧入，東流，逕縣西南練潭驛爲練潭河。雙河出縣東，二派合流爲孔城河，與東南長河、白兔河俱入練潭河，至樅陽入江。三道巖關，縣西，咸豐十年重築。六百丈、北峽關、練潭鎮、馬踏石巡司四。驛二：陶沖、呂亭。潛山 衝，繁。府西北百二十里。北：灊山，一曰皖山，又名天柱。漢武帝登灊禮天柱，號爲「南嶽」，即此；道書所謂「第十四洞天」也。潛水今名前河，源出公蓋山，西流爲開源澗。東南流，逕城北，東合皖水。出公蓋山，東逕烏石波，至城東崩河合潛水。南至石牌市，與太湖東諸水會，逕懷寧入江。東北：昆侖山，沙河出，會黃馬河入懷寧。吳塘堰，歷代開以灌田，康熙十一年修治。天堂砦，後部河所出。有巡司一。一驛：青口。太湖 衝，難。府西北二百二十里。東：馬頭山。南：新寨，香茗。西北：龍山。北：珠子山。有關，西與英山界。太湖舊與小湖五，並堙。東北：銀河自潛山入，爲後部河。右合羊角河，爲龍灣河。匯南陽、青石、棠梨、羅溪諸河，爲馬路河。環城而東，折東北仍之。後部、白沙巡司各一。一驛：小池。宿松 衝，難。府西南百六十里。東北：嚴恭、烽火。東南：涔池。西南：得勝山。大江自湖北黃梅入，流逕小孤山。元立鐵柱于上，名「海門第一關」。分流東下入望江。二郎河一名揚溪河，承雷水，南流入望江。北：三溪河自湖北蘄州、黃梅分入，合於隘口，南流入江。東北：舊縣河出白崖諸山，合荊橋河，入望江之泊湖。東：張富池，會大小泊澇湖，龍南蓮若湖，白湖、棠梨、小黃三湖，趨於泊湖。又南，龍宮湖、大官湖，均東連泊湖，成巨浸。有便民倉鎮，南北糧倉貯此。有歸林灘鎮，舊置巡司，裁。其復興、涇江口二鎮有巡司二。一驛：楓香。望江 簡。府西南百二十里。西北：大茗、小茗對峙。東：周河山。西：麒麟山。北：寶珠山。南：大江自宿松入，濱城緣娥眉洲東北流，至華陽口納泊湖。泊湖受宿松浮湖、茅湖諸水，合流爲揚溪河，卽雷水也。雷港，明時涇。今從華陽鎭入江。鎭四：蘇家、吉水、香新溝，又華陽。雷港，游擊駐。有巡司。雍正中自楊灣改。一驛：雷港。

廬州府：衝，難。隸安廬滁和道。明，廬州府，屬江南。順治初，因明制，改二州、六縣，屬江南左布政使司。康熙六年，分隸安徽省。雍正二年，升六安爲直隸州，以英山、霍山二縣改屬，餘仍舊。南距省治四百六十里。廣二百二十里，袤二百一十里。北極高三十一度五十六分，京師偏東四十七分。領州一，縣四。合肥衝，繁，疲，難。倚。東：龍泉，青陽。東北：大小峴山。西南：紫蓬。東：浮槎。東南：四鼎山一名四頂山。東：巢湖一名焦湖，延袤四百餘里，中有三小山，曰鞋、曰姥、曰孤，港汊凡三百六十，納衆水而南注之江。東店阜河，南派河、三汊河，皆入焉。肥水逕雞鳴山，淮水來與之合，縣名昉此。東：逍遙津。梁園鎭。西：廬鎭關。梁園、青陽、官亭巡司三。督糧通判一。縣丞一。驛五：護城、金斗、店埠、派河、吳山廟。舒城衝，繁。府西南百二十里。南：春秋山、華蓋、鼓樂。西南：龍眠、七門山。東：巢湖，與合肥、廬江、巢分界，縣境諸水畢匯於此。龍舒河源出縣西孤井，東流會石塞河，流逕七門堰，又逕城南入巢湖。上七里河在縣西九里，西山諸水所匯，逕南溪入巢湖。其在縣七里者爲下七里河，上接南溪，下達巢湖。七門堰在西南七門山下，有三堰：一烏羊，二千功，三槽櫝也。南北峽關、西陽山寨、上陽鎭有汛。曉天鎭巡司一。驛二：三溝、梅心。廬江簡。府南百八十里。東北：冶父山。西北：冷水關。兩山夾立如門。東：梅山，西：孺山，郎家。東南：礬山。東北：巢湖，西納三河，迤東金牛、清野諸水匯焉。其南白湖。南迤爲後湖，西播爲黃陂湖，匯縣河及作枋河。東出爲青帘河，由無爲入江。西南高子水，南羅昌河，並入桐城。冷水關有汛一，巡司一。驛一：廬江。巢 簡。府東北百八十里。東：東山，濱江爲險。東南：七寶山。西北：萬家山。西南：巢湖，舊居巢地，後陷爲湖，因名。縣境諸川多自此導流。濡須水自湖東口流逕城南，一名天河水。東流，逕東北亞父山南。又東南，逕七寶、濡須兩山間，亦曰東關水，入無爲。清溪河自巢湖導流，逕縣東，合芙蓉水，下流會濡須水。西柘皋、白露、巧溪、花塘諸河皆入巢湖。柘皋有汛。巡司、典史各一。二驛：高井、鎮巢。無爲州 繁，疲，難。府東南二百六十里。界城內紫芝山。東北：偃月，即濡須隖，東西有二關。西南：三公、九卿。西：孤避。北：青檀。南：大江自桐城入，爲石炭河口。又東北，青帘水自廬江入爲西河，合鵝毛、永安、直阜，是爲泥汊河口。又北，神塘河口。又東逕北蟂磯山，其西獺浦，入和。北有濡須水，自巢湖緣界，逕七寶山，又東爲黃洛河，合州河、運河及馬腸、奧龍河，入含山爲裕溪。有汛。黃洛、泥汊、奧龍、土橋巡司四。

鳳陽府：衝，繁，疲，難。分巡鳳潁六泗道治所。元，濠州。明初升府曰臨濠。洪武二年爲中都。六年改中立府。七年更名鳳陽，屬江南。順治初，因明制，領五州、十三縣，屬江南左布政使司。康熙六年，分隸安徽省。雍正三年，升潁、亳、泗三州爲直隸州，分潁上、霍丘屬潁，太和、蒙城屬亳，盱眙、天長、五河屬泗。十一年，分壽州置鳳臺縣。十三年，潁州府以亳州及所隸二縣屬之。乾隆二十年，省臨淮入鳳陽。四十二年，省虹縣入泗州。南距省治六百七十里。廣四百二十八里，袤四百八十里。北極高三十二度五十五分。京師偏東一度十二分。領州二，縣五。

鳳陽 衝，繁，疲。倚。明始析臨淮置。尋又割虹縣地益之，爲府治。國初廢臨淮縣，省入。北：鳳凰山，府以此名。東北：

烏雲山，出鍾乳。淮水自壽州入，逕城東北流入泗州。濠水出城南，有二源，至昇高東有巨石絕水，即古濠梁，一名石梁河，東北入淮。渦水自蒙城入，逕城西北入懷遠。西：龍子河，源出南山，匯爲湖，逕長淮關入淮。北：沫河，上承諸湖，逕城東北入淮，曰沫河口。東：溪河，一名大溪河，即古黃溪也。東：月明湖，北流入淮。東北：花園湖，東北，洪塘湖。東南：明孝陵，在縣西南，有城衞。順治七年，改設左衞，守備一。西北：長淮關。東北：臨淮關。鐵路所經。臨淮鄉、徐家橋、溪河集、蚌埠、小溪。有溪河集縣丞一。蚌埠鎮主簿一。臨淮鎮巡司一。驛三：王莊、濠梁、紅心。縣東南有鐵路。

懷遠 疲，難。府西北七十里。北：荆山。東南：塗山。南：平阿山。淮水自鳳臺入，逕縣東，過荆、塗兩山間，會渦、濠、沙、淝諸水，合流入泗州。北淝水自蒙城入，至縣正義村，匯爲巨浸，下流入靈璧。清溝自渦陽龍山湖東南流，合十湖、天堰諸水，至縣北會淝水，而水始大。舊自靈壁南至沫河口入淮。渦水自鳳陽入，逕城北，東入淮，謂之渦口。南：洛水，北流入淮，亦名洛澗。沙水自潁州入，經荆山南入淮。上窰龍元集有主簿一。洛河巡司一。

定遠 衝，繁。府南九十里。西北：横澗山。東：銀嶺。南：池河，自巢入，東北逕盱眙入淮，謂之池口。西：洛河，上承苑馬塘，即淝水支流。二河俱入於淮。芡河從西至，逕城南會淮水。岱山鋪有汛。爐橋主簿一。池河巡檢一。驛三：定遠、張橋、永康鎮。縣東有鐵路。

鳳臺 繁，疲，難。府西南百八十里。明省入壽州治。雍正十一年，分壽州城東北隅增置。西北：八公山。東北：紫金山。南淝水自渦陽入，歷潁上，由峽口西入淮。西淝河一名夏肥水，自合肥入，至肥口入淮。白龍潭、顧家橋、石頭埠、劉家集、闞疃集有汛。闞疃集巡司一。驛二：太行、丁家集。

壽州 繁，疲，難。府西百八十里。壽春鎮總兵駐。城北：八公山，在淝北淮南，亦名北山。峽石山西北夾淮爲險，在西岸爲峽石，在東岸爲壽陽山。西北：淮水自霍丘東逕正陽鎮，潁水流合焉，謂之潁口。又東至城北，淝水流合焉，謂之淝口，亦謂之淮口。又東北流入懷遠。淝水凡三。在州境者曰東淝河，在州東北，源出合肥鷄鳴山。北流分爲二，一東南入巢湖，一西北流至州入淮，乃淮南之淝水也。西北：潁水自潁州入，入淮處名潁尾。西：渒水自潁州入，北流達於淮，即沘水也。正陽關、瓦壔汛有汛，鳳陽通判駐。有稅關。正陽鎮巡司一。驛四：正陽關、安豐、姚皋店、瓦埠。宿州 衝，繁，疲，難。府西北二百三十里。西北：相山、石山、土山。又諸陽山，一名睢陽山，在睢水之陽，睢水自河南永城入。南：澳水，一名濊水，今名澮河，亦自河南永城入，經靈壁東南入泗州五河。東南：沱水，出州東南紫蘆河，東流入靈壁，分二派，至泗州復合，由五河入淮，即洨水也。又北淝水，出州西龍山湖，本入渦，今入淮。西南：泡水，源出亳州舒安湖，流逕廢臨渙城，與澮水合。東南：澥河，亦東流入澮河，一名蟹河。睢水，州北，自河南入，逕相城故城，合瀆水及渒湖水，過陵子湖、崔家湖入泗州。宿州營原設都司一員，乾隆初改守備，嘉慶十一年又改都司。龍山、百善有分防營汛二。有衞。南平集，鳳潁捕盜同知一，州判一。時村集巡司一。驛四：大店、夾溝、睢陽、百善。城外有鐵路。靈壁 衝，繁，疲，難。府西北百八十里。本虹縣靈壁鎮，宋始置縣。明屬宿州。清初降宿州，同隸鳳陽治。西南：齊眉。北：磬石。西：鳳凰山。北：黃河自江蘇徐州入，東南入睢寧，即古泗水。北淝水自懷遠入，逕城南，至鳳陽沫河口入睢。澮河、汴水、沱河皆自宿州入，逕縣境，下流入泗州。北小河上流即睢水，亦自宿州入，又東入江蘇睢寧。東有石湖，北有穆家湖、土山湖。雙興鎮州同一。固鎮有汛。巡司一。驛一：靈壁。

潁州府：繁，疲，難。隸鳳潁六泗道。明，潁州，屬鳳陽府。順治初，因明制，與潁上、太和二縣俱屬鳳陽。雍正二年，升直隸州，改隸安徽省，以潁上暨霍丘來屬，分太和屬亳州。十三年升府，增設阜陽縣，降亳州及所隸太和、蒙城二縣來屬隸。東南距省治八百四十里。廣二百一十里，袤二百二十里。北極高三十二度五十八分。京師偏西三十二分。領州一，縣六。

阜陽 繁，疲，難。倚。西：七旗嶺、金牛嶺。縣西南：仁勝崗。南：安舟崗。淮水自河南固始入，逕城南三河尖入鳳陽。潁水自河南登封入，逕城北東流，茨河、谷河來入之。北：沙河，承太和諸湖水亦來會。西：柳河，承小汝河、白洋湖諸水，並納於潁。東南流，至沫河口達於淮。西：舊黃河，原經城北合潁水。自河徙鹿邑，黃流遂絕。西北：沈丘鎮，即古寢丘。巡檢一。包家寨、永安鎮、西洋集、驛口橋有汛。王家集，通判一，縣丞一。一驛：橋口。

潁上 疲，難。府東南百二十里。西南：黃崗。東南：垂崗。北：管谷。西南：淮水自阜陽入，合清河、大潤河，至西正陽城，折東北八里垜。潁水自潁州入，逕漢愼縣，合烏江水，又東南合樊家湖，至城東。又東南，右合老梧岡湖來會，潁謂潁尾也，又東北入鳳臺。其北花水澗、淚溝、濟水入鳳臺。八里垜有汛。一驛：甘城。

霍丘 繁，疲，難。府東南二百九十里。明屬壽州。雍正初，改隸潁。南：九仙、九丈潭。西：長山，三山相連。西北：臨水山。淮水自河南固始入。西南：史家河自六安入，逕葉家集，錯固始復入，合曲河，至三河尖來會。又東合衆水，逕義城廢縣，分泧河、湼河入鳳臺。泧河亦入淮。葉家集有汛。洪家集、三河尖二巡司。開順集巡司、典史各一。

亳州 衝，繁，難。府北百八十里。明初降爲縣，尋復故，屬鳳陽府。雍正十三年仍降屬州來隸。西：渦河，自河南鹿邑入，北馬尙河，合流入蒙城。馬尙河在城北，自河南商丘汴河分流，逕州境，包河來注之，下流入渦。其支流入河南永城，謂之澮水。南：淝河自河南鹿邑入，流至州境孟家橋，東流，逕城南入太和。又逕州之龍德寺入阜陽，即夏肥水也。西北聶家湖、花馬潭，東南百尺溝，均入渦。東：義門鎮。龍德寺集、翟家集有汛。州同一，駐丁園寺集。渦陽 衝，繁，難。府東北二百七十里。同治三年，割阜陽、亳州、蒙城及鳳陽府之宿州地增置。南：雲夢山。東北：龍山。北：石弓山。北淝河自亳州入，瀦爲白湖窪，又東入蒙城。渦河亦自亳入，會五毒溝、龍鳳溝、棱溝、銀溝、金溝諸水始大，東南流，逕蒙城，達懷遠，入淮。西南：蔡湖，亦入渦。東南西洋有汛。西北義門集巡司一。太和 繁，疲，難。府西北八十里。明屬鳳陽。雍正間改隸潁。北：萬壽山。沙河自河南沈丘入，逕城南，達亳州，入潁，即潁水上流。東北：茨河，自河南鹿邑入，又東南入沙河，故沙河亦蒙茨河之名。其支流爲宋塘河，流逕宋王城入穀河。穀河自西北臥龍岡分流入茨，銘河從之。南：柳河，舊黃河支流也，上通河南項城，下達潁州，合城西舒陽河入沙河。青泥淺有汛。洪山巡司及典史各一。蒙城 繁，疲，難。府東北百八十里。順治初屬亳州，尋同太和改隸潁。西北：駝山、狠山。北：檀城山。渦水自渦陽入，逕城北，再折而東，南流，由懷遠渦口入淮。北淝河逕城北板橋集入鳳陽。雙澗集有汛。

徽州府：繁，疲，難。隸徽寧池太廣道。明，徽州府，屬江南。順治初因之，屬江南左布政使司。康熙六年，分隸安徽省。西北距省治五百七十里。廣三百九十里，袤二百二十里。北極高二十九度五十七分。京師偏東二度四分。領縣六。歙縣 繁，疲。倚。南：紫陽山。東：問政山。西北：黃山，舊名黟山，盤亙三百餘里，浙、歙、饒、池諸山皆支脉也。豐樂水出黃山，流至城西合揚之水。揚之水自績溪入，達城西，名練溪，一名徽溪，南達歙浦，謂之浦口，爲新安江上流，下至浙江建德，與東陽江合，爲浙江上源。歙浦在縣南，練江、漸江合流於此。又南昌溪，北洪武水，皆足溉田。明初設課稅局，兼置巡司，今廢。阮溪司、黃山、街口渡巡司三。驛一：歙縣。休寧 繁，疲。府西六十里。北：松蘿。東：萬安山。西：白嶽。西北：率山。率水出其陽，水南下而西流者會於彭蠡。其北水分二支：一出梅溪口入祁門，合孚溪水；一出彭沍阬口，會流至縣西江潭，合浙溪水，流逕南港、東港，會於率口，入歙浦，其下流爲新安江。南：汊水出白際山，與佩瑯水、璜源水合流，繞縣南岐陽山下，因名汊水，又北流入浙溪。西：白鶴溪，源出黟縣吉陽山，合夾源、夾溪二水，逕縣南，與南港、東港合流入屯溪。屯溪，縣東南，爲茶務都會，鹽捕同知駐此。太厦鎭巡司。一驛：休寧。婺源 繁，疲。府西南二百四十里。北：浙源山，浙溪出，下流入休寧。梅源水出西梅源山，合武溪。婺水出西北大廣山，南會斜水入武溪。武溪水出北廻嶺下，下流逕江西樂平入鄱陽湖。縣境之水，出自縣東及東北者，會流於汪口之西，爲北港；出自縣北者，會流於清華之西，爲西港。北至武口，二水合流，繞城而西，又西南流入江西德興，下流注鄱陽湖。項村巡司。一驛：婺源。祁門 疲，難。府西百八十里。西：新安。東北：祁山。北：大共，亦大洪，巡司駐。大共水西流，合武亭及禾戍嶺水，至秀溪、霄溪下閶門灘，會大北港水，注倒湖，入江西浮梁。西武陵、鱅溪二水，東南王公峯水，西南新安、盧溪二水，皆入大共。大洪巡司。一驛：祁門。黟縣 簡。府西北百四十里。縣以黟山名，卽今黃山也。西南：林歷。東北：吉陽，吉陽水出，一名黟水，西南流，北牛泉水東南來注之。又東南過噎澤，至白茅渡，會橫江水。橫江水南出武亭山，章水自東南流縣西來合之，至魚亭口，會魚亭水，復東流，合吉陽水，入休寧。西：武關，接祁門界。一驛：黟縣。績溪 疲，難。府東北六十里。唐始分歙縣地置。東：大鄣山，一名玉山，山海經三天子鄣山卽此。東北：巃嵸山，其山四合，中一徑通寧國。舊有叢山關，其下巧溪，亦名揚溪，流爲揚之水，分二支，一北流入寧國，一南流至大屏山，乳溪水、徽水來注之。東北：大障水，會登水，合爲臨溪。又西會上溪水，入練溪。東績溪源亦出揚溪，與徽水交流如績，縣名昉此。西北：太平鎭有徽嶺關。濠寨巡司。一驛：績溪。

寧國府：繁，難。隸徽寧池太廣道。明，寧國府，屬江南。順治初因之，屬江南左布政使司。康熙六年，分隸安徽省。西北距省治四百三十里。廣二百二十里，袤三百三十五里。北極高二十度二分。京師偏東二度十六分。領縣六。宣城 繁，疲，難。倚。響山，縣南。城內：陵陽山。城北隅：敬亭山。南：響山。東南：華陽山，盤互宣、涇、寧、旌四縣，華陽之水出焉。東流逕魯山爲魯顯水。又東北流爲魯溪，會句溪、宛溪、雙溪，北流入青草湖，復合南湖、慈溪，由蕪湖入江。東北有大南崎、小南崎湖。又綏溪一名白河，納廣德、建平諸水，入南湖。西：青弋江，漢志爲青水，一名冷水，自涇縣入，匯西南境諸水，東北流，會太平黃池河，入蕪湖。北灣沚河有鎭，今爲鹽埠，漕運並會此。其水出揚青口，亦會黃池河。西：青弋關。水陽鎭巡司。西河、楊柳鋪、沈村幷有汛。一驛：宣城。寧國 簡。府東北九十里。南：鳳山。東：銀山。南：寵嵸山。徽水自績溪入，合仙人洞、篁嶺、滑渡、葛村、龍潭諸水，是爲西溪。又東北流合東溪。東溪出浙江天目山，入縣境，合湯公山、博里溪塘、千頃山、洋丁山諸水，流爲杭水，北受宣城柏梘溪水，是爲句溪上源。岳山、湖樂二巡司。一驛：寧國。涇 疲，難。府南百里。西南：石柱。東北：幙山。北：琴高。西南：藍山。南：涇水自旌德入，北流，一名籐溪，納楓村、小溪諸水，北入岩潭，與賞溪合。賞溪上源爲舒溪、麻川，二水相合，出麻口，入縣境，會烏石水。籐溪，北流至城西南，納烏溪、西阮水、幙溪水，又北逕馬頭山蘆塘入青弋江。琴溪東北受曹溪、丁溪水，與賞溪合。南花林、方村二水，並入賞溪。東南有蘭石鎭、黃沙鎭。縣丞一，駐查村。茹麻嶺巡司一。一驛：涇縣。太平 疲，難。府西南二百二十里。唐析涇縣地置。西：龍門。南：黃山，麻川出其麓，與舒溪合流，入涇之賞溪。梅溪水出縣北三門山，合麻川，爲麻口。又有濂、浬二溪水，亦同注麻川。浮丘垣、譚家橋有汛。宏潭鎭巡司。一驛：太平。旌德 繁，難。府南二百二十里。唐永泰中，始析太平縣置。東南：大鰲石島。北：石壁。西南：蛟山、天井。徽水自績溪入，南合清潭，霞溪水自東溪來注。又合績溪之龍頭水，北過石壁山，與抱麟溪、玉溪水合，是名三溪。北至龍首山入涇縣，爲涇水上源。抱麟溪源出黃華嶺，東流，與陶環溪、豐溪合，亦曰三溪。陶環溪卽玉溪也。有分防營汛一。三溪鎭巡司。一驛：旌德。南陵 繁，難。府西九十里。南：呂山，有泉涌出，卽淮水之源也。南流至孔鎭浦，與漳水合，爲澄清河。繞城東流爲東溪，一名浣溪。縣南鵝嶺諸溪水皆匯焉。又北受籍山、後港、蒲橋諸水，爲小淮河，並入蕪湖石硊渡入青弋江。西港源出玉山朗陵之南，合諸水北流，自西南水門入城，繞治前過東市，曰中港，其出城西北水門者曰後港。鵝嶺鎭巡司一。一驛：公舘。

池州府：衝，疲。隸徽寧池太道。明，池州府，屬江南。順治初因之，屬江南左布政使司。康熙六年，分隸安徽省。西北距省治一百二十里。廣三百七十里，袤二百三十五里。北極高三十度四十五分。京師偏東五十九分。領縣六。貴池 衝，繁。倚。西南：大雄山。東：碧山，濱湖。南：大樓。西：烏石。大江自東流緣界逕縣北至吉陽河，北折至大通河，入銅陵。西：貴池水，一名池口河，北達大江，古稱鱭口。大通河東北與銅陵界。梅根河自青陽入，至縣東闞龍山，沿五埠河口，合雙河，北注大江。一名梅根港，又曰錢溪，爲歷代鑄錢之所。東北：清溪河，源出涔溪者爲上清溪，出南太僕山者爲下清溪，俱東北入江。西南：秋浦。西北：池口鎭。黃龍磯廢巡司一。殷家匯汛一。池口驛一。李陽河鎭巡司一。碧湖村縣丞一。青陽 衝，難。府東八十里。北：青山。西南：九華，原名九子山，梅根水出，流入貴池。大江逕縣北百里，濱江有鎮曰大通，鹽茶所集。西：五溪俱出九華山，合流北匯爲大通河。臨城河亦西流會於大通河。南：博山河、三溪河、七溪河，均下流入石埭。東南：陵陽鎮有廢司。五溪汛。一驛：青陽。

**銅陵** 衝，繁。府東北百二十里。東：銅井、杏山。北：鵲頭山，古名鵲頭戍。西：雲門。南：伏牛、石耳。西南：大江自貴池入，合大通河。大通河別派匯縣南之車橋湖，至大通鎮入江。北：天門水，出天門山，由縣東北至荻港達江，爲境內衆水合流入江之口，匯而爲河，縣東湖城所出之順安河來合焉。西接鳳心牐，北接黃滸。鳳心牐河會東湖、西湖水達荻港。黃滸河東北自南陵入，西流合荻港。棲鳳湖在縣東南，源出儀鳳嶺，下流通鳳心牐。西南和悅州，一名荷葉洲，汛一。並有大通營水師駐此。池太分防同知一。大通鎮巡檢一。驛一：銅陵。

**石埭** 疲，難。府東南百六十里。西：城子、雨臺。南：蓋山、慈雲。北：陵陽。池口河源出櫟山，西流，經龍鬚河，會蒼隼潭，爲秋浦，貢溪水西來入之。西：管溪，源亦出櫟山，至管口入石埭鄉，與大洪嶺水合。西南：鴻陵溪，西北流，合舒溪，自太平西北流入縣西舒泉鄉，合縣南之佘溪、前溪，縣北縣西之後溪、嶽溪，西南之船溪，東入太平。縣西有巨石三，橫亙溪中，曰頭埭、中埭、下埭，縣名以此。有汛一。驛一：石埭。

**建德** 簡。府西南百八十里。治白象山麓。南：玉峰、南豐。西南：梅山。東南：艮木嶺，黃溢河出焉，東流入貴池。前河出東南石門嶺，匯爲官池。後河出石門別嶺，亦名石門溪，一曰南河，流至雙河口，與貴池西溪水合，入東流。南：龍口河，縣南迤入江西饒州府之獨山湖。南：永豐鎮。有汛一。巡司一。

**東流** 衝，疲。府西百八十里。南：馬當山，横枕江流，險。安慶、宿松、江西之彭澤，皆以此山爲界。西南：大江，自馬當東北流，逕香口、青陽諸鎮，至黃溢河入貴池。城西江口河、南東流河、香口河，下流皆入江。南黃金、白洋二湖，東大淸湖，亦皆入江。黃石磯，東北濱江。香河鎮，明置巡司，今移駐青陽鎮。張家鎮舊有河泊所，雁汊鎮昔有巡司，今皆裁廢。有汛。驛一：東流。

太平府：衝，簡。隸徽寧池太廣道。長江水師提督駐。明，太平府，屬江南。順治初因之，屬江南左布政使司。康熙六年，分隸安徽省。西南距省治一百九十里。廣九十里，袤二百一十里。北極高三十一度三十八分。京師偏東二度三分。領縣三。當塗　衝，繁。倚。南：淩家、甑山。南、東南：青山、龍山。北：采石山，一名牛渚。西：博望山，卽天門山，又名東梁山，與和州西梁山夾岸對峙。大江自繁昌荻港入，過東西梁山，繞城北而東下采石入江南。東南：丹陽湖。東南再東則固城湖、石臼湖，總名三湖。徽、寧、池、廣及江寧之水畢匯，南流入蕪湖，北爲姑熟溪上源。新壩，東南引姑熟水入城壕。中軍守備駐此。黃池河自宣城入，受丹陽南入之水，西北流，合夾河入江。烏溪、黃池鎮、金柱關有汛。池太分防捕盜同知一，管糧通判一，縣丞一。采石、大信巡司二。一驛：采石。蕪湖　衝，繁。府西南六十里。東北：頳山，山色純赤，古丹陽郡因此得名。西南：戰鳥山，一名孤圻山，對岸孤立爲蟂磯。大江自繁昌入，逕城西，爲中江故道。南：魯港，上承青弋江，下併高淳東灞之水入江。西南：蕪湖。自丹陽湖南支分流，合青弋江及五丈、路西諸湖之水，西流逕城南，爲長河，北入江。東：扁擔河，卽長河分流，入當塗，合大信河。東南：天成湖，亦丹陽湖下流所匯，流達長河。徽寧池太廣道、監督工關鈔關，駐江口。蕪湖、采石有汛。蕪湖關商埠，咸豐八年開。河口鎮巡司。一驛：魯港。繁昌　簡。府西南百三十里。南：磕山，一名蜃居山。西北：鳳皇。東北：三山磯。大江自銅陵入，逕城北而東，過蕪湖、當塗入江南界，合黃滸河，匯於荻港入江。東：小淮水自南陵入，會城河入蕪湖。一驛：荻港。有汛。河口鎮、三山司、荻港巡司三。

廣德直隸州：繁，難。隸徽寧池太廣道。明初廣興府，置縣曰廣陽。尋降州，直隸江南。順治初因之，屬江南左布政使司。康熙六年，分隸安徽省。西距省治五百九十里。廣一百三十里，袤一百六十里。北極高三十度五十九分。京師偏東二度五十四分。領縣一。西：橫山。東南：桃花、乾溪。西北：白茅嶺。南：桐源山一名白石山。桐水出，南橫梗溪、東南鯉洪溪，皆合焉。北：九斗川，源出五花巖山，匯諸山澗水，西北流，逕建平，匯於郎溪。西：玉溪，繞城北，合碧溪、大源溪，同入建平之南綺湖。靑洪山嶺，誓節渡有汛。州判一。杭村、廣安巡司二。建平繁，難。州西北九十里。西北：鳳棲山、五牙山。南：鎭山。西南：赤山。桐水自州入，逕城西入宣城，爲白河川，匯於江南之丹陽湖，入大江，或謂之白石水。南綺湖受縣境諸水，北入丹陽湖。郎溪，三峽、蘇大二溪，逕城西南，匯諸山澗水，入南綺湖。白茅山有汛。梅渚巡司一。

滁州直隸州：衝，繁。隸安廬滁和道。明初以州治清流縣。省入，直隸江南。順治初因之，屬江南左布政使司。康熙六年，分隸安徽省。西南距省治五百五十里。廣一百四十里，袤三百一十里。北極高三十二度十七分。京師偏東一度五十三分。領縣二。州境皆山。西：瑯琊。東南：皇道。西北：清流河所出，一名北角河，繞城至烏衣，東合來安水入滁河。其別出者爲白茅河，逕城西北入清流河。滁河東南自全椒入，合襄水、清流，曰三汊河口，下流入江蘇六合。大沙河自來安入，匯西北諸山溪水，至城東達清流河。小沙河源出西南菱山，逕城西，注石瀨澗以合清流。烏衣有汛。大鎗鎭巡司一。有鐵路。全椒簡。州南五十里。北：覆釜山，城跨其上。西北：桑根山，有南隱、中隱、北隱。南：南崗。東南：九鬬，一名徐陵山。滁河南源出廬，自合肥入，至石潭，與襄水合，入滁州。襄水源出西北石臼山，東南流，合澗谷諸水，亦至石潭達滁。西南：鄺湖，居民引流資灌溉。南：六丈鎮。鳳皇橋有汛一。驛二：大柳、滁陽。來安　簡，州東北四十里。西：嘉山。北：馬嶺山。東：五湖山。西北：北信山。來安水出五湖山，逕縣東，至水口鎮入滁州。西北：沛水，有二源，一出盱眙、招信界嶺下，一出練寺山，二水合而南流入州。獨山水、秋沛水皆由縣西北合流，至瓦店河，同入滁河。東北：白塔鎮。有汛。

和州直隸州：繁，疲。隸安廬滁和道。明初以州治歷陽縣，省入，尋復和州，直隸江南。順治初因之，屬江南左布政使司。康熙六年，分隸安徽省。西南距省治四百六十里。廣一百八十里，袤二百里。北極高三十一度四十四分。京師偏東一度五十一分。領縣一。西：歷陽。南：梁山。西北：烏石山。北：夾山。大江自無爲州入，又東北入江蘇江浦。西南：柵山，與無爲州分中流爲界，卽古濡須口也，白石水自含山西南來注之。東南：横江，南直采石磯，亦名横江浦，會開勝河，東流達江。南：裕溪河，源出巢湖，自無爲入，上承牛屯河，入江。東北：石拔河、芝蔴河、穴子河，皆入江。東南：當利浦，一名河口，大江之別浦也。州同一。牛屯河巡司一。裕溪、新河口、瓦蓬溝有汛。含山　簡。州西六十里。北：大小峴山，一名赤焰山。西南：白石山，道書第二十一洞天也。濡須水出，是爲東關口水，自巢湖東流，逕亞父山，出東關口，東南逕黄洛河，又南逕運漕河，至新浴口會西清溪河，至柵江口同入大江，一名天河。東南：銅城牐，受天河、黄洛河支流，東至牐口分流，一支爲牛屯河，入州，一支南出，入三汊河。練固鎮、裕溪河鎮有汛。巡司二：運漕，裕溪。

六安直隸州：繁，疲，難。隸鳳潁六泗道。明初以州治六安縣，省入，屬鳳陽府，尋還屬廬州府。順治初因之。雍正二年，升直隸州，屬安徽省。東南距省治四百四十里。廣二百一十里，袤二百二十里。北極高三十一度五十分。京師偏東二分。領縣二。東：龍穴山一名龍池山，與合肥界。東南：洪家山，四圍壁立。南：大小同山。西南：圜山，下臨淠水。淠水一名白沙河，源出霍山，逕城西，又北流入河南固始，即沘水也。西南青石河，西三元幢河、青龍河，皆入淠。東南：馬柵河，流逕舒城桃城鎮入巢湖。西：溶水河，源出齊雲山，西北流，入河南固始，合史河。西南：麻埠鎮。錢家集有汛。和尚司、馬頭汛二。巡司一。驛二：六安、椿樹崗。英山 簡。州西南三百六十里。東：英山，縣以此名。北：鷄鳴山。南：密峯尖、三吳山。西北：多雲山。西：岐嶺，通湖廣界。英山河出英山，有二源，東曰東衏，西曰西衏，南流至城南而合。會北澗水，流入湖北蘄水。南：雞兒河，亦由蘄水入江。北柳林關，西石門關，亦險要也。茅草畈有汛。七引店巡司一。霍山 繁，難。州西南九十里。西北：霍山，又名天柱山，亦名南嶽。東：復覽山。西南：四十八盤。東南：鐵爐山。淠水即沘水，出沘山，俗名太陽河，北逕磨子潭，右合中埠及雙河，至天柱山西，左合漫水及陡山桃源河，又東北逕城西。有潛台山，其西六安山。又北合新店河、楮皮嶺水，入州東梅子關。包家河有汛一。上土市鎮巡司。千羅畈鎮縣廢司。

泗州直隸州：繁，疲，難。隸潁六泗道。明屬鳳陽府。尋復升直隸州，以臨淮縣省入。順治初因之。康熙六年，分屬安徽省，隸鳳陽如故。十九年，州城圮，陷入洪澤湖，寄治盱眙。雍正二年，升直隸州，隸安徽省。乾隆四十二年，裁鳳陽府之虹縣，省入泗州爲州治。泗州舊治在今州城東南百八十里。自明末清口久淤，舊黃河隄決，黃流奪淮，水倒灌入泗，州境時有水患。至清康熙十九年，城遂圮陷于湖。今州治卽虹縣舊城。東北距省治七百六十里。廣二百九十里，袤二百里。北極高三十三度二十八分。京師偏東一度二十三分。領縣三。北：屏山，下有湖。南：鹿鳴山。東：秦橋山，有雙泉。東北：朱山，上有聖水井，下有峯山湖。南：淮水自鳳陽廢臨淮入，逕五河入洪澤湖。汴河自靈璧入，東南入淮，卽莨蕩渠，一名浚儀渠，唐、宋通漕故道。睢河逕城北，東流，會安河窪，南注洪澤湖。潼河在故虹縣西，俗曰南潼河，自萬安湖流逕五河注淮。北潼水，在今州北，東流注駱馬湖。沱河在今州西南，源出宿州紫蘆湖，逕州東爲南沱湖，州西爲北沱河，二水合流入五湖。又石梁河、天井湖，西合澮水，過五河入淮。施家崗有汛。半城鎭，州判駐。雙溝鎭，同知駐。驛二：泗水、瀧窩。**盱眙** 疲，難。州南百里，濱湖倚山，無城郭。康熙間，泗州陷於湖，乃寄州治於此。後以虹縣省入泗州，乃復爲屬如故。東：盱眙山，縣以此名。南：寶積山。北：陡山、龜山。東南：都梁。西北：浮山，濱淮水，故一名臨淮山。淮河逕城北，匯洪澤湖。與泗州中流分界。自五河流入，東北至清河口合黃河。東北：運河。池河自合肥入，北注於淮。洪澤湖舊名破釜塘，亦古洪澤鎭地，昔人開水門入以資灌田。自泗州陷入，湖界日巨，汪洋幾三百里，延袤皖、蘇二省。南以老子山、北以湖泊崗，與江蘇桃源縣分界。舊縣有汛一。驛二：淮原、都梁。**天長** 疲，難。州東南百五十七里。南：橫山、治山。西：望城崗。北：紅山。西北：石梁河，自滁州來安入，匯爲五湖。北合德勝河，又東接高郵澠沙湖，其分流爲樊梁溪。白塔河自來安入，合汊澗，逕石梁鎭，又東大河灣，至城西，右合白楊河，東北瀦爲丁溪湖，播爲臧蕩、上泊、白馬、沂洋諸湖。其南秦蘭河，並入江蘇，注澠沙湖。東北：下河鎭。北：銅城鎭。汊澗有汛一。城門鄉巡司一。一驛：安淮。**五河** 疲。州南百三十里。南：金崗。西南：翠柏。西：臥龍崗，下有龍潭。北：陡山崗。沱河水溢，淮水在城東一里。自故臨淮縣東北流逕此，又東入州境。澮河自靈璧入，舊逕城南一里，後水漲沙淤，徙於北滸，又逕城西北合沱河，又東入淮，或謂之澳水。東潼河自州入，逕天井湖，南至鐵鎖嶺入淮。漴河在城南二里。南湖在城南七里，匯衆流而成，流爲此河，又東流入淮。以上所謂五河也。其交會處在城東二里，謂之五河口。西：臨淮關，有汛。驛一：五河。

石

# 清史稿卷六十

## 志三十五

## 地理七

### 山西

山西：禹貢冀州之域。清初沿明制爲省，置總督、巡撫。順治末，總督裁。康熙四年，幷冀南、冀北置雁平道。雍正元年，置歸化廳。二年，增直隸州八。平定、忻、代、保、解、絳、吉、隰。三年，增府二。寧武、朔平。六年，升蒲、澤二州並爲府，置歸綏道。乾隆四年，增置綏遠廳同知。二十五年，又以歸綏所屬地增置五通判。歸化城、清水河、薩拉齊、和林格爾、托克托城。與歸、綏二廳並屬歸綏道。二十九年，裁歸化城通判。三十七年，吉州改屬平陽府，霍州爲直隸州。今領府九，直隸州十，廳十二，州六，縣八十五。東界直隸井陘；三百七十五里。西界陝西吳堡；五百五里。南界河南濟源；七百三十里。北界內蒙古四子部落草地。一千一百里。廣八百八十里，袤一千六百二十里。北極高三十四度五十七分至四十一度五十分。京師偏西三度四分至五度四十五分。東北距京師一千二百里。宣統三年，編戶一百九十九萬三十五，口九百二十一萬九千九百八十七。其名山：管涔、太行、王屋、雷首、底柱、析城、恆、霍、句注、五臺。其巨川：汾、沁、涑、桑乾、滹沱、清漳、濁漳。鐵路：正太。驛道：西達蒙古、陝西潼關，東北至京師。電綫達京師，西南西安。

太原府：衝，繁，難。隸冀寧道。巡撫，布政，提學，提法司，巡警，勸業道駐。初沿明制，領州五，縣二十。雍正中，平定、忻、代、保德直隸，割十縣分入之；尋與還隸。乾隆二十八年，省清源入徐溝。距京師千二百里爲省治。廣六百里，袤七百里。北極高三十七度五十四分。京師偏西三度五十六分。領州一，縣十。陽曲 衝，繁，難。倚。東北：阪泉山。西北：崛㠑。北：梁鴻。西南：汾水自交城入，逕列石口，左合埽谷水，折東南，左合洛陰及石橋、眞谷水。水經注「逕盂縣、狼孟故城南」者。至城西北，左合石河、南社河，又南入太原。天門關、石嶺關二巡司駐。王封鎭，同知駐。埽峪村、楊興寨。城晉、陵井驛。太原 衝，繁。府西南四十里。西南：尖山。西北：蒙山，其南風峪、懸甕，晉水出焉。東北：駝山。汾水自陽曲入，左納澗河，逕城東，至南張村與合，又西南入徐溝。東：洞渦水自徐溝來，西南流，逕縣南，仍入徐溝界。榆次 衝，繁，難。府東南六十里。北：罕山。東南：麓臺。東北：小五臺。洞渦水自壽陽入，左納金水河，古涂水，即水經注蒲水，合八賦嶺、鷹山水（今所謂大小涂，即水經注蒲谷水）注之。右合原過水（四派，唐貞觀中，令孫湛引以溉田），逕城南，西南入徐溝。其澗水入蒜谷，又西入太原。源渦、什帖二鎮。鳴謙、王胡二驛。太谷 繁。府東南百二十里。南：鳳皇山。北：壁谷。東南：鳳巢；大嵰，大涂水出焉，西北流入榆次。西：烏馬河自榆社入，右合奄谷水，左咸陽谷水，逕城北入祁。象谷水卽古蔣谷水，入徐溝。有馬嶺關、杏林寨。主簿駐范村鎮。祁 衝，繁。府西南百四十里。東南：竭方、幘山。侯甲水自武鄉入，逕龍舟峪，爲龍舟水。又盤陀水，西北爲昌源渠，逕城北入平遙。東北：烏馬河自太谷入，又西入徐溝。子洪、盤陀、團柏、賈令四鎮。安寨、盤陀二驛。徐溝 衝，繁，難。府南八十里。乾隆二十八年省清源爲鄉入。訓導及巡司駐。西：壺屏山。其北，白石、中隱。汾水自太原入，逕孔村至西堡。東北：洞渦水自榆次入，錯太原，復入縣西，左納烏馬及象河入焉。故驛鎮。同戈驛。交城 簡。府西南百二十里。交城山，北百二十五里，相近羊腸。西北：狐突。汾水自靜樂入，逕火山村，右合孔河，折東入陽曲。西北：孝文山，文水出，會渾谷、西谷，屈東南，左合酸水，爲文谷水，入文水界，從之下流，並達之。故交村，巡司駐。文水 繁，難。府西南百六十里。西：陶山。西北：熊耳。西南：隱泉。東有汾水，自徐溝入，西南入平遙。西北：文谷河自交城入，逕文谷口。唐柵城廢渠在焉。至城北，又東南，左合磁窰河、步渾水，折西南入汾陽。有孝義鎮。岢嵐州 簡。府西北三百二十里。岢嵐山，東北百里，一曰管涔。迤西南，蘆芽、荷葉坪、雪山。東南：直道村，嵐漪水出東北，右合黃道川、三角城二水，折西北，逕城南，又西逕大澗河，左合砂河，又西南逕巨麓山入興。水峪關。嵐 簡。府西北二百六十里。西南：黃嵰山。西：野雞山，蔚汾水出，入興。南：赤堅嶺，嵐水出，東北逕桃尖山，左合乏馬嶺、雙松山水，折東南入靜樂。有東村鎮。興 簡。府西北四百里。雍正二年隸保德州。八年仍來隸。東：桃花山。西南：採林。西北：黃河自保德入。東北：嵐漪水自岢嵐入，逕石樓山。東南：蔚汾水自嵐入，逕合查山，至縣西，合南川水並入焉。又南合紫荆山水入臨。蔚汾、合河二關，皆要隘。

汾州府：衝，繁，難。隸冀寧道。康熙六年，省明冀南道入。東北距省治二百二十里。至京師千三百八十里。廣三百五十里，袤三百二十里。沿明制。北極高三十七度十九分。京師偏西四度四十五分。領州一，縣七。汾陽 繁，疲，難。倚。西：將軍山、黃蘆嶺。北：謁泉。東北：文谷水自文水入，循汾水故道，右合原公、金鎖關水，至府治東爲文湖。又南，右納義水，入孝義。郭栅、陽城二鎮。冀村，巡司駐。有驛。孝義 繁。府南少東三十五里。西：上殿山。西北：龍門；薛頡嶺，古狐岐山，禹貢「治梁及岐」。其南，盤重原，勝水出焉，俗名孝河，會南川、陽泉水，逕城南而東。東北：文谷河自汾陽合義水入，逕鹽鍋頭入介休。溫泉、鳳尾二鎮。平遙 繁，衝，難。府東八十里。西北：汾水自文水入，逕長壽村。東北：侯甲水自祁入，左合謁戾山、嬰澗、過嶺、魯澗，超山、中都及亭岡水入焉。又南入介休。上殿鎮。洪善驛。介休 衝，繁，難。府東南七十里。南，介山，一曰緜山，緜水出。東：天峻，石河出，又東石桐水出。東北：汾水自平遙入，後先合之，入靈石。張蘭鎮，同知駐。義棠驛。石樓 簡。府西少南百八十里。東南：石樓山。西：九重。西北：團圓山。黃河自寧鄉入，合屈產泉，古牧馬川，復合溫泉，即石羊水，入永和。臨 簡。府西北三百二十里。東南：漢高山。西南：招賢、馬頭。河水左瀆自興入，合紫金山水，又南逕曲峪鎮入永寧。其湫水亦自興入，逕赤壁山，合連枝、積翠、黃龍、漢高、雲山凡十六水入焉，又南入永寧。有三交鎮。永寧州 衝，繁，難。府西北百七十里。東：九鳳。東北：呂梁。西：匾斗、南山。西北：馬頭。河水左瀆自臨入。東北：赤堅嶺，離石水出，曰北川。南：步佛山，合蘆子山水，逕城西，合東川，納南川，清水河入焉，又南入寧鄉。吳城、柳林、永安三鎮。柳林、方山堡二巡司。玉亭、吳城、青龍三驛。寧鄉簡。府西百四十里。南：雲集嶺。北：寧陽山。東：栢窊、蕉山。西南：泉子，清水河出，北合屛風山水，逕城東，又西北入永寧注河。河水左瀆復入，逕三交鎮，合石口、牛尾泉水，入石樓。有鋤鈎鎮。

潞安府：繁，疲，難。隸冀寧道。初沿明制，領縣八。乾隆二十九年，省平順，分入潞城、壺關、黎城。西北距省治四百五十里。至京師千三百里。廣三百里，袤二百七十里。北極高三十六度七分。京師偏西三度二十八分。領縣七。長治繁，難。倚。東：壺口山。東南：五龍。東北：栢谷。西南：福泉。濁漳水自長子入。東南陶水出雄山，北合八諫、雞鳴山水，右會淘清河入。又北至秦村，左會藍水，右石子河入，又西北入屯留。鎮四：韓店、高河、太義、西火。分防同知駐太義鎮。縣丞駐西火鎮。驛二：龍泉、太平。長子衝。府西少南五十里。東南：紫雲山、羊頭。西南：發鳩山，水經注鹿谷。濁漳水出其東麓四星池，東會傘蓋、陽泉水，逕城南，右合堯水、慈林水及梁水，入長治。西北：藍水自屯留入，逕河右會雍水，亦入長治。鮑店鎮，縣丞駐。漳澤驛。屯留衝。府西北六十里。東北：良材山。西北：五巑。西南：盤秀，藍水出其陽摩河嶺，古絳水，東入長子注濁漳。至長治北流，逕縣東入潞城。今絳水出其陰，東逕石田山，左會高麗水，又東北，右合霜澤、左三嶁山水，逕城北，右合疑水。鷄鳴水乃古諫水，逕余吾故城南、屯留故城北者。鎮二：寺底、豐儀。驛一：余吾。襄垣衝。府北少西九十里。西南：五巑山。北：五音、仙堂。西北：紫巖。東南：鹿臺。濁漳水自潞城入，逕其北，左會銅鞮水，又北逕城東。東北：涅水自武鄉入，右會臨水，史水自左注之，爲合河口，入黎城。鎮二：東周、下良。驛一：虒亭。潞城簡。府東北四十里。南：盧山、大禹。東南：伏牛、葛井。東：靜林。西：三垂。西北：黃阜。西南：濁漳水自屯留入，左合絳水，爲交漳，卽禹貢降水。又西北入襄垣，至黎城錯入，逕潞縣故城，是濁漳兼有潞浸之稱。又東復錯黎城，仍入境。東出馬塔口入河南涉縣。西南有三垂岡。東南有虹梯關，卽魯般門，巡司駐。鎭三：神頭、黃碾、羊園。東南平順鄉城，鄉學訓導駐焉。壺關 簡。府東南三十里。壺關山，西北六里。東北：風穴山。東：馬駒、麥積、安公。壺水出西北，逕城北爲石子河，左合清流河，東南大王、抱犢，又東赤壤。其陰東井嶺，淘清河出，西北逕黃山，並入長治。嶺東五指河，東南爲沾水，逕紫團山入河南林縣。東有玉峽關。馮坡鎭。黎城 簡。府東北百十里。東南：潞祠山。西北：積布、嵋峪。濁漳水自襄垣入，東南逕聯珠山，錯潞城復入，左合黃須水，東逕赤壁山，仍入之。東北：繡屏，清漳水自遼入，逕吾兒峪，古壺關在焉，入河南涉縣。玉泉水從之。

澤州府：衝，難。隸冀寧道。初沿明制，爲直隸州。雍正六年爲府，增附郭。西北距省治六百二十里。至京師千六百里。廣三百四十里，袤二百三十里。北極高三十五度三十一分。京師偏西三度三十七分。領縣五。鳳臺 衝，繁，難。倚。南：太行山，其巔黑石嶺，其北天井關；西南，小口，卽太行陘馬牢。東南：硤石、浮山。北：司馬。東北：丹水自高平入，左合蒲水，南逕高都故城東。其南源澤水，出西北二仙掌，合塯河來會。又南，左納丈水，逕八盤、壘石、石人山。白水合西沙河，逕城南，合轆轤水，天井溪右注之，入河南河內。西北：吳山，陽阿水出，南逕蟠龍、聖王山，入陽城注沁水。沁水復入，入濟源盤子。鎭三：橫望、攔車、周村。驛二：太行、星軺。丞兼巡司駐星軺。高平 衝，繁。府北少東八十五里。北：韓王山。東：七佛。西：髑髏、浩山。西南：空倉。西北：發鳩，漳水出其陰。其巔鳳頭，丹水北源出，左會白水，右絕水，實泫水。東南，右合長平水，逕城北。又東南，左合西東長河，至杜村。右合五龍山水，俗亦曰泫水，入鳳臺。東有蒲水，自陵川入從之。東有石壁關。西北有長平關。鎭四：米山、丁壁、野川、時莊。喬村、長平二驛。陽城 難。府西八十里。西南：王屋，其東析城，有三峰，亦曰底柱，濩水出。東南：莽山，溴水出，北源，並入河南濟源。東北：沁水自其縣入，左合史山河，右合陽泉水，東南逕南莊。其澗河入爲南河，右合濩澤水，逕閻家津，右合桑林水，左納陽阿水，入鳳臺。東南有白雲隘，路通濟源。縣境十七隘，此爲最要。東冶鎭，同知駐。陵川 簡。府東北百二十里。西南：九仙山。西北：寶應。聖宮山，蒲水出，屈西，左會龍門山、鳳山水，入高平。東北：堯莊，丈河出，西南逕靈泉、六景、佛兒諸山，入鳳臺。東南：王莽嶺，源水出。洪水村，平田水出，並入河南輝縣。南：雙頭泉，屈南，逕瘦驢嶺入修武。東北：淅山，淇水出，俗淅水，逕熊耳，即沮洳山，入壺關。沁水 簡。府西北百七十里。西：阜山。西南：輔山。東北：隗山。北：大尖，至河頭寨，右合梅河、杏河。沁水自岳陽右會東河，即水經黑嶺水。又東南逕紫金山至端氏故城，左合秦川及熊耳山水，即水經注䰛䰛水。又東南，左合潘河，入陽城。西南：鹿臺山，蘆河出，古陽泉水。其南澗河並從之。鎭四：郭壁、武安、固鎭、端氏。端氏，巡司駐。

遼州直隸州： 繁，隸冀寧道。西北距省治三百四十里。至京師千三百里。廣三百三十里，袤百七十里。北極高三十七度三分。京師偏西三度一分。領縣二。遼陽山，城東三里。東：東雲。南：武軍。城西：崋山。東北：摩天嶺。清漳水自和順入，逕黃張鎭，屈南，右會西源西漳河，爲交漳口。左合箕山水（即洗耳泉東六十里，此附會爲河南登封山者），逕黎城東，入河南涉縣，至林縣與濁漳合。長城、黃張、芹泉、桐峪、麻田、韓王、拐兒，凡七鎭。黃澤關之十八盤，巡司駐。南關驛。和順 簡。府東北九十里。東北：合山。西南：斷孤。西北：九京。北：廝衣。清漳水自平定入，逕石猴嶺，屈折至城東南，右會南源梁餘水，又東南，左合清水，古黃萬水，逕首陽山入州。西南，八賦嶺，其西源遼陽河出其北轑山。水經注轑水，亦西漳水，東南逕儀城鎮，從之。武鄉水，出其南武山，入。榆社、松煙、寒湖、馬嶺、青城、虎峪、馬坊、橫嶺、溫泉，凡八鎮。八賦嶺巡司。榆社 簡。府西九十里。東南：秀容山。東：清涼、箕山。北：北泉。東北：武鄉水自和順入，西逕其故城（北三十里卽地形志榆社城），折南，逕城西，又南納縣之西川、儀川等水，入武鄉界。西北：黃花嶺，烏馬河出焉，西北流，入太谷界。北有馬陵關，西有石會關。雲簇鎮。

沁州直隸州：衝，繁。隸冀寧道。西北距省治三百三十里。廣三百二十里，袤百三十里。北極高三十六度四十一分。京師偏西三度四十二分。領縣二。東：麟山。西：堯山。西南：銅鞮。西北：伏牛。迤東漳源鎮，小漳水出，左會花山、爛柯山，逕城西，又南，右合后泉、上官泉，至萬安山北，右會銅鞮水，入襄垣，亦通目之。郭村、西湯二鎮。沁陽驛。沁源 簡。州西少南百二十里。西北：緜山，其異名曰謁戾，曰羊頭，沁水出焉。東南逕仁霧山，右會涑水，左琴谷水，至交口折西南，逕城東，合芹泉山水，至南石，左會青龍山水，右西川、大南川，入岳陽。栢子、郭道、官車三鎮。武鄉 簡。州東北五十里。城東北：鞞山。東南：三原。西：麓臺。西北：侯甲山。有分水嶺，侯甲水出其陰，北入祁。涅水出其陽，實水經注湯谷五泉水。左會高砦寺河，古白雞水，逕城西，左會武鄉水，又東至城南，左合南亭水，折南，左合鍋窰嶺水，入襄垣。鎮二：盤龍、墨鐙。驛二：權店、南關。

平定直隸州：衝，繁。隸冀寧道。初沿明制，爲太原屬州。雍正二年升，仍領，並割盂、壽陽來隸。嘉慶元年，省樂平入。西北距省治二百七十五里。至京師八百七十里。廣二百七十里，袤二百九十五里。北極高三十七度五十分。京師偏西二度四十八分。領縣二。東：臯落山。東北：蒙山。東南：松子嶺。西南：沾嶺；冶水南源沾水出，會小松鳴水，東入直隸井陘。其北甘桃河，西北桃水自壽陽入，匯保安河、平潭、陽泉水，逕城北，又東，右合南川，逕交原村，左納文谷水，至古承天軍。左合畢發水，並從之。清漳三源。北源出其西大要谷，山海經所謂「出少山」者，南入和順。洞渦水出其北陡泉嶺，西逕馬尾嶺，左合浮化山，納木瓜嶺水。水經注，南路西入壽陽。東有故關，東北有娘子關，並接井陘界爲要隘。有正太鐵路。一鎮：靜陽。三驛：測石、甘桃、柏井。樂平鄉城，州判及鄉學教諭駐。柏井，巡司駐。其甘桃，裁。盂 衝。州西北百里。南：石艾山。東：白馬。東北：原仇。北：牛道嶺。滹沱水自五臺入，逕其西，右合烏河，又東，右合龍花河，入直隸平山。西南：秀水出南上社，合香水，夾城東南，從行千二百餘里，下至天津入海。東北黃安、十八盤、榆棗諸關，並通平山，東橫河槽通井陘，並要隘。芹泉驛舊設巡司，後裁。壽陽 衝，繁。州西百里。初隸太原府。雍正二年來隸。北：方山。西北：雙鳳、罕山。東：桃源溝，冶水北源桃水出。地理志，緜蔓水會芹泉水東入其州。南：洞渦水自州入，至縣南過山。西南：要羅山，壽水出，東會黑水，龍門河注之，西入榆次。有正太鐵路。一鎮：遂成。一驛：太安。驛丞兼巡司駐。

平陽府：衝，繁，難。太原鎮總兵駐。初沿明制，領州六，縣二十八。雍正二年，蒲、解、絳、吉、隰直隸，割臨晉二十縣分隸太平、襄陵、汾西，尋復。乾隆中，霍直隸，割趙城、靈石屬之，吉州及鄉寧復。東北距省治六百十里。至京師千八百里。廣二百七十里，袤百八十里。北極高三十六度五分。京師偏西四度五十六分。領州一，縣十。臨汾 衝，繁，難。倚。東南：浮山。

北有汾水自洪洞入。東南：澮水自浮山入，逕其東，左合金水河，右澇水注之，南逕城西。有姑射山，一名平山。平水東注之。其南出者並入襄陵。西北分水嶺，大東河出，入蒲。泊莊、礬山二鎮。建雄驛。洪洞 衝，繁。府東北五十五里。東：九箕山、霍山。北有汾水自趙城入，逕城西，右合北澗，屈西南，左納南澗，右合婁山、禹門山水，入臨汾。郭盆鎮。普潤驛。浮山 簡。府東少南七十里。浮山，西南三十里，金水河出。東南：銀洞。東北：堯山；烏嶺，澇水出，西入臨汾。東：天壇，南河出，西南：壺口，實蜀山，澮水出。東北：橫嶺，卽中條，東河出，入沁水。東張鎮。岳陽 簡。府東北百二十里。北：雪白。西北：尖陽。東南：刁黃。東北：沁水自沁源入，右合和川河，左納橫河，屈南入沁水。東北：安吉嶺，澗河出。其一源出西北金堆里水，逕城東屏風山，又南，左合永樂里水，其南南澗出郭店，並西入洪洞。東北有潼關隘。曲沃 衝，繁，難。府南百二十里。西南：絳山。西北：橋山。西有汾水自太平入，左納釜水，入絳。東有澮水自翼城入，左納絳水，亦入絳。鎮二：柴村、侯馬。驛二：侯馬、蒙城。巡司駐侯馬。翼城 難。府東南百三十里。北：丹山、蜀山。東南：歷山。東北：烏嶺、佛山。澮水南北源出，合逕城東而南，左會東源絳高山水，今灤水。烏嶺，霍東支，故說文「澮出霍山」，水經則統曰「出澮交東高山」。又西南逕澮交，錯絳復入，入曲沃。西北：小緜山，滏水出，西南流，亦入曲沃。有隆化鎮。太平 衝，繁，難。府西北九十里。雍正二年隸絳，七年復。南：汾陰。西南：九泉。東北：汾水自襄陵入，南入曲沃。鎮三：清儲、趙康、史村。一驛：史村，驛丞兼巡司駐。襄陵 難。府西南三十里。雍正二年隸絳，七年復。東南：崇山。西南：三嶝。東有汾水自臨汾入，右合平水。又諸山澗水三派東注，入太平。趙曲鎮。汾西 簡。府西北百九十里。雍正二年隸隰，九年復。汾陰山，西南五十五里。東南：汾水自霍入，右合轟轟澗、勍香河，逕商山入趙城。鄉寧 簡。府西少南二百三十里。雍正二年隸吉州，乾隆三十六年仍來隸。東北：柏山、秦山。西南：兩乳。東南：馬頭。西北：香鑪巖。河水自吉入，逕其麓，有師家灘。東：鄂山，鄂水出，會北源高天山水。又西合羅谷水，逕城南，又西北入焉。又東南，入河津。營裏鎮。吉州 繁。府西百七十里。雍正二年直隸；乾隆三十七年復。吉山，治北。東北：雞山、石門。北：庖山、風山。河水自大寧入，逕龍王池，禹貢壺口在焉，卽孟門山。至小船窩。東南：高天山，清水河出。水經注，羊求水合放馬嶺、雲臺山水，西逕城南入焉。又東南入鄉寧。三垢鎮。

蒲州府：衝，繁，難。隸河東道。明，平陽屬州。雍正二年直隸。仍明所領臨晉、滎河、猗氏、萬泉，惟河津削。六年爲府，置附郭。尋增虞鄉。東北距省治千一百里。至京師二千二百里。廣百三十里，袤百十里。北極高三十四度五十二分。偏西六度十五分。領縣六。永濟 衝，繁，難。倚。明州治，省河東入。雍正六年置。東南：中條，卽禹貢雷首，其南阜堯山，首陽，迤東歷山。東北：河水自臨晉入，西逕蒼陵谷，至韓家營，錯陜西郃陽、朝邑。其涑水會姚暹渠於東五姓湖入，又西從之，至鹽灘復入。迤東南逕風陵渡，潙汭入焉，揚雄賦所謂「河靈矍踢，掌華蹈襄」者。又東入芮城。鎮四：趙伊、匼河、栲栳、永樂。同知駐永樂。河東驛。臨晉 衝，繁，難。府東北七十里。東北：嶷山。西北：河水自滎河入，逕吳王渡。東南：涑水自猗氏緣虞鄉界注五姓湖從之。樊橋鎮又驛。虞鄉 難。府東六十里。明沿元制，省入臨晉。雍正八年復析置。南：中條山，有王官谷。西南：五老、蔥聾、方山。其北檀首，其北五姓湖。水經注，張陽池有鴨子池，合中條水。東北涑水自臨晉入，會姚暹渠，並匯焉。又西入永濟。故市鎮。湯家驛。滎河 難。府東北百二十里。城東：峨眉嶺。西北：河水自河津入，汾水入焉。古汾脽澶。卽春秋葵丘。南逕城西入臨晉。胡壁、孫吉二鎮。陽陵驛。猗氏衝，繁。府東北一百十里。東有涑水自安邑入，西南入臨晉。有張岳鎮。萬泉難。府東北百六十里。東：介山，其西峯孤山。城南山陰暖泉。又東澗。解店鎮。

解州直隸州：繁，難。河東道兼鹽法駐安邑運城。明，平陽屬州。領縣五。雍正二年升，割聞喜易其垣曲，尋並隸絳。東北距省治九百五十里。至京師千四百五十里。廣二百二十里，袤百四十里。北極高三十四度五十八分。京師偏西五度三十八分。領縣四。東南：中條山，其脊橫嶺，又白徑、分雲。其北鹽池。又北鹽水，今姚暹渠，自安邑入，逕其北，西入虞鄉。城西北硝池，濁澤。長樂鎮。長樂、鹽池二巡司。安邑衝，繁，難。府東北五十五里。東南：吳山。南：中條。北：鳴條。西南：鹽池。池北運城。河東道及州判駐。東有苦池。東北：姚暹渠，即鹽水，自夏入，逕城北，又西南逕運城北入州。又東北，涑水自夏入，西入猗氏。鎮二：東郭、聖惠。有巡司。泓芝驛。夏衝，繁。府東北百里。南：栢墭山。東北：翠巖、稷山。東南：溫泉。巫咸山，鹽水出，今姚暹渠，西北逕雲谷至城南折西。西北：涑水自聞喜入，南逕夏后陵，並入安邑。曹張、胡張、尉郭、水頭、裴介五鎮。平陸簡。府東南九十里。東北：虞山，上有虞城。其西傅巖、清涼山。西北：天井、卑耳。西南：河水自芮城入，逕洪池，至茅津渡。中條山諸澗，迤東北至砥柱。砥柱禹鑿，六峯，三門山在焉。納劉家溝、后溝、積石水，入垣曲。鎮六：洪池、張店、張谷、常樂、葛趙、茅津。縣丞駐茅津。有廢巡司。芮城難。府西南七十里。北：橫嶺、漱水嶺，洪源澗出，會葡萄澗、地皇泉。西南：河水自永濟入，逕魚鱗磧，至城南。又東，洹水入，迤北入平陸。

絳州直隸州：繁，難。隸雁平道。明，平陽屬州。領稷山、絳、垣曲。雍正二年升，並割太平、襄陵、河津來隸，以絳屬平陽，垣曲屬解。七年，又割聞喜、絳，垣曲復，而太平、襄陵還舊隸。東北距省治七百十里。至京師千八百里。廣四百里，袤百里。北極高三十五度三十八分。京師偏西五度十三分。領縣五。南：峨眉嶺，即晉原。西北：馬首山。北：九原；鼓山，古水出，即清濁二泉。東北：汾水自太平入，至城南。左會澮水，水經注「逕王橋，澮水入焉」者。又西南，合古水入稷山。南：重興關。西：武平關。垣曲 繁。州東南二百十里。雍正二年隸解，七年復。東北：諸馮山、王屋。其北教山，教水出。水經注「南歷鼓鐘、上峽、下峽、馬頭山」者，亦曰沇水。清廉，俗風山，清水出其西嶺，東逕臯落鎮，會亳水及白水，曰亳清河。西南：河水自平陸入，逕鷹嘴山，入河南濟源。河水入晉境，冷行二千七百餘里。鼓鐘鎮、迎駕、六郎鎮。聞喜 衝，繁，難。州南七十里。初隸平陽。雍正七年改。東：鳳皇原。東南：香山。湯寨，古景山，景水出，實水經注沙渠水。其北美良川。東北：紫金，古三㶆。涑水自絳縣入，逕董泊，右合甘泉，復左合景水，逕城南；又西入夏。詩「揚之水，不流東薪」者。鎮八：上東、下東、横水、裴社、宋店、栗村、郭店、蘭德。涑川一驛。絳 簡。州東南八十里。初隸平陽。雍正七年改。絳山，西北二十里。北：牛村。東北：備窮。澮水自翼城錯入，合故郡水，又西北入之。東南：回馬嶺，絳水出。水經注所謂「出絳山東，寒泉奮湧，揚波北注」者。其西華池有陳村峪水，實注所謂乾河。西逕大陰山，合紫谷水，又西會煙莊冷口水。水經「出聞喜黍葭谷，逕存雲嶺入聞喜南絳故城」。鎮曰澮交。稷山 難。州西五十里。稷山，南五十里。北：姑射、聖王。東南：汾水自州入，逕城南，又西，華水故道出焉，入河津。小河、翟店、下迪、大杜四鎮。河津 衝，繁。州西百里。初隸平陽。雍正二年改。東北：黃頰山。西北：河水自鄉寧入，逕龍門山。禹貢「自積石至」者。韓原在焉，所謂少梁。又南入榮。東南：汾水自稷山入，逕疏屬、仙掌山，又西南從之。鎭四：方平、禹門、東張、僧樓。禹門，巡司駐。

隰州直隸州：繁。隸河東道。明，平陽屬州。領大寧、永和。雍正二年升，並割汾西。九年，又割吉之蒲屬之，而汾西還舊隸。東北距省治五百五十里。至京師千七百里。廣二百六十里，袤二百三十里。北極高三十六度三十九分。京師偏西五度三十一分。領縣三。北：妙樓山。東：五鹿。東北：蒲子。其界石樓者有水頭村，蒲川水出，西南合回龍、交口水，逕城西，又東南會義泉河於仵城鎭北。水經注所謂「出石樓山，南逕蒲城(蒲子縣)，得黃櫨谷水」者，俗曰隰川，入大寧。義泉、張家川、羅眞、蒿城、康成、大麥、辛莊、西曲、回龍九鎭。又廣武鎭，巡司駐。大寧　簡。州西南九十里。城南：翠微山。西南：石子。西北：孔山。河水自永和入，逕馬鬭關。東北：隰川，卽蒲川水，自州入，逕羅曲鎭，折西，逕城出，至藍公山。其南源第一河東南自蒲入，實紫川水，合縣底河入焉，又東南入吉。蒲川水莽灌數百里，元和志日斤水，寰宇記日斤水，明志因譌昕水，方乘從之，非也。一鎭：安阜。蒲　簡。州東南百二十里。舊屬平陽。雍正二年屬吉，九年來隸。東：東神山。西南：翠屏。東北：姑射。有分水嶺。蒲水南源第一河出，水經注「紫川西會南川所謂合江水」者。逕城東南，右合東小河，又西入大寧。鎭六：化樂、張村、喬麥灣、薛關、古驛、松峪。永和　簡。州西北九十里。東：雙山。南：樓山。西：烈鳳、馬脊。東北：佶北。其南仙芝谷，古域谷。西北：河水自石樓入，逕老牛灘，仙芝河合索陀川、楡林河，水經注「域谷水東啓荒原，西歷長溪」者。至城西南，合甘露河入焉，又南入大寧。桑壁、岔口、劉臺三鎭。

霍州直隸州：衝，繁，難。隸河東道。明，平陽屬州。領靈石。乾隆三十七年升，復割趙城來隸。

東北距省治四百六十里。至京師千五百五十里。廣八十里，袤二百三十五里。北極高三十六度三十五分。京師偏西四度四十四分。領縣二。霍山，東南四十里，禹貢太岳。彘水出石鼻谷。西北：汾水自靈石入，逕靈佛巖合之。水經注「逕觀阜北」者。入汾。辛置鎮。霍山驛。趙城衝。州南五十里。乾隆三十七年自平陽來隸。東北：霍山，霍水出。西：羅雲。西北：汾水自汾西入，逕城西，西北合之，南入洪洞。有驛。靈石衝。州北百里。乾隆三十七年自平陽來隸。東：孝文山。東南：尖陽、十八盤。東北：靜巖、縣山，有五龍泉，俗小水河。汾水自介休入，至城西北，左合之，屈南，右合石門峪、新水峪；左仁義河，逕陰地關入州。水經注「又南過冠爵津，俗雀鼠谷」者。其南高壁嶺，今韓信嶺。鎮二：夏門、仁義。驛二：瑞石、仁義。驛丞兼巡司駐仁義鎮。

大同府：衝，繁，難。總兵駐。初因明制，領州四，縣七。雍正中，增陽高、天鎮，改朔及馬邑隸朔平，蔚及黃昌分隸直隸宣化、易州。南距省治六百二十里。至京師七百二十里。廣二百五十里，袤二百六十里。北極高四十度五分。京師偏西三度十二分。領州二，縣七。大同衝，繁，難。倚。順治五年徙西安堡，九年復。北：紇干山。東：白登，其東牛皮嶺。迤北少咸，敦水出。西南：採掠。桑乾水自應入，逕其南，右合馬耳山水，左有玉河（如渾水），自豐鎮入，右逕方山合卷子，左鎮川河，又南逕孤山村，右納小泗水，至城東，又南，右納肖畫河，水經注所謂「右會武周川」者，又南來會。又東，敦水出少咸山；逕西堰頭，並入陽高。甕城、聚樂二驛。懷仁衝。府西南八十里。西：清涼山、錦屏。西南：蘆子。新莊子河出其村，逕大于口入山陰。有安宿峒鎮。西安驛。渾源州難。府東南百二十里。順治十六年，安東中、前二所省。西南：龍山。西北：晝錦。北：龍角。東南：恆山，北嶽，順治十七年自曲陽移祀於此。山高三千九百丈，周迴數千里，橫跨燕、趙，屏蔽京師。曲陽其趾，阜平其脊，州境其主峯也。其別阜南曰槍峰嶺，古高氏山，唐河上源滱水出，周禮所謂「嘔夷，并州川」。左會別源翠屏山水，水經注所謂侯塘川，東逕蔡家峪入靈丘。其溫泉堙。嶺之西北渾河出，一曰崞川，西北匯別源亂嶺關及瓷窰峽、李峪、神谷、橫山諸水，入應。王家莊堡，巡司駐。上盤驛。應州衝，府南百二十里。順治十六年安東中屯衞省入。雍正八年罷所隸故城州。東南：茹越山。東北：龍首。西南：龍灣。西：桑乾河自山陰入，逕州東北，渾源河自州來會。水經注「逕巨魏亭北，又東，崞川注之」者。亦通曰渾河。又東北，入大同。一鎭曰安邊。安東衞巡司。安銀子驛。山陰衝。府西南百八十里。南：復宿山、香山。西：桑乾河自朔入，至城北，折東南，逕黃花山，即黃瓜埠，右合黃水河入應。岱岳站，巡司駐。有驛。陽高衝。府東北百二十里。雍正三年，以陽高衞降置。西：斷頭山、龍混。北：虎頭、雲門。西南：白登山，敦水自大同入，逕其麓。南洋河自豐鎭入，南流，逕守口堡入邊。右合馬邑水，逕城北，又東南會白登河入天鎭。西南：桑乾水自大同入，逕黃土梁，又東並入天鎭。天鎭衝。府東北百八十里。雍正三年以天鎭衞改置。北：環翠山。東：陽門，其幹神頭，其支豐稔。西南：牽牛。桑乾水自大同入，逕嘴兒圖，左合五泉河、石門溝。五泉古安陽水，陽原故城在焉。又東，入直隸西寧。其北南洋河自陽高入，逕福祿山。水經注「雁門水東北入陽門山，謂之陽門水」者。右合三沙河，古𤅊水，逕城北，又東北逕摺兒嶺入懷安。又北，西洋河自豐鎭入，右合南溝水，逕煖泉墩，及東南小溝口河，亦入懷安。廣靈簡。府東南二百四十里。東南：加斗山。北：千福。西北：九埩。西：望狐；白羊，壺流河出。渉泉，祁夷水，東南逕石梯嶺，合作疃池。枕頭河逕城南，又東逕壺山，入直隸蔚州，達桑乾，爲南支。直峪、林關、火燒、樺澗四鎮。馬廠驛。靈丘衝。府東南二百七十里。南：太白山。西北：漫山，其東枚迴嶺，古滋水出焉。滱水自渾源入，左合黑龍河，逕城南，又東南逕隘門山、銀釵嶺入直隸廣昌。驛一：太白。

朔平府：衝，繁，難。明，右玉林、左雲川、平虜三衞地，屬山西行都司。清初爲右玉、左雲、平魯三衞。雍正三年，於右玉衞置府，並改三衞爲縣，屬雁平道。南距省治六百七十里。至京師九百六十里。廣二百十里，袤二百九十里。北極高四十度十一分。京師偏西四度十一分。領州一，縣三。右玉衝，繁。倚。雍正三年以右玉衞改置。玉林山，西二十里。東南：石堂山、紗帽。西南：滄頭河自平魯入；右合牛心山，左孫家川、雲石堡水，屈北，逕府治西。右合范家堡水、馬營河，又北，右會兔毛河。西北有邊牆，西南接平魯，東北至右玉，有殺虎、水柵、鐵山、大沙、雲石等口。威遠堡、殺虎口二巡司。朔州衝，繁，難。府東南二百四十里。明屬大同府。雍正三年來隸。嘉慶元年，所領馬邑省入爲鄉。有鄉學訓導。東北：契吳。東：洪濤，其支阜雷山。左黃道泉，右金龍池，桑乾水出，水經注所謂「洪源七輪卽溹涫水」者。東南匯於臘河口，古馬邑川水南源。恢河，古灅水，自寧武入，逕城南，折東，右合七里河，左沙棱水，又東北至下館故城北來會，入山陰。城東、廣武二驛。左雲衝。府東南七十五里。雍正三年，左雲衞改置。東北：彌陀山。東：雕嶺。東南：龍王堂。南：南石，肖畫河出，北逕城西南，右合溫泉，又北折東，左合龍泉，逕焦山，又東南入懷仁。舊有助馬堡巡司，裁。平魯衝。府西南百十五里。雍正三年以平魯衞改置。南：十二連山。西南：迎恩。西：小靑。西北：七介、西平、磨兒。淸水河出，入其廳，古樹頹水。城內北固山。北：尖山。東南：天門，相近奎星臺。北嶽峰，葢水經注大浴眞山，滄頭河出。古中陵水，西北貫城出，折東逕碧峰山入右玉。樂寧、伏遠二鎮。

寧武府：衝。隸雁平道。明置寧武關並所。嘉靖中置三關鎮，駐寧武。又偏寧道駐偏頭，後改岢嵐、寧武二道分駐。清初，前後並廢。雍正三年，改所爲府，置附郭，偏關所、神池堡、五寨堡爲縣。南距省治三百四十里。至京師九百五十里。廣二百九十里，袤三百六十里。北極高三十九度六分。京師偏西四度十一分。領縣四。寧武衝。倚。明置寧化所。雍正三年爲府，並置。西南：管涔山，其東天池，其下分水嶺。西出者汾水，左會林溪，樓子山別源，折西南，逕寧化堡，入靜樂。東出者恢河，一曰渾河，古灅水，水經注「出累頭山」，地理志謂之治水者，東北逕城南，又東北逕陽方口，出邊入朔，爲桑乾南源。有陽方堡。寧化所巡司。偏關衝。府北百八十里。明置守禦所。雍正三年改。東：丫角山。北：鵞虎。西北：河水左瀆自清水河入，逕老牛灣西，又西南，東有關河自平魯入，合紅水溝，逕廳南，又西北入焉。又西南入河曲。老營堡有廢巡司。神池衝。府北三十里。明置神池口巡司，後增神池堡營。雍正三年改。南：黃花嶺。西南：旗山、虎北、洪佛。北：達沐河，西逕磨石山，左合義井河。河本渭流，康熙三十六年聖祖西征，飲馬駝於此，賜名興隆。折北入五寨。五寨衝。府西百里。明建五寨城。雍正三年改。西南：蘆芽山，管涔絕頂也，高三千丈，上有彌連池，即彌澤，下注清漣河，東北達沐河自偏關入會之，爲大澗河，折西入河曲。有三岔堡。

忻州直隸州：衝，繁。明，太原屬州。雍正二年升，仍領定襄，割太原之靜樂來隸。西南距省治百四十里。至京師千三百里。廣三百六十里，袤百里。北極高三十八度二十五分。京師偏西三度四十三分。領縣二。南：繫舟山。西南：雲母。西：九原。西北：雲中，相屬雙尖，雲中水出，東北入崞，會忻川，注滹沱。滹沱復錯入，入定襄。西南：白馬山，牧馬河出，古三會水，合陀羅、大嶺、清水諸山水，東北逕城南從之。九原一驛。定襄 繁。州東五十里。東南：七巖山。東北：聖阜。西北：橫山。滹沱水自州入，東南逕城北，又東北，右會牧馬河，入五臺。南有叢蒙山，三會泉出，北流注牧馬河。西北有滹沱渠，資灌溉。一鎮：芳蘭。靜樂 衝。州西百八十里。雍正二年自太原來隸。東：兩嶺山。東南：天柱。西北：管涔，汾水出其陰，自寧武入，逕馬頭山，至城西南，左合碾河，右納嵐水，又東南逕樓煩鎮，右合石樓、臨春山水，入交城。西南：離石水入永寧。鎮三：故鎮、窟谷、永安。又有樓煩鎮巡司。康家會驛。

代州直隸州：衝，繁，難。雁平道駐。明，太原府屬州。雍正二年升，仍所領。西南距省治三百二十里。至京師七百七十里。北極高三十九度六分。京師偏西三度三十二分。領縣三。西北：句注，其嶺太和，唐置雁門關，古曰西陘，隘有十八。其東夏屋，中峰曰復宿。東南：舜山、圭峰。東：滹沱河自繁峙入，左納峨水，右合夏屋、雁門水，逕城南。又西南，右合羊頭神河入崞。雁門關，一驛。五臺 難。州東南百四十里。五臺山，東北百二十里，一名清涼山。聖祖、高宗、仁宗前後十三巡幸。中臺有太華池水，西北流，會縣北峨嶺水，出峨口入繁峙。北：錦屏。西北：鐵嶺。西：紫羅。滹沱河自定襄入，逕東冶鎮，左合慮虒水、清水河，又東南入盂。東：烏牛山，滋水出，東流入直隸平山。鎮三：竇村、東冶、臺懷。巡司駐臺懷。崞 衝。州西南八十里。崞山，西南四十五里。其西黃嵬。南：前高。西北：栢枝。東北：滹沱河自州入，逕城東，又南，右合羊虎谷水，又西南，雲中河自忻入，會忻川入忻。原平、閘泥二驛。繁峙簡。州東六十里。北：茹越山。東南：憨山、小五臺。東：泰戲。滹沱水出泰華池，一曰派水，并州川。說文「起雁門郡葰人縣戍夫山」者。西會三泉，伏流，匯華巖諸水，復出，逕沙澗驛，至城南入州，峨水從之。其東巖頭有白坡，沙河出，南入直隸阜平，古恆水支。平刑關，巡司駐。平刑、沙澗二驛。

保德直隸州：衝，繁。隸雁平道。明爲太原屬州。雍正二年升，並割河曲、興來隸。八年，興還隸太原。東南距省治四百六十五里。至京師千七百十五里。廣二百十里，袤百十一里。北極高三十九度四分。京師偏西五度四十分。領縣一。城南：蓮花山。東南：馬頭。西南：羊頭。東北：石梯。河水左瀆自河曲入，逕城北，屈西至花園堡，壺盧山水入，爲朱家川。又西南，合裴家川入興。河曲衝。州東北百二十里。明隸太原。雍正二年改。乾隆二十九年徙河保營爲今治，東阻險山。南：翠峰。西南：火山。東北：河水左瀆自偏關入，逕城西大辿渡。又西南，東有清漣河自五寨入，爲六澗河入焉，古彌澤，入州。壺盧山水從之。河邑巡司駐舊縣。乾隆二十九年徙治河保營，卽今治。

歸化城直隸廳：衝，繁，疲，難。歸綏道鎭守副都統駐。明嘉靖中，蒙古據豐州，是爲西土默特，駐牧建城，後封順義王，名其城曰歸化。天聰八年內附。順治三年置左右翼及四副都統。雍正元年置理事同知，駐西河，隸朔平府。乾隆元年增協理通判二，增綏遠廳。六年置歸綏道，廳及二協隸。二十五年省協理，徙同知駐城。裁左右翼及副都統。餘副都統一，同駐。光緒十年改撫民同知。南距省治九百六十里。至京師千一百八十里。廣百八十里，袤二百九十里。北極高四十度四十九分。京師偏西四度四十八分。北：大青山，卽陰山，古白道川。其支阜，西石綠，西北克壽，東北烏蘭察布、喀喇克沁、鍾山。金河，古芒干水，俗大黑河，西南逕廳南。左合小黑河，即紫河，古武泉水。又西南，右合哈爾几河，入托克托。克魯庫河，古白道，中溪水從之。卡倫二十有二。臺站四。有巡司，一在城，兼司獄，一在畢齊克齊。有遞。

薩拉齊直隸廳：衝，繁，疲，難。隸歸綏道。明初，雲內州，後爲雲內縣，屬豐州，尋廢。乾隆四年，置薩拉齊及善岱二協理通判。六年，隸歸綏道。二十五年，改理事廳，以善岱協理通判省入。同治四年，改置同知。光緒十年，改撫民。東南距省治千二百里。至京師千四百二十里。廣二百五十里，袤百里。北極高四十度三十九分。京師偏西五度十六分。又兼轄鄂爾多斯左翼後旗地。廣四百三十里，袤二百二十里。西北：牛頭、朝那山、夾山。北：宿嵬。東：拜轟古兒。河水左瀆自五原南界東流入境，包頭、五當河並北來注之，逕沙爾沁村，又東至廳南，合蘇爾哲、帽帶河，入托克托。察蘇河入托克托。卡倫五。臺站一，在廳治。有巡司兼司獄一，駐包頭鎮。有遞。

清水河直隸廳：繁，疲，難。隸歸綏道。明，置東勝衞千戶所。乾隆元年，置協理通判。六年，隸歸綏道。二十五年，改理事廳。光緒十年，改撫民通判。東南距省治九百二十里。至京師千又二十里。廣百三十五里，袤百四十里。北極高四十度六分。京師偏西四度四十八分。東：鄂博圖山、連嶺。東南：吐頹，有君子津。西北：河水左瀆自托克托入，逕紅山口，東南清水河自平魯入，右合湯溪河，西北逕三叉河至廳南。又西北出古長城，左會兔毛河，亦稱紅河，古中陵水入焉；又南入偏關。有巡司兼司獄在廳治。有遞。

豐鎮直隸廳：繁，疲，難。隸歸綏道。明，大同及陽和、天成二衛邊外地。康熙十四年，徙察哈爾蒙古部駐。雍正十二年，置豐川衞及鎮寧所，大朔理事通判統之。乾隆十五年改置，大同、陽高通判徙駐。三十三年，還故治，增置大同理事同知。光緒十年，改撫民。南距省治六百七十里。至京師八百六十里。廣二百三十里，袤二百二十里。北極高四十度三十分。京師偏西三度十二分。北：尖子山、狼頭。西北：留雲。東：盤羊。東北：大青、牛心。其西南壺盧海，如渾水出，今曰玉河。屈西南，左合大科莊水，古旋鴻池，逕古慶梁，右合尖子山水，至廳東南新城灣。右會得勝河，古羊水，入大同。東北：五祿戶灘，東洋河出，古修水，亦于延水，東逕碾房窰，入直隸張家口。其南胡魯蘇臺，西洋河出，古延鄉水，及南溝水，逕馬市口入天鎮。又西清涼嶺，南洋河出，古雁門水，南逕守口堡入陽高，並達之。自東洋外，並踰邊。巡司三：一駐城，兼司獄；一二道河；一張皋爾。二道河後改設興和廳。有遞。

托克托直隸廳：繁，疲，難。隸歸綏道。明，東勝左衞。嘉靖中入土默特。曰脫脫，亦曰托克托。乾隆元年，增協理通判。二十五年，改理事廳。光緒十年，改撫民通判。東南距省治八百六十里。至京師千一百里。廣八十五里，袤一百三十里。兼轄河西鄂爾多斯右翼後旗地。廣百三十里，袤百五十里。北極高四十度三十分。京師偏西四度四十分。南：紅山，古緣胡。西北：河水左瀆自薩拉齊入。大黑河東自歸化入，左會黃水，又西，右會克魯庫，至廳東北會察蘇河。逕廳北，舊匯爲黛山湖，古芒干水，合南源白道中溪塞水注沙陵湖者，又西入焉。又南入清水河。有巡司兼司獄。有遞。

寧遠直隸廳：衝，疲，難。隸歸綏道。明，宣德衛。後爲大同邊外地。康熙十六年，察哈爾部析駐。雍正十二年，置寧朔衛及懷遠所，大朔理事通判統之。乾隆十五年省改，徙朔平通判駐。二十一年，改理事通判。光緒十年，改撫民。南距省治八百十里。至京師千又二十里。廣百八十里，袤二百九十里。北極高四十度二十一分。京師偏西三度五十二分。東：猴山。北：倉盤、汗漫、平頂。黑河南源永興河出，古白渠水。其南參河匯，今西溝門，古沃水出，今日寧遠水。南逕將軍梁，左合寧遠堡水，古可不涅，踰長城。東北：平頂永興河東四道凹，得勝河出，逕豐城溝入豐鎮。其北大海，古諸聞澤，周百餘里。其南小海，地理志鹽澤，古通目曰參合陂。有巡司。有遞。舊有科布爾巡司，後改設陶林廳。

和林格爾直隸廳：繁，疲，難。隸歸綏道。明置玉林、雲川二衛。後爲蒙古西土默特據。康熙中，置站曰二十家子，蒙語和林格爾。乾隆元年，置協理通判。二十五年，改理事廳。光緒十年，改撫民通判。南距省治八百四十里。至京師千六十里。廣百七十里，袤百八十里。北極高四十度二十分。京師偏西四度二十四分。東：九峰山。西：摩天嶺。南：大松。東南：玉林。兔毛河自右玉入，踰邊逕殺虎口，右會寧遠河，逕其麓，西北至廳。西南折西入清水河。東北黃水自寧遠入，西逕廳北入托克托。有巡司兼司獄。有遞。

興和直隸廳：明初，天城衛邊北地。光緒二十二年，以豐鎮之二道河巡司置，隸歸綏道。西南距省治八百九十里。至京師千七十里。廣袤闕。北：大青山。東南：水泉入。西北：東洋河自察哈爾旗入。二源合，東西逕廳北，入直隸張家口。有遞。

陶林直隸廳：要。隸歸綏道。明，大同邊外地。光緒二十九年，以寧遠廳之科布爾巡司置。西南距省治千三百里。至京師千四百五十里。廣袤闕。北：伊馬圖山。南：迴頭梁。大黑河南源黃水河，古白渠水，出大東溝，西南逕五壩入寧遠。有遞。

武川直隸廳：要。隸歸綏道。明，西土特默牧場。光緒二十九年，以其北境翁滾置，治烏蘭花，寄治歸化城。南距省治千百七十里。至京師千二百九十里。廣袤闕。北：托克圖山。西北：克壽。東有烏蘭察布源泉，廳治。一遞。

五原直隸廳：要。隸歸綏道。光緒二十九年，析薩拉齊西境興盛旺置撫民同知，治隆興長，寄治包頭鎮。東南距省治千七百九十里。至京師二千一百十里。北極高四十度三十九分。京師偏西五度十六分。西北：陽山。北：陰山。河水自甘肅邊外環內蒙鄂爾多斯，折東自烏拉特循其南麓入。有鄂博口，古稒陽道。又東逕廳南，合博托河入薩拉齊。有遞。

東勝直隸廳：要。隸歸綏道。明初，東勝衞西界、陝西榆林衞河套地，後爲元裔所居。光緒三十二年，以鄂爾多斯左翼中郡王右翼前末扎薩克旗墾地置，治羊壕廠，寄治薩拉齊之包頭鎮。北極高四十度四十九分。京師偏西四度四十八分。西北：河水自鄂爾多斯循五原入廳北，折東南入薩拉齊。邊牆西自陝西榆林入。又東有遞。

# 清史稿卷六十一

## 志三十六

## 地理八

### 山東

山東：禹貢青、徐及兗、豫四州之域。明置山東承宣布政使司。清初因之。雍正二年，升濟南府之泰安、武定、濱，兗州府之濟寧、曹、沂等六州爲直隸州。八年，濟寧州仍屬兗州府。十二年，升武定、沂二州爲府，濱州改屬武定。十三年，升泰安、曹二州爲府。乾隆四十一年，仍升濟寧、臨清爲直隸州。凡領府十，州二，散州八，縣九十六。在京師之南。八百里。東至大海；一千三百里。西至直隸元城縣界；三百四十里。南至江南沛縣界；五百七十里。北至直隸寧津縣界。二百四十里。廣一千六百四十里，袤八百里。北極高三十四度三十五分至三十八度二十分。京師偏西一度二十五分至偏東六度四十分。宣統三年，編戶五百三十七萬七千八百七十二，口三千一百三萬六千九百四十四。

濟南府：衝，繁，難。巡撫，布政、提學、提法、鹽運司，濟東泰武臨、巡警、勸業道駐。初沿明制為省治，領州四，縣二十六。雍正中，武定、泰安、濱直隸，割陽信、萊蕪、利津等九縣屬之。北至京師八百里。廣三百六十里，袤二百八十里。北極高三十六度四十五分。京師偏東四十一分。領州一，縣十五。歷城 衝，繁，難。倚。城南：歷山。東：華不注。東南：長城嶺，玉水出焉。錦雲川水入長清注黃河。河即大清、濟水故道，其右瀆入。西北逕藥山，北至濼口鎮。又東北逕鵲山，其南新小清河入，逕城北，右受大明湖，東逕虞山，納巨合及關盧、武原水，並入章丘。今大明湖在城內，惟匯珍珠、濯纓諸泉，乃宋西湖，非唐以前遺址矣。有巡司：申公集。主簿：譚城。龍山驛。津浦、膠濟鐵路。章丘 繁，疲，難。府東百十里。南：長白山、東陵、平頂。西南：危山；雞山，水經注「巨合水出西北」，逕榆科泉莊，及武原、關盧水，入歷城，注新小清河。新小清復入西北，右合繡江，即溝河，注百脈水，出土鼓故城，逕陽丘故城黃巾固。小清河又東北逕賈莊入齊東。其北黃河右瀆自歷城入，緣濟陽界。小清昔源濼水，今源獺河，別源出東南野狐嶺，西北逕青龍山，土鼓、寧戚故城，折東入鄒平，即小清故道。有普濟鎮。鄒平 疲。府東北百六十五里。南：長白山。東南：黃山。西南：九龍。北：新小清河，自齊東入，東入長山。西北：獺河，自章丘入，逕滸山濼，東北為清河溝，並入長山。東南：孝婦河，即瀧水，自長山錯入。左合白條溝、沙河，逕伏生墓，屈東北，仍入之。其故道逕梁鄒故城。有孫家鎮。淄川 簡。府東少南二百二十里。東南：原山，淄水出焉。南有豬龍河，俗呼孝婦，即瀧水，自博山入，逕城西南，右合般水，又北逕浮山。獺水河出甕山，逕昌國故城，會浸泗河自左注之，乃古德會水。左得萌水口，入長山。鐵路。**長山** 簡。府東百九十里。西南：長白山。南：鳳山。西北：新山。清河自鄒平入，折北入高苑。清河溝東入新城。東南：孝婦河自淄川入，左得魚子溝，錯鄒平仍入。有周邨鎮。**新城** 簡。府東北二百十六里。東南：商山。西北：清河溝自長山入，右迤為青沙泊，淤。東有烏河，即時水，逕西安故城，左納澇淄河，折北，逕會城湖入博興，西通麻大湖。西北：孝婦河自長山入，右會鄭黃溝及系水，時枝津匯焉。**齊河** 衝，繁，難。府西五十里。西南：黃河左瀆自長清入，逕城南，又東入歷城。北：徒駭，自禹城入。西南趙牛河自長清入，歧為岔河，並入禹城，而經流復入，合倪倫河自右注之，又東逕梁家莊入臨邑。劉宏鎮。有驛曰晏城。**齊東** 疲，難。府東北百五十里。西北：黃河右瀆自濟陽入，逕延安鎮，又東緣惠民界入青城。南：新小清，自章丘入，逕臨濟故城，又東入鄒平。減水河、壩河，堙。臨河鎮。**濟陽** 疲，難。府東北七十里。黃河左瀆自禹城入，逕城南，又東北緣齊東界入之。西北：徒駭及商河，並自臨邑入，屈北入商河鎮。鎮二：回河、新市。**禹城** 衝。府西北百十里。西南：徒駭河自高唐入，少淤，逕三岔口，右會漯河及管氏、趙牛、岔河，逕城西北，又東北入齊河。趙牛河錯入，右合溫聰、刁強河，仍入注之。禹城橋，縣丞駐。新安鎮。劉普驛。鐵路。**臨邑** 簡。府北百四十里。南：徒駭河自禹城、東南商河自齊河入，並東入濟陽。西鉤盤自陵緣界東北仍入之，並淤。**長清** 衝，繁，疲，難。府西南七十里。南：磧滑山。東南：方山，有行宮。東北：峩眉。西南：孝堂，古巫山。黃河自肥城入，逕城西北，右合南沙河。水經注「出南格馬山賓谿谷，北逕盧縣故城北與中川水合」者。又東北緣齊河界納玉水，其南新小清，並入歷城。西南：趙牛河，自茌平入，右納趙王河，北入齊河。張夏鎮，縣丞駐。二驛：崮山、長城。**陵** 簡。府西北二百里。故城與德互徙。明永樂七年，西新鬲津河自德入，環城又東，右合篤馬、趙王，又東鉤盤自禹城入，並入德平，並涸。滋博鎭。德州　衝，繁，難。府西北二百六十里。糧道駐。南有運河自恩入，北逕城西。其南支四女寺減河入檀。老黃河故道逕城東北哨馬營，是爲北支，並入直隸。東南：馬頰河，卽篤馬，自平原入，水經注「逕臨齊城南」，今邊臨鎭，州判駐，東北入德平。其新鬲津，東北入陵，淤。有鬲故城，古瀆在焉。老黃河故屯氏瀆，篤馬其別河南瀆。桑園、安德驛。又良店、梁家莊水驛二。鐵路。德平　難。府北二百五十里。西：馬頰河自德入，右會小河，東北入樂陵及直隸寧津，下至海豐月河口入海。自直隸元城入，凡行山東境六百四十八里。南有鉤盤自陵入，東北入商河，涸。有懷仁鎭。平原　衝。府西北百八十里。西：馬頰河，自夏津緣界合蒲河，其東新鬲津故道，並北入德。東：篤馬溝，舊合趙王河入陵，涸。有水務鎭。桃源驛。鐵路。

東昌府：衝，繁。隸濟東泰武臨道。初沿明制，領州三，縣五。雍、乾間，濮、臨清直隸，割范、觀城、朝城、夏津、丘。東距省治二百二十里。廣二百二十里，袤二百八十里。北極高三十六度三十三分。京師偏西十八分。領州一，縣九。聊城　衝，繁，難。倚。南有運河，卽會通，自陽穀入，右播爲趙牛、湄河，入茌平。王官鎭。崇武水驛。堂邑　衝，疲。府西四十里。東北：運河，自聊城入，逕梁鄉閘。西南：馬頰，自冠入，逕張家堂，絕運，並入博平。侯固鎭有城。博平　衝，繁。府東北四十里。西南：運河，自堂邑入，逕土橋閘，西北至田家口。其西馬頰，自堂邑入，西北復絕。西：徒駭，自聊城入，逕鄧家橋，右納湄河，東北擅溼故瀆，入茌平，涸。茌平　衝，繁，難。府東北六十里。管氏河首李莊，匯小馮新河，東北入禹城。西北：徒駭，自博平錯入，入高唐。西：湄河，自聊城錯入，入博平。

南：趙牛河，自聊城入，錯東阿復入，入長清。西：古黃河。有四瀆口。廣平鎮。清平 衝，繁。府北少東七十里。西南：運河，自堂邑入，北逕魏家灣，有巡司，入臨清。西：馬頰，自博平再入，入高唐。古黃河，西北自臨清入，入夏津。水驛。莘 簡。府西一百里。西北：馬頰，宋六塔、二股河所逕，自朝城入，東北入冠。東有古溼河，自朝城入，入聊城；分支入陽穀。鎮：馬橋。冠 衝，繁，難。府西百里。東南：弇山，馬頰自莘入，入堂邑。其西，古黃河，逕西北二十里冉子墓，東入館陶。宋北流故瀆，乾隆、道光兩次決入馬頰，至府境入運爲患，其故道循陳公隄北入館陶、臨清，絕運，至舊城外，曰沙河，入直隸吳橋。館陶 簡。府西北百二十里。南：館陶鎮。有廢巡司。陶山，西南四十里。衞河，隋永濟渠，自直隸元城入，左合漳水，逕喬亭城東北，右會古黃河，入臨清。其北，屯氏。高唐 衝，繁，難。府東北百十里。雍正八年直隸，十二年削所領禹城、平原、臨邑、陵。高唐山，東北五里。東南：徒駭，自茌平入，東北入禹城。地理志「河水自靈縣別出爲鳴犢河」。其故瀆西南馬頰自清平入，北入夏津，並涸。固河鎮。魚丘驛。恩 衝，繁，疲，難。府東北百八十里。西北：衞河，自武城錯入。西南古黃河，南馬頰，左瀆並自夏津入，入德。四女寺，縣丞駐。太平驛。

泰安府：衝，繁，難。隸濟東泰武臨道。初沿明制，爲濟南屬州。雍正二年直隸，領新泰、萊蕪、長清。長清尋換肥城。十三年爲府，增附郭，降東平與其所領東阿、平陰來隸。北距省八十里。廣四百三十里，袤百七十里。北極高三十六度十五分。京師偏東五十二分。領州一，縣六。泰安 衝，繁，疲，難。倚。泰山，北五里，東嶽，亦曰岱宗，周略百六十里，高四十里，有行宮。南：介石、石閭、亭亭、梁父。東南：龜山、徂徠。西南：社首、高里。其峰南有汶水，自萊蕪入，右合天津水，左合牟汶，西南逕博故城，右合北汶、泮河及石汶、環水。其北汶北出者沙河，入長清。又西南，逕陽關、龍故城。東南：淄水，自寧陽入，逕岱山、梁父、柴故城，曰柴汶，右河、仙源河自左注之。又西南，大汶口，緣界逕汶陽故城南，合西濁，古蛇水，入東平。西北：黃山，肥河出，西入肥城。濟運泉六十有六。靜封鎮。婁德舊置巡司，改通判。安駕莊，主簿駐。**肥城** 簡。府西七十里。雍正十三年自濟南來隸。西：金牛山。西北：陶山、巫山、黃崖。東南：瀑布。南：馬頭，沙河出，亦曰小會肥河，入東南，右合孤山河、黃河、趙王河，入西北，並東北入長清。范公河，堙。濟運泉十有二。石橫鎮。清泉水驛。**新泰** 衝，繁。府東南百五十里。東南：嶅山，西南：龜山。西北：新甫。北：青沙峴。東北：龍堂，小汶即牟汶出，西南逕敖陽鎮，右合平陽、西周、蘇莊、羊流，左廣明河，逕靈查保入泰安。濟運泉四十。上四莊巡司。敖陽驛。**萊蕪** 簡。府東百二十里。西南：冠山。北：陰涼。東南：大石。南：安期。西北：羊丘。東北：杓山；原山，地理志「淄水出其陰，東入博山」。周禮「幽州，其浸菑時」。汶水出其陽，所謂嬴汶，屈折西南，匯黑虎、辛興、魚池諸泉，逕嬴縣故城入泰安。東南：牟汶，自蒙陰入，逕牟縣故城，匯響水灣、海眼泉、孝義河水，至城南，又西，左合司馬河，從之。濟運泉四十有九。**東平州** 衝，繁，難。府西百四十里。明屬兗州。雍正八年直隸。十三年降削所領東阿、平陰、陽穀、壽張。北：鼇尾山、瓠山，龍山即危山。東有汶水自泰安入，右納匯河，明築戴邨壩閼之，西南入汶上。其溢而西者，奪漆溝逕龍堌北，亦曰大清河。其逕堌南者，小清合龍拱河，所謂「城南二汶」，夾城至馬口而合。又西北，黃河西自壽張入奪之。運河即元會通河，後自汶上入，即梁山濼，逕安氏山東絕之，並入東阿。安山湖、赤河，並堙。濟運泉三十有五。**東阿** 衝，繁。府西北二百十里。東北：穀城山。東南：雲翠。西北：曲山。西南：黃河自東平奪大清入，逕魚山，水經注馬頰口在焉。又西北，右合狼溪，入平陰。西北趙王河從之，其正渠趙牛河，自茌平錯入，並涸。而古黃河、瓠子堙。運河自東平絕黃河入，逕陶城鋪入陽穀。舊運河，淤。四鎮：楊劉、安平、南穀、新橋。二驛：舊縣、銅山。**平陰** 簡。府西北百九十里。明屬東平。雍正十二年來隸。西：郜山。西北：榆山。西南：黃河自東阿入，右合錦水，逕城西北，又東入肥城。其肥河入東南，合柳溝泉，折南，入東平。西北：趙王河，自東阿入，分入肥城、長清。古黃河，堙。鎮：滑口。

**武定府**：繁，難。隸濟東泰武臨道。初沿明制，永樂初改金棣州曰樂安，宣德初，平漢庶人，改曰武安。國制爲濟南屬州，領縣三。雍正二年直隸。十二年爲府，置附郭，降濱並所領利津、霑化、蒲臺及濟南之青城、商河來隸。西南距省治二百里。廣二百八十里，袤二百七十里。北極高三十七度三十四分。京師偏東一度十三分。領州一，縣九。**惠民** 繁，疲，難。倚。明初省入州。雍正十二年復。南有黃河左瀆自濟陽入，逕清河口，西入濟南。徒駭自商河東逕聶索鎮，與清河經永利、支角西亦入濱。又北，沙河、商河分入而合，通曰沙河，逕鍾家營、陽信，右得惠民溝，又西北，鉤盤入。**青城** 簡。府東南六十里。雍正十二年自濟南來隸。黃河右瀆自齊東入，逕董溝東入濱。有田鎮。**陽信** 疲。府東北四十里。西南：鉤盤自惠民入，逕紅廟莊，一曰信河，縣氏焉，東北入霑化，涸。沙河錯入仍入之。有欽風鎮。**海豐** 簡。府東北六十里。西北：騮山。海，東北百五十里，爲大沽河口，與直隸鹽山接。有巡司。鬲津河逕馬谷山入，又東南，月河口。馬頰河自慶雲逕街東鎮入。其故道堙。今馬頰，唐所開。又東南，石橋口。至霑化，鉤盤錯入仍入之。有分水鎮。**樂陵** 疲，難。府西北九十里。西北：鬲津河，自直隸寧津入，錯南皮復入，入鹽山。西南：馬頰，自德平入，東北逕興隆鎮入慶雲。古鉤盤，水經注屯氏別河，逕樂陵故城北，北瀆逕重合定縣故城南，並堙。

舊縣鎮，明置巡司，廢。商河　繁，疲，難。府西南九十里。古商河，北十五里。水經注「逕朸縣故城南」，實沙河，今圖誤。鈎盤自德平入，洄，而沙南徙，西首臨邑界，逕城南。南有徒駭，即古黃河，及其支津商河，自濟陽入，並東入惠民，而商與沙合。寬河鎮。濱州　繁，難。府東九十里。雍正二年直隸。十二年復將所領蒲臺、利津、霑化割。西南：黃河，自惠民、青城入，屈東北，錯蒲臺，復緣界故道左出，與合右瀆仍入之。徒駭自惠民入，左合沙河，洄。迤東北入霑化。利津　繁。府東百五十里。海，東北百六十里。西與霑化接。西南：黃河，自濱、蒲臺入，側城東北，入爲牡蠣嘴。豐國鎮有巡司。霑化　難。府東北七十里。海，北少東百里。西與海豐接。西有鈎盤河自陽信入，錯海豐復入，又東南大洋口。西南：徒駭，自濱入。鎮：永豐，久山有廢巡司。蒲臺　疲，難。府東少南百二十里。雍正十二年自濱來隸。西有黃河自濱入，逕城南，又東北，左瀆仍緣濱合故道入利津。龍湖。鎮：龍混。

臨清直隸州：　衝，繁，難。隸濟東泰武臨道。初沿明制，爲東昌屬州，領縣二。乾隆四十一年直隸，割武城、夏津、丘還隸，而館陶還東昌。東南距省治百十里。廣百五十二里，袤百三十里。北極高三十六度五十七分。京師偏西三十六分。領縣三。東有運河自清平入，逕城南，西南衞河自館陶來會，是爲南運河，亦通曰衞河，貫城而北，擅屯氏故瀆，入直隸清河。古黃河，東北自館陶入，歧爲沙河，並入夏津。王家淺巡司。清源、渡河水驛。武城　衝，繁。府北少東一百里。南有衞河自夏津入，逕城西，折東北，復會沙河，錯恩復入，入直隸故城。舊有一字、黃蘆、五溝諸水。縣卑淖，金末艾家凹水濼，廣數十里，深一丈。漢復陽故城，今饒陽鎮。甲馬營巡司，又驛。夏津　疲。府東少北四十里。北：孫生鎮。西有衞河自州入，再錯直隸清河入，入武城。舊有沙河自州入，東有古黃河、馬頰，並自清平入，入恩。丘簡。府西南八十里。漳河，此順治九年自廣平平固店直注者，非古漳故道。二並自直隸曲周入，一逕城西，至宋八疃仍入之，一逕城東，至柳疃入清河。

兗州府：衝，繁，難。總兵，兗沂曹濟道治所。初沿明制，領州四，縣二十三。雍正中，沂、曹、濟寧、東平，濟寧直隸。先後割縣十三分隸，而東平降割泰安。東北距省治三百二十里。廣五百十里，袤二百六十里。北極高三十五度四十二分。京師偏東三十四分。領縣十。滋陽衝，繁，難。倚。嵫山，西北三十里。東有泗水，自曲阜入，至金口壩，歧爲府河，貫城而出，左得十四泉，入濟寧，實珠水正渠，又南，左合沂水、蓼水入鄒。西北：漕河，自寧陽入，左合漢馬，右洸河，亦南入濟寧，洄。故城驛二：昌平、新嘉。鐵路。曲阜簡。府東三十里。東：防山。又東：戈山。泗水自其縣入，右合崳水及石門山水。東南：沂水、蓼水，自鄒入。沂逕城西南而分流，得右洙、左雩，復合蓼，逕北店邨而分，一仍入鄒，一與泗、沂並西入滋陽。古者洙北、泗南，今互易，蓋自後魏亂流始。泗故道，孔林夫子墓南。濟運泉二十有八。鐵路。寧陽簡。府北五十里。寧山，北十八里。西：水牛。西北：鶴山。東北：告山、壽山。南：鳳山，淄水出，北逕魯成邑北，入泰安注汶。汶復緣界逕漢汶陽至剛故城，洸水出焉，所謂「汶爲闡」，與漕河、漢白馬並南入滋陽。正渠復逕春城口入東平。青川驛。鐵路。鄒衝，繁。府東南五十里。東南：繹山。相近紅山，實鳧山。北沙河出，與白水河並入滕。南：昌平，而岱脈南馳寧陽、曲阜。入東北六里，曰尼山，其西南昌平有鄉，孔子生焉，故屬曲阜。今山南長莎邨相近四基西麓，孟子墓在焉。沂水導源尼山，西與蓼水並入曲阜，注泗。泗復自滋陽入，西北錯濟寧復入，入魚臺。蓼水亦復入，會溪湖水，爲白馬河，合大沙、紅溝河，從之。咸丘。縣丞駐辛莊。驛二：邾城、界河。鐵路。泗水簡。府東少北九十里。東北：歷山、龜山、陪尾。有桃墟，泗水出，其北關山，洙水出，逕卞故城而合。南，姑蔑郚城。又西，左合黃淵、右金綫諸河，入曲阜。濟運泉八十有七。滕 衝，繁，疲，難。府東南百四十里。東南：桃山。狐駘自嶧入，逕微山湖，右有許由泉，自嶧入，爲南明河。薛河逕昌慮南，石橋泉逕薛城注之，再錯出江蘇沛縣。漷水出東北沭山，逕藍陵、祝其、合鄉故城，合南梁水、趵突入沛注之，復入，右合三里河，北沙河自鄒入，夾休城，其白馬河入合界河爲郁郎淵注之，又西北入魚臺。東北：小沂水，入費，而昭陽湖堙。鎮：安平、南穀、陶陽，別有夏鎮。迦河，通判駐。驛二：滕陽、臨城。嶧 衝，繁，難。府東南二百六十里。北：君山。相近車梢峪，氶水出焉，曰滄浪淵，會許池泉，逕葛嶧山，合金注河，其南茅茨、仙人河。東南，運河自江蘇邳州入合之，又北逕微山湖、南陽湖入滕。乾隆中濬伊家河。濟運泉十有四。萬家莊水驛。汶上 衝，繁，難。府西北九十里。東北：太白山、坦山。西南：趙王河，自鄆城入，入嘉祥。北有汶水，自東平入，受濼澢諸泉、蒲灣泊水，曰魯溝，西南擅鵜河故瀆，注南旺湖，濟運運河，遂東南入嘉祥達濟寧，西北入東平達臨清。湖東接蜀山湖，北馬踏湖，並水經注汶左二水，逕東平陸故城北，漢縣，古厥國，入茂都澱。柴城鎮。南旺、馬邨二集，並縣丞駐。新橋、開河二水驛。陽穀 衝，繁，疲，難。府西北三百里。南有黃河，自范入，錯壽張入。運河入，逕東阿故城，有阿澤，又北入聊城。西：徒駭河故道，自范入，錯朝城，莘，再入，入聊城。鎮：安樂。阿城，縣丞駐。壽張 疲，難。府西北二百四十里。東南：梁山，舊有濼。西南：黃河，自陽穀入，仍錯出復入，入東阿。其北，運河，自東阿錯入仍入之。有張秋鎮。其南沙灣、沮河並入鄆城。有竹口鎮。

沂州府：衝，繁，難。隸兗沂曹濟道。初沿明制，爲兗州屬州，領縣二。雍正二年直隸。十二年爲府，置附郭，降莒及所屬蒙陰、沂水、日照來隸。西北距省治六百六十里。廣五百二十里，袤五百十里。北極高三十五度九分。京師偏東二度十二分。領州一，縣六。蘭山衝，繁，難。倚。西南：寶山。東南：馬陵。北：大柱。沂水自其縣入。蒙山河入爲汶水，逕鐵角山，納小河，又南逕魯中丘故城王祥墓右，合孝感河，至府治東北，右納小沂及胭脂河，又涑支津，其正渠逕勃莊南，爲蘆塘河。沂水又南逕龍塘口，右歧爲武河，其東白馬河。東北：沭水，自莒入，右合溫泉水，右武陽溝，再入郯城，而武河、蘆塘河錯郯城復入而合。又東，西泇河自費入，並南入江蘇邳州，而西泇右納別源巨梁水，復歧爲夾山河，分入嶧芙蓉湖。鎭：長江、羅滕。青駝寺巡司。楊家莊、徐公店二驛。府屬沿海墩臺二十有八。郯城衝，繁，難。府東南百二十里。東北：羽山、蒼山。沭河自蘭山再入，逕城東北，右得墨河故瀆焉，環城南入宿遷。又南，逕馬陵山，西至紅花埠，又西，白馬河入逕城西，並入江蘇宿遷。又西，沂水入，入邳州。又西支津武水入，又西，蘆塘河入，合燕子河，右歧爲鴨蛋河，入邳。正渠又南與武水仍入之。大興鎭，通判駐。舊置沂郯海贛同知，乾隆三十八年改。又磨山有廢巡司。紅花埠驛。道平、解邨廢驛。費簡。府西北九十里。西北：蒙山。西南：南城。西北：聰山，浚水出，即地理志「南武陽冠石山治水」，應劭曰「武水南逕古顓臾」。右納小淮水，一曰小沂，又東南逕萬松山，右合祊水，至鐘山。左合洪埨、蒙陽、紅衣諸河。東南：旗山，東泇出。西南：抱犢崮。南：大沭崮，涑水出，西泇水出，並入蘭山。鎭：毛陽。關陽、平邑二巡司。莒州簡。府東北九十里。雍正二年直隸。十三年降削所領沂水、日照、蒙陰。北：七寶山。東：觀山、盧山。南：焦原。西：浮丘，有莒子墓，或誤浮來。有寺曰定林，因譌爲二山。西北：洛山。水經注濰水導源濰山，東南逕屋山，漢箕縣故城。今合南源瓦屋山水，折東北，逕仲固山，右合析泉水。其東浯水，地理志、說文，出靈門壺山，逕漢姑幕故城，並入諸城。其西沭水，自沂水入，合華洛、袁公水，側城東南，左納鶴水、潯水，右合黃華水、馬溝河，至道口入蘭山。東南：石河，地理志夜頭水，入日照。其西柘汪、朱汪、青口三河入，並入江蘇贛榆，達于海。葛陂水，堙。十字路鎮。石埠集有巡司。沂水衝，繁。府東北百二十里。西：龍山。西南：靈山。東：峨。西北：雹山。北：沂山。其連麓大弁，沭水出，東南逕楊家城子注邳鄉南。左合大小峴、箕山水，逕孟母墓。莒西北，沂水自蒙陰入，左合螳螂河，東南逕蓋故城，水經注左合連綿、浮來、小沂水，至城西北，左納雪山、英山河，右合閻山、時密水，至河陽集，右納東汶水，入蘭山。其西蒙山河，自蒙陰入，復分支入費。縣丞駐東里店。垛莊巡司，又驛。蒙陰衝。府西北二百里。南：蒙山。東北：盧崮、具山。西北：敖山。北：兩縣。沂水三源，鄭氏主中源，出沂山，班氏主東源，出臨樂山，桑氏主西源，出艾山，逕龍洞山而合，東入沂水。其北魯山，螳螂水出。西南：五女山，桑泉水出，屈北逕城南，左會巨圍、堂阜，右叟崮水，又東，俗曰汶河，右合桃墟河，古蒙陰水，逕鐵城東北，盧川水會金星梓水，再錯沂水復入，合著善河，自左注之，又東南入沂水。黑龍寨。紫金關有巡司。日照簡。府東二百四十里。西北：崑山。西南：矮岐。北：會稽、白石。南：觀山、煙臺。海，東南五十里。東北自諸城以南為石臼口，納潮河。又南，夾倉口，傅疃河合伐莊河、固河入。又南，濤雒口、漲雒口、嵐頭山口。折西為狄水口，納石河。故安東衞在焉，有巡司。西有潯水，水經注「出巨公山」，俗黃墩河，其北鶴水，並西入莒。北有濰水，自莒錯入，東入諸城，洪陵河從之。鎮三：濤洛、夾倉、石臼。巨峰寨。

曹州府：繁，疲，難。隸兗沂曹濟道。總兵駐。初沿明制，為兗州屬州。雍正二年直隸，仍領縣二。八年，鉅野、嘉祥自兗割隸。十三年為府，置附郭。降濮並所領縣三，又割兗之單、城武、鄆城來屬；而嘉祥還舊隸。東北距省治五百八十五里。廣百九十五里，袤二百八十里。北極高三十五度二十分。京師偏西五十一分。領州一，縣十。荷澤繁，疲，難。倚。黃河自直隸開州入，其南瓠子故道。水經注，東至濟陰句陽爲新溝。城南：灉河。又南：北渠、泲河。水經注，北泲東北逕煮棗城南、冤朐北、菑都南。冤水，今大𤃡溝。有沙土集巡司。單繁，疲，難。府南一百五十里。明洪武二年降單州爲縣，屬濟寧。十八年改屬兗州。雍正十三年改隸。東：棲霞山。西南：大陵山。南：黃河，自河南儀封縣界流入縣南，東流入江南碭山縣界。東：古漷河流入金鄉縣，湮。鉅野繁，疲，難。府東一百四十里。明洪武初，縣屬濟寧。十八年屬兗州府濟寧州。雍正二年分屬濟寧州。八年改隸。東南：高平山，山出蜂石，石片上結成形，有酷肖者。其東北：白馬山。東南：獨山、麟山。鉅野澤在縣北五里，亦曰巨澤，濟水故瀆所入也。元末爲沙水所決，遂涸。東北：運河。東南：會通河。西南有故黃河，堙。有通濟閘閘官。鄆城簡。府東北一百二十里。明洪武十八年屬兗州府濟寧州。雍正二年分屬濟寧州。八年屬兗州府。十三年改隸。東北：獨孤山。東：金綫嶺。黃河東北流，逕鄆城西二十五里，有黃河故道。灉河自直隸東明縣流入，東北經鄆城，西南入壽張縣界。古濟二水合流，北逕鄆城，南流入東平州界。城武簡。府東南一百十里。明洪武四年屬濟寧府，尋改屬兗州府，以城武爲武成。雍正十三年改隸。明正德十四年，縣城圮於黃河，後河決多在城武。南有黃河故道，後堙。黃水自河南考城縣流入，東逕城武縣，南入江南豐縣界。城武東北有黃水枝溝。曹繁，疲，難。府東南四十里。東：青山。東南：景山。北：曹南山，卽禹貢陶丘。古氾水出，與南泲、古黃河、賈魯河並堙，今惟南泡水河，首河南商丘界，東南至青涸集，歧爲漷河，又八里河，入單，而西北柳林沙及南隄、夏月湖、白花諸河並淤。安陵、盤石鎭。縣丞駐劉家口。定陶簡。府東南四十里。東：菏澤，古南泲、北泲匯焉。菏水出西陶丘西南七里，南泲今南渠，中渠今汜故道，逕髣山，北泲合北渠爲瀦水河，並入鉅野，南渠之南柳河，沙河並自曹入，入城武，並涸。濮州繁，疲，難。府北百二十里。雍正八年直隸，領范、觀城、朝城。十三年降，所領削。東：古濮水，堙。西南：黃河。北：金隄河。並自直隸開州入，東北入范。東南：趙王河，古灉水，自鉅野入，入鄆城。古清河卽泲水，今黃河卽魏河，實濮渠，亦北泲，其所合西無名洪河，亦堙。有瓠河鎭。范簡。府東北百六十里。范水，堙。西南：黃河，自濮入。水經注「逕范秦亭西」，春秋築臺於秦。又東逕委粟津，其金隄入逕城南，並入陽穀。鎭：安定。觀城簡。府北百七十里。南北引河，首直隸清豐界，逕城東，分入朝城，涸。夾隄河，首縣西馬陵隄下古龍潭，入杜家河，東北至櫻桃園入范，下至朝城入漯。沙河首角四池，北逕馬廠入朝城，下至莘入漯。浮河自直隸開州入，至朝城入河，堙。有武鄉鎭。朝城簡。府北二百十里。古漯水，亦武水故道，自西南楊家陂逕雁翎鋪入陽穀，合夾隄河、石人陂水，入莘合沙河，下至聊城入運，堙。南北引河舊自觀城入，夾城東西，分入陽穀、莘。馬頰自直隸元城入，此唐篤馬，非禹跡也，東北入莘，下至堂邑入運，並涸。

濟寧直隸州：衝，繁，難。隸兗沂曹濟道。運河道駐。明，兗州屬州。雍正二年直隸，仍領嘉祥、鉅野、鄆城。八年仍降屬兗州。乾隆四十一年復，割汶上、魚臺並嘉祥來隸。尋以嘉祥易汶上。東北距省治百八十里。廣百四十里，袤百八十里。北極高三十五度三十三分。京師偏東二十八分。領縣三。南：承注山。西南：緡雲。西北：運河，自嘉祥入，左受蜀山湖、馬場湖，府、洸二河自滋陽分入匯焉。逕城南，又東南逕南陽湖，左納泗水，入魚臺。泗復歧爲新泗，錯鄒復入，合白馬河。西：趙王河，自嘉祥入，東南逕王貴屯橋爲牛頭河，又合長濬，納蔡河，並入魚臺。趙王，古黃河北泲，長瀆，河水南泲。有魯橋鎮。金鄉 簡。府西南百里。明屬兗州。乾隆四十五年來隸。金鄉山，西北三十七里，隸鉅野陽山。西：萬福河，自鉅野入，右會西溝，屈東北，左合柳林河，又東逕蘇家橋，右通淶河自單入，合東溝，並東入魚臺。左通蔡河自嘉祥入，入州。柳林，古菏水，卽泲也。嘉祥 簡。府西五十里。城南：澹臺山。東南：武翟。西南：遂山。東北：南旺湖，運河自汶上入逕之，入州兩蹋焉。其趙王河入西北逕萬善橋，左合牛頭河。西南：南清河自鉅野入，左合姚河，至城南爲澹臺河，東南並入州。其金山河入爲蔡河，東入金鄉，涸。魚臺 衝，繁，難。府南百十里。東北：黃山、平山、獨山。有湖一，曰南陽。運河自州入，左合新河，受之。牛頭河入。西北，淶河、柳林河，自金鄉入，合爲新開河來會。又東南，並入滕。而牛頭支津南入泲後，又有東支、西支河，自豐入焉。南陽鎮。河橋水驛。

登州府：衝，繁。總兵駐。登萊青膠道；今徙煙臺。明，領州一，縣七。雍正十三年，裁所轄四衞，置榮成、海陽。西南距省治九百二十里。廣五百六十里，袤三百五十里。北極高三十七度四十八分。京師偏東四度三十六分。領州一，縣九。蓬萊 衝，繁。倚。東：朱高山、九日。東南：羽山、龍山、金果、馬山、丘山。府治三面環海，運船駛焉。西北自黃迤東爲欒家口、西山口，又東丹崖山，古蓬萊島，水城環之，黑水入。又東抹直口，沙河入。灣子口，安香河入。迤東南解宋營口、平暢口，至福山界，時家河從之。西南：崮山河入黃。其欒家口西北：大黑山島、北沙河島，東北：長山島，南北隍城島。有驛。黃 繁。府西南六十里。黃山，南二十里。又南，石城。東南：萊山、掇芝。西南：盧山。北、西際海，西自招遠迤東北，界首河、隋家疃河入，至龍口，納呂家疃河。其西，姆屺島。又東，納潁門及南欒河。其外，依島、桑島。又東，黃河營口，納楡林及莊頭河，至蓬萊界。馬停鎮。黃山館巡司。龍山、黃山館二驛。福山 衝，繁。府東少南二百三十里。福山，西北五里。又西北，磁山，古牟山。東南：蛤蠦。西南：迷雞、青石。海，北十餘里。自蓬萊迤東爲八角口、浮瀾口，其時家河又東，古縣河入，至縣北，納清洋及大姑、道平河。之罘島卽轉附。又東，烟臺，明奇山所，今東海關，同治二年，登萊青道徙駐。奇山所巡司，孫夼鎭廢司。商埠。棲霞 簡。府東南百五十里。西北：艾山。北：白山。東：岠嵎，卽書嵎夷，地理志「腄有居上山，聲洋、丹水所出」。今靈山，丹今清陽，西逕翠屏山，屈東北，左納清漣水。其東大姑河自萊陽入，右會安濬河從之，入福山。聲洋今楊础河，南逕釜甑山，會西源郭落山水。其西方山，縣河出，左會觀裏河，其東蛇窩河、陶漳河，並南入萊陽。西北：楡林河，入黃。招遠 簡。府西南百四十四里。東北：羅山。潁門河出雲屯。西南：齊山。北：烏喙城。東：滾泉。西北際海，自掖迤東，萬盛河入。又東，東良河口，界河入，至黃界，其東徐家疃，潁門及南欒河並從之。其南：會仙山，大沽河亦古治水，入萊陽。西南：萬歲河，入掖。萊陽 衝，繁。府南二百五十里。地理志「長廣有萊山」，今旌旗北三十里。東南：昌山。西：長清。東：倉山、福阜。西南：高麗。東北：三螺，大姑河出，入棲霞。南際海，西南自卽墨迤東爲五龍口。東北：陶漳河，自棲霞入，至城東南，右會楊础、蛇窩、觀裏河，又南，右合九里，左會昌水河，爲五龍河，山以氏焉。折東南，逕浮山入之，東至海陽界。西北：大沽河，自招遠入，右合夼裏河，左合平南、東良河，西南分流。其東吳姑河，其西小沽自掖緣界並入卽墨。縣丞駐姜山集。寧海州 衝，繁。府東少南二百六十里。順治十六年省寧海衞入之。東：盧山、九佛。東南：大崑崙。西南：鐵官。東北：金山。南北際海。西北有福山；迤東爲龍門港口，辛安、七里河入。其外栲栳島。又東，戲山口，沁水河入，至小河口，龍泉河入，至文登界。西南自海陽迤東爲浪煖廢口，黃壘河入，亦至文登界。西南：安濬河，入棲霞。瀩港、夏村局河並入海陽。湯泉鎮。文登 衝，繁。府東南三百三十里。雍正十二年省威海、靖海二衞入之。城東：文登山。西：紫金、綠山。東南：斥山、石門、牛仙。西南：馬鞍、昆山。南北際海，西北自寧海迤東爲鹿門口，羊亭河入。又東，楮島。其內，威海衞。衞東，劉公島。折南至榮成界，招阜河從之。西南自寧海迤東爲姚山口，木渚河匯送駕、古橋諸河入。古橋合小河，古昌水，漢故昌陽在焉。又東，望海口，高郵河入。其南，靖海衞。衞北，鐵槎山。其西，五壘島。其東南，蘇門島。東北，延眞、琵琶島。溫泉鎮。文登營。威海、靖海二巡司。榮成 簡。府東四百六十里。明洪武置成山衞及尋山所。順治十二年，所省入。雍正十二年改置。成山，東三十里。其麓召石，即朝儛。南：龍山。西南：澤山。三面際海，北自文登而東爲渤海青島，納柘埠河，不夜河亦入焉。有雞鳴島。又北，東海驢島，爲龍口、崖口。迤西南，榮盛澳。西南：尋山所，納沽河爲卸口。又西南，寧津所。其南，鏌鋣島，至文登界。鹽灘石島巡司。租界。海陽 簡。府東南二百二十里。明洪武三十一年置大嵩衞及海洋所。順治十二年省入。雍正十二年改置。東：峌嵎山。西：昌山。北：嵩山、林寺。西北：觀山。海，城南二里，自萊陽而東爲沙家口，白沙河入。有魯島、牙島。又東，紀疃河入。有泥島、土阜島。至城南，爲老龍頭，納漩港河入，爲劉格莊河。其東，草島嘴。其南，千里島。又東北，大小竹島、小青島。乳山口納夏郵河、局河。又東，綿花島。又東北，宮家島、腰島，至寧海界。西北：觀山，古觀水出，俗廢。發城河，今入萊陽。行郵寨有巡司。

萊州府：衝，繁。舊隸登萊青膠道。明，領州二，縣五。光緒三十一年，膠直隸，割高密、即墨。西距省治六百八十里。廣二百九十里，袤四百三十里。北極高三十七度十分。京師偏東三度四十二分。領州一，縣三。掖 衝，繁。倚。掖山，東二十里，今大基，掖水出，逕城南，合三里河。又二十里，崮山。西北：斧山。

府北際海，西北自昌邑迤東爲海滄口，其膠萊北河入，有土山，迤東泥河入，古過國在焉。又東，白沙、英郚、果郚河、掖水、淇水、蘇郭河入。又東，太平灣口，龍王河入。有小石島。其西，芙蓉島、古傅巖。其東，三山島口，納萬歲河。其西岸，萬里沙。又東，朱橋河入，至招遠界。地理志「曲城陽丘山，治水出」。左傳尤水卽小姑。其西，朱東河，並入平度。沙丘城。海滄鎭。縣丞駐朱橋。柴胡、滄海二廢司。飛霜驛。**平度州** 簡。府南百里。雍正十二年削所領濰、昌邑。東：六曲山。北：公沙、天柱、大澤。明堂，白沙河出，南逕魚脊山，至分水口，東爲膠萊南河，左合雲河、落藥河，入州。東北：小沽河，自掖縣界合朱東河，墨水從之。西爲膠萊北河，緣界合現河、龍王、韓郚、藥石河，西北入掖。二鎭：亭口、灰埠，州同駐，又驛。**濰** 衝，繁，難。府南少西二百五十里。西南：程符山。西：黑山。海，北百里，自壽光而東，堯丹河入。其桂河入，會大於、白狼，及孝義河入。又東至昌邑界。東南：塔山，溉水出。又東，寒泥河、瀑沙、浮塘、張固河。又東，濰水，自安丘緣界，左合汶河，並入昌邑。固底鎭巡司。古亭驛。**昌邑** 衝，繁。府南百十里。城東：東山。南：陸山。海，北五十里，自濰而東，其寒泥、瀑沙、浮塘、張固四河並入焉。又東，安丘、濰水入。又東，膠萊北河自平度緣界，逕密阜。其西，漢故下密密鄉在焉。又北，逕狗冢山，合媒河入，至平度界。夏店驛。鐵路。

**青州府**：衝，繁，難。登萊青膠道治所。副都統駐。領安東衞，州一，縣十三。雍正中，莒直隸，割蒙陰、沂水、日照，尋降並屬沂，增置博山。乾隆七年衞省。西距省治三百三十里。廣二百七十五里，袤三百九十里。北極高三十六度四十五分。京師偏東二度十二分。領縣十一。**益都** 衝，繁，難。倚。東：箕山。西：金山。西北：堯山。西南：淄水自博山入，右合仁河，東北逕稷山，其西時水，並入臨淄。又西，澇淄河，入新城。西南：石膏山，與城南雲門並，卽逢山。水經注「洋水出其東南，入臨朐」者。石溝水亦曰石膏，其東北貫城者曰南陽水，右合建德水，東南巨洋水，今洱河，自臨朐入合之。折東北，右納康浪水、洗耳河、堯水，其西躍龍河，地理志「爲山，濁水出」，俗北陽河，逕高柳郜，並入壽光。縣丞駐金嶺鎭。青社驛。

博山簡。府西南百八十里。明兵備副使治所。雍正二年改置，割淄、萊地益之。博山東南五十里，岳陽城。東：荆山。西南：原山；長城嶺，隴水出，水經注「古袁水」，合白洋河，北逕城西，合倒流泉、沙溝河入淄川。南有淄河，自萊蕪入，東逕石馬山、萊蕪谷，迤北，右合泉河，聖水，出金雞山口，入益都鎭。

臨淄簡。府西北五十五里。西南：弇中峪。西：葵丘。南有淄水自益都入，水經注，逕牛山西，其北營丘，東得天齊水口，又北逕管仲墓，至城東，逕雪宮西高敬仲墓東入樂安。西南：時水自益都分入而合，北逕杜山，右合澅水及系水、京水，又北折西，一曰烏河，卽乾時，入新城。西北：澠水，亦漢溱，分入樂安、博興。周禮「其浸菑時」。東南：鼎足山，地理志「菟頭，女水出」，北逕故酅亭，伏，至漢東安平故城復出。

博興簡。府西北百十里。西南：小清河、支脈溝自高苑入，並淤。今自馬踏湖納新城滂淄水，左得小清故道，故亦曰小清河。又東爲會城泊，水經注「平州坑右納漢溱」，卽澠水，出爲預備河，並入樂安。治城河，堙。有純化鎭。

高苑簡。府西北百五十里。南有小清河，自新城入，至軍張閘，右得故道，左爲支脈溝，俗岔河，東入博興。田鎭，橫所居。

樂安衝，繁。府北少東九十里。海，東北百三十里，自利津迤東南爲淄河口，有小清、支脈溝自博興入之。一故道至壽光界，今小清入。西北其富民河亦入焉，右會淄水，緣其界，其女水入，分流折東並入之。西南：澠水自臨淄錯入，亦仍入之。樂安、高家港鎭。塘頭寨。

壽光衝，繁，難。府東北六十里。海，東北百四十里，自樂安迤東南爲淄河門。西南：清水泊，古鉅定，有鹽城，匯益都躍龍、王欽、北陽河，臨淄女水、小清古泲瀆。又東南，洱河口水，南自益都入，逕劇故城，古紀國，又北逕黑家泊，又東南至濰。東南：堯河，亦自益都入，逕故樂城。南丹河自昌樂入，逕斟灌國。其桂河入，逕故樂望。廣陵、侯鎭。臨朐 簡。府南少東四十五里。朐山，東二里。西：逢山。東南：大弁。西南：八旗、嵩山、大峴。其關一，曰穆陵，有巡司。地理志，朱虛東泰山，今沂山，汶水出其東，東北左合英山水，入安丘。其北盧水、西丹水並從之。巨洋水出其西北，逕月明崖，右合龍門、南丹，左略逸、冶泉，逕城東，又北逕委粟山，左納石膏水，入益都。其東康浪水、洗耳河、堯水從之。安丘 繁，難。府東南百六十里。安丘山，西南十五里，卽今牟山，所謂牟婁，古牟夷國。又西南：劉山、峿山、書院。東北：擔山。南有峿水，自莒入，左合淇河、雹泉河，東入諸城。東南：濰水，自諸城入，逕礪阜山，左合小峿水，側有蓋公山，又北緣昌邑界復入，逕岞山入濰。汶水西自臨朐入，左合金山，右合牛沇山水，水經注「東北逕漢故郚城北、管寧冢東、孫嵩墓東、柴阜山西」，今右合靈水，又側城東北逕漢故淳于，從之。鎭：李丈。景芝，縣丞駐。昌樂 衝，繁。府東七十里。東：弧山。南：喬山。東南：叢角，小汶河出，入安丘。塔山，水經注覆甑，溉水出。其西，孝義河。西南：擂鼓，白狼河出，東逕後魏故營陵。東南：方山，虞河出。並入濰。其北麓，桂河出，其西麓，東丹水出，西丹水自朐來入會，逕北郝集，丹朱墓在焉。其西：堯水，自益都緣界，並北入壽光。丹河鎭。鐵路。諸城 衝，繁，難。府東南二百八十里。東南：琅邪山、雲母、烽火。南：黃山。西南：馬耳；九仙山，潮河出，會北源石河峪水，逕故梁鄉，入日照，達于海。海又東爲宋家河口，距城百二十里，黃山河入。又東，徐家港，紀里河納白馬河入。又東，崔家溜口，東南橫河東源自膠入，會西源入。其外，沐官島。又東，鴨島。迤北，齋堂島。又北，龍潭口；琅邪臺在焉。至莒界，濰水入。西南：涓水，納白納河，自其右注之，左納西商溝河。又東逕白玉山，右合扶淇水，至城北。折北，右合盧水，地理志「横故山，久台出」。密水，逕巴山入高密。其東五龍河，其西長干溝，又西浯水自安丘入，逕漢故平昌，合荆水，並從之。信陽、龍灣、普慶、芝盤鎮。南信巡司。蘗溝驛。

膠州直隸州：衝，繁，難。明，萊州，領縣二。雍正中降，省靈山衞入之。光緒三十一年直隸。西距省治百里。仍所領。南：艾山、珠山、崆峒。東暨南際海，自卽墨迤西南爲蔴灣口。北有膠萊南河，自平度入，西南膠河自諸城入，右合西源望蕩山水，逕漢故祝茲，錯復入，逕金梁鄉鎮，漢祓侯國，卽東黔陬城。又逕西黔陬，左合周陽河，錯高密，合張奴水復入，逕都濼。又東南，右合碧溝，至夾河套，左會沽河。又南守風灣、雲溪河、洋水，又南黄山島、淮子口，迤西薛家島、靈山島。其北岸靈山衞，衞北徐山，又西柴湖蕩口、湘子門口，至諸城界蔴灣、女姑口，外爲膠州灣。光緒二十三年德人租之。鎮：古鎮、逄猛。夏河寨。靈山巡司。鐵路。高密 簡。府西南一百二十里。南：王子山。膠河自州入，右合張奴水，逕都濼仍入之。北：膠萊北河自平度緣界，納五龍河仍入之。側有百脈湖，涸。西南：濰水自諸城入，左合張洋河，左長干溝，又西北逕礪阜，鄭康成墓在焉。左納浯水，入安丘。鐵路。卽墨 衝，繁。府東南二百五十里。東南：不其山、勞山。西南：天室。西：高鞍。東及南際海，東北自萊陽入，爲周疃口。其內鼇山廢衞。迤東南，栲栳島。巡司二。又南，田横島、嶗山口。又西，女姑口匯海口，遠西河入。其外膠澳。又西，赤島。西南：青島，至州界。北：孟沙河入平度注姑河。姑河復緣界入州，流浩河從之。

# 清史稿卷六十二

## 志三十七

## 地理九

### 河南

河南：禹貢豫及冀、揚三州之域。明置河南布政使司。清初爲河南省，置巡撫。雍正二年，升陳、許、禹、鄭、陝、光六州爲直隸州。十二年，升陳、許爲府，鄭、禹仍屬州。乾隆九年，許復直隸。光緒末，鄭復直隸。宣統初，淅川廳直隸。領府九，直隸州五，直隸廳一，州五，縣九十六。東至江蘇蕭縣；六百五里。西至陝西潼關縣；一千三十里。南至湖北黃陂縣；一千一十里。北至直隸磁州。五百八十里。廣千六百三十里，袤千三百九十里。宣統三年，編戶四百六十六萬一千五百六十六，口二千六百八十九萬四千九百四十五。其名山：嵩高、三崤、熊耳、太行。其大川：河水、淮、汴、洛、潁、汝、白、丹、衞、漳。其鐵路：京漢，開鄭，道澤。其電綫：東北達濟南、京師；西，長安。

開封府：衝，繁，疲，難。巡撫，布政，提學，提法司，鹽，糧，開歸陳許鄭，兵備，巡警，勸業道駐。明洪武元年，以元汴梁路改。清初，河南省治，仍領州四，縣三十。雍正二年，陳、許、鄭、禹直隸，割縣十四隸之。延津、原武屬衞輝，懷慶。乾隆中，禹及密、新鄭還隸；河陰省；陽武、封丘屬懷慶、衞輝；儀封爲廳，後亦省。北至京師千五百八十里。廣三百七十里，袤三百六十里。北極高三十四度五十一分。京師偏西一度五十五分。領州一，縣十一。祥符 衝，繁，難。倚。城東北隅：夷山。東北：赤岡。河水自元至元中始，盡歷府境，自中牟緣封丘界，逕黑岡、柳園口入，東入陳留。其賈魯河入，逕朱仙鎭入尉氏，卽蔡故瀆，上游一曰沙水。水經注渠水實鴻溝，而浚水堙。其惠濟河入，逕府治南，亦入陳留。宋都四渠及五丈、白溝河亦堙。吹臺，縣丞駐。陳橋鎭。大梁驛。鄭汴鐵路。陳留 衝。府東少南五十里。東北：潘岡。河水自祥符入，逕小黃故城北，又東入蘭儀。北：惠濟河，自祥符入，逕城北，水經注「沙水逕牛首亭東，魯渠出焉」者。其東，桃河、古渙水，又東，睢水，並汴支津，東南入杞，觀省陂在焉。縣驛一。杞 衝，繁，難。府東百里。西北：惠濟河自陳留入。水經注「逕陽樂城南、鳴雁亭北」。睢水亦自陳留入，逕高陽城，合桃河爲横河，實古滄水，並東南入睢。西南：青岡。河自通許緣界入太康。河水舊逕縣北，故有漢堤、隋堤，自大梁至灌口，卽老鸛河也。雍丘驛。通許 簡。府東南九十里。吳召岡、李大岡諸岡緜亙縣境，河流環之。東南：青岡。河出縣西北，下流爲燕城河，入太康。北：雙溝，蔡故渠。水經注「沙水逕裘氏亭西，澮臺子羽冢東」者，牛截河出焉，西南入尉氏。縣驛一。尉氏衝。府西南九十里。城內：尉繚子臺。東：錦被岡。西南：三亭岡。城南：五鳳山。東北：賈魯河自祥符入，右合康溝及大溝新河。水經注「長明溝逕向城北、尉氏故城南，三分」者。至白潭鎮，左納牛截河，東南入扶溝。縣驛一。洧川簡。府西南百五十里。東：東里。東南：赤坂岡。西：雙洎河，即洧水，自長葛入，左合蟄龍復受清河、大沼水，逕新汲故城考升廟北，大隧澗在焉，迤東入鄢陵。縣驛一。鄢陵難。府西南百九十里。北：彭祖岡。東北：彪岡。雙洎河自洧川入，逕彭祖岡，東南入扶溝。南：艾城河自臨潁緣界，右會石梁爲流潁河，逕陶城入西華。城南：文水，又南，三道河，達太丘城。縣驛一。中牟衝，繁。府西七十里。北：牟山。西南：馬陵。西北：圃田澤。河水自鄭入，逕楊橋口，又東，黃練集。賈魯河入，合龍鬚溝，隋志鄭水。又東，右合鴨陂水，至縣西。乾隆六年濬爲惠濟河。正渠又東逕官渡城，又東南，右合糞陂，古末水，丈八溝，焦城在焉，古清池水，並入祥符。自周定王五年河南徙，邑沮洳。明萬曆中，令陳幼學濬渠百九十有六。縣境潁河，有管河上汛縣丞、下汛縣丞駐。曲遇聚、白沙、東張、楊橋四鎮。城驛一。鄭汴鐵路。蘭封衝，繁。府東北九十里。明，蘭陽。道光四年改蘭儀。同治二年省儀封廳入。宣統元年復諱改。東北：黃陵岡。西北：河水自陳留入，舊入考城。咸豐五年決銅瓦廂，改東北逕龍門口入直隸長垣。舊賈魯七河壅。陽封，管河縣丞駐。管城驛。禹州衝，繁。府西南二百九十里。明初鈞州，後改。雍正二年升，十二年降屬許州府。乾隆六年還隸。北：大騩山。西南：九山。西北：荆山，小洪河出，入長葛；崆峒、鐵母。潁水自登封入，逕康城陽關聚，左合書堂麻地川。右湧水，逕城南，一曰褚河，入襄城，其西土鑪河，下流並達之。水經注「故瀆逕三封山，有嵎水」。今泉二：上棘、小韓。清潁一驛。密簡。府南二百八十里。清初自禹來隸。

雍正二年復屬禹。乾隆六年復。南：密岵山。西北：開陽。東南：洧水，源出登封馬嶺，東北流，逕縣東南，綏水注之。又東流，溱水注之。又東入新鄭。東南：大騩山，潩水出，其玉女陂從之。東北：聖水峪，聖水出，入鄭鄶城。縣驛一。新鄭　衝。府西二百里。清初自禹來隸。雍正二年復屬禹。乾隆六年復。東南：大騩。潩水自密出山，逕風后頂，又東南，逕陘山入長葛。其北，洧水自密會溱入，曰雙洎河，至城南爲洧淵，又東南，逕土城，左合黃水，右梨園河，亦入長葛，梅從之。水經注「長明溝水出苑陵故城西北，東卽古制澤、西瑣澤，合龍淵泉、白雁陂」者。永新、郭店二驛。鄭汴鐵路。

歸德府：衝，繁，難。隸開歸陳許鄭道。總兵駐。西距省治二百八十里。廣四百七十里，袤三百二十里。北極高三十四度三十二分。京師偏西三十五分。沿明制，領州一，縣八。商丘　衝，繁，難。倚。商丘，城西南三里。又城南四十里，穀丘。河水自宋開寶四年至康熙四年決入郡境者以十數，府治與爲轉徙，南北不恆。咸豐五年後，故道淤。豐樂河出焉，東南入夏邑。古汴水一曰護水，其支津澮河，卽睢水上源，湮。今首縣西北，俗名沙河，歧爲三。北岔入永城。正渠及南岔，與其支苞河、其西陳兩河，自寧陵入，右合沙家窪、冀家河，左合古宋河，並入安徽亳州。沙爲馬尙，南岔爲武家，而陳兩爲清河。大蒙，古景亳。小蒙側有漆溝、孟諸澤。濟陽、葛驛二鎭。縣驛一。寧陵　衝。府西六十里。西：甘露嶺。東北：河水故道，淤。其自睢入西南者曰張公河，逕漢巳吾故城東入柘城。西北：陳梁沙河，俗名陳兩河。長安一鎭。寧城一驛。鹿邑　繁，疲，難。府南百二十里。故城，縣西，古鳴鹿，縣丞駐。東：陰靈山、隱山。西南：橫嶺。西北：惠濟河自柘城入，逕賈灘南。渦水自太康入，錯淮寧復入。南：清水河，渦支津，舊自淮寧入，今首虞詡墓北，逕亳城東南，爲練溝，並入安徽亳州。其清水，南出偃王陂者，茨剌河，右合灌水，會西明河。水經注「自陳城百尺溝東逕寧平故城南」者，入太和，東明河亦入之。谷陽一鎮。縣驛一。夏邑衝，難。府東百二十里。清河自虞城入，左合橫河。西北：豐樂河自商丘入，爲響河，及虬龍河、歧河，並東南入永城。分防夏商永、縣丞駐。會亭一驛。永城衝，繁，難。府東南百八十里。北：碭山。巴清河卽滅水溝，自夏邑入，東南入江蘇蕭縣。東洪溝，自蕭入，仍從之。響河逕太丘故城，合虬龍溝、歧河，爲巴溝河，逕城北，東南入安徽宿州。南：澮河自商丘入，逕建平、酇、費故城北，右合北岔沙河。又東，包河自安徽亳州入，並從之。新興、保安二鎮。太丘一驛。虞城衝，繁。府東北七十里。東北：杜岡、黎丘。河水故道自商丘入，東入江蘇碭山，卽古汴渠。水經注「逕周塢側」者，橫河出焉。南惠民溝，並入夏邑。治平一鎮。石榴堌一驛。睢州衝，繁。府西百里。城西：駱駝岡。北：黃河故道自考城入。明嘉靖十九年決野雞岡，南流者爲張弓河，入寧陵。西：惠濟河自杞入，左合橫河，卽擅其故道，東南入柘城。橫卽睢，睢卽渙。水經注「逕承匡城，又東逕襄邑故城南」者。歸化、重華二鎮。五橋集，州判駐。葵丘一驛。考城簡。府西北百二十里。乾隆四十九年改隸衞輝。光緒元年復。南：葛岡。河水故道舊自蘭封入，東入山東曹縣。咸豐五年北徙。舊有戴水，並堙。斜城、葵丘有驛。柘城簡。府西南九十里。城東北隅：廓山。河水故道二。西北：惠濟河自睢入，逕心悶寺，水經注「睢水歷傿縣北」者，舊納渦支津。北：張弓河自寧陵入，逕牛闘城，會於東南甎橋，東南入鹿邑。又東劉家河，古谷水，卽渙水，水經注「逕鄫城北」者。又古泓水，縣西，並堙。八橋一鎮。縣驛一。

陳州府：繁，難。隸開歸陳許鄭道。清初沿明制，爲開封屬州，領縣四。雍正二年，升直隸州。十二年，升府，並割太康、扶溝來隸，增附郭。西北距省治三百里。廣一百九十里，袤二百十五里。北極高三十度四十七分。京師偏西一度二十六分。領縣七。淮寧 繁，疲，難。倚。明省宛丘入州。雍正十二年，析改爲府治。西北：西銘山、杏岡。北：鞍子嶺，西明河出，逕漢新平故城北。東北：渦水自太康入，並入鹿邑。西南：沙河自商水緣界會賈魯河入，逕趙牛口，納柳涉河，逕新站集，又東南，左納西蔡河，又東南入項城。汾河自商水流入縣西南，又東入項城。東南：東蔡河，入沈丘。周家口在縣西南，賈魯河、沙河交匯於此。縣驛一。商水 簡。府西南七十里。西北：沙河，古渡水，自西華入，逕鄧城，又東，右會潁水，逕叢臺，至周家口。南綰汝、蔡，北轂陳、汴，通判駐。左會賈魯河，逕灌漑城，潁歧渡，緣淮寧界入之。西有汾河，舊自西華入，逕扶蘇城，左合枯河，東逕范臺，右納界溝河，入淮寧。谷陽一鎮。縣驛一。西華 難。府西北百八十里。南：宜山。西：廟陵岡。西南：沙河自郾城入，東逕小陶、夏亭城入商水。渚河卽潁，右合土鑪河，又東北，左納其支津流潁爲合河口，逕叢桑村，又東，左納大浪溝從之。西南：洪河，自上蔡錯入，仍入之。又賈魯河，西北自扶溝入，逕護當城，側城東南入淮寧。柳涉河源自縣東，東南入淮寧。常社一鎮。縣驛一。項城 簡。府南百二十里。河水故道卽今沙河，自淮寧入，逕公路城入沈丘。汾河西北入，逕後魏平鄉諸陂，水經注「逕南頓故城南」者。西有泥河，卽蔡河，自上蔡入，錯汝南復入，逕石橋，並東入沈丘。縣驛一。沈丘 難。府東南百三十里。北：大沙河自項城入，左納東蔡河，逕其北。汾河入爲小沙，左右合谷河、泥河，逕城南，入安徽太和。紙店一鎮。縣驛一。太康 繁，疲，難。府北五十里。北：石山。東北：長白。西北：青岡。河自通許入，爲燕城河，渦水冒爲源，匯白洋諸溝，逕城南，又東南，左合河水故渠，逕馬廠集入鹿邑。槐店，縣丞駐。崔橋一鎮。縣驛一。扶溝 簡。府西北百二十里。西北：雎陵岡。賈魯河自尉氏入，至張單口，左會雙洎河，水經注「洧水逕桐丘城西」，其孟亭故道堙。所謂小扶亭、洧溝，縣氏焉。側城東南，逕大扶城，古渦水出焉。又東南入西華。其西，文水河自鄢陵入，右合三道河，爲大浪溝，逕鴨岡，洧西南故道逕新汲故城西、匡城南，左迤爲鴨子陂者亦入之。白亭、洧陽、固城、呂潭四鎮。縣驛一。

**許州直隸州**：衝，繁。隸開歸陳許鄭道。清初沿明制，爲開封屬州。雍正二年升，仍所領。十二年爲府。乾隆六年復。東北距省治二百五十里。廣九十里，袤百二十里，北極高三十四度五分。京師偏西二度二十五分。領縣四。西南：熊耳山。潩河，今潁水，自襄城緣界入，逕潁陽故城，古許國，東南入臨潁。其古潁水支津石梁河，西北自禹入，左納暖泉河，逕城西。又東南，右合椹澗，其東澮河，即潩水，水經注「逕射犬城」，自長葛入，東至秋湖，曰艾城河。其東洧倉城、其西岸亭，並從之。椹澗、石固二鎮。縣驛一。鐵路。

**臨潁** 衝。府東南六十里。潁水自州入。水經注「逕繁昌故城北」，有鍋甕口，東則棗祇河故瀆出焉。又東南，逕澤城北，古臯鼬，緣郾城界錯西華復入，入西華。其東支津石梁河亦自州入，逕大陵城南、御龍城南，左會艾城河，右合五里河左瀆，入鄢陵。西南：土鑪河自襄城緣界並達之。繁城一鎮。縣驛一。

**襄城** 衝，繁。府西南九十里。城南：首山。汝水西自郟入，左合汜河，水經注「逕西不羹城南」，右納湛河、輝河，入舞陽。東北：潁水自禹入，逕汾丘城，緣州界入之。東北：土鑪河自禹州入，逕李膺墓、白草原，匯爲朱湖潭，一曰乾勒河，左瀆入臨潁。其南瑪瑙河，出縣東，東南入郾城。襄城一驛。

**郾城** 衝。州東南百二十里。東：召陵岡。城南：陘亭。西北：潁水，自臨潁緣界，逕青陵城東入西華。其土鑪河入逕襄城時曲柵，右合瑪瑙河，出乾勒橋從之。西有沙河，即汝水，自舞陽入，逕道州城，至城南，右合澧河、唐河，曰大溵河。

東南歧爲洄曲河，逕沱口鎮五溝營。其故渠自西平入，左合淤泥河來會，入上蔡。正渠折東北，一曰螺灣河，亦入西華。縣驛一。長葛 簡。府西北五十里。西北：延秀岡。雙洎河，卽洧水，自新鄭入，左合梅河，屈東北入洧川。澮河在縣西，上游曰潩水，自新鄭入，后河自西注之。又東南，入許州，曰艾城河。暖泉河自禹入，逕城西南隅，東南入州。鎭五：董村、石相、和尚橋、會河、後河。縣驛一。

鄭州直隸州：衝，繁，疲，難。隸開歸陳許鄭道。明屬開封。雍正二年升，並割其縣四。十二年並還隸。乾隆三十年，省河陰入滎澤。東北距省治百四十里。廣五十三里，袤六十五里。北極高三十四度四十九分。京師偏西二度三十四分。領縣三。西南：梅山。南：泰山。西北：河水自滎澤入，逕花園口，又東入中牟。須索河入，會京水，東逕衍南、祭城北，右合鄭水爲沙河，一曰賈魯河，右合潮河從之。古汴水，禹貢曰灉，春秋曰邲，秦鴻溝，漢蒗蕩渠，東流曰官渡水，曰陰溝，曰浚儀渠。管城一驛。京漢、鄭洛、鄭汴鐵路。滎澤 衝，繁。州西四十里。乾隆三十年省河陰入爲鄉，巡司駐。西北：河水自汜水入，逕敖山，又東廣武滎澤口，又東入州。西南：索水自滎陽入，逕故城，踐土營在焉，右會須水，爲須索河，逕平桃城。其京水緣州界從之。廣武一驛。鄭洛鐵路。滎陽 衝。州西七十里。東南：嵩渚山，一名大周山，水經注謂之黃堆山。其西有萬山、賈峪山、靈源、檀山。諸山皆與中嶽聯體，而嵩渚爲尊。索水，古旃然水，出其麓，轉北逕城東。東南：京故城。西：索氏。所謂「楚、漢戰滎陽南京索間」，屈折東北入滎澤，須水從之。京水達之。索亭一驛。鄭洛鐵路。汜水 衝。州西百一十里。城北：太和山。東南：五雲。西北：河水自鞏入，逕成皋縣北，卽虎牢。春秋北制所謂東虢。側有黃馬關。其南，方山，山海經「浮戲，記水出」，左納玉仙水，北逕城西入焉。爾雅「水決復入汜」。又東，板渚，入滎澤。縣驛一。鄭洛鐵路。

河南府：衝，繁。隸河陝汝道。糧捕、水利通判駐。清初沿明制，領州一，縣十三。雍正二年，陝升直隸州。靈寶、閿鄉、盧氏先後割屬。東距省治三百八十里。廣三百六十里，袤五百十五里。北極高三十四度。京師偏西四度二分。洛陽衝，繁，難。倚。城北：北邙山。東南：大石。南：周山。西南：秦山。洛水自宜陽入，右合甘水，至王城西南。澗水，即穀水，自新安入，逕穀城故城東，合孝水、金谷水來會。又東，逕王城南，至城南，瀍水亦自孟津來會。所謂「澗水東、瀍水西，惟洛食」。南有伊水，自伊陽入，右納江左河，古大狂水，又北，左合土溝、板橋、厭澗，右納小狂水，古來需水，逕前亭、伊闕口，其左龍門，右香山，左合靈巖寺水，逕右枝津，左枝渠故瀆從之。龍門、彭婆、翟莊、白沙四鎮。周南一驛。偃師衝。府東少北七十里。古西亳。縣西，帝嚳及湯所都。城北：北邙山。東南：轘轅。西：首陽。南：緱氏、景山。古陽渠、穀水故道，堙。洛水自洛陽入，伊河注之，又折東北流入鞏。伊河亦自洛陽入，逕縣西南，又東北注於洛。又合水、劉水、休水、鄩水皆注於洛。府店一鎮。首陽一驛。宜陽簡。府西南七十里。南：錦屏山、萬安城。西南：石墨。西：熊耳。洛水自永寧入，水經注：東合白馬谿、昌澗、杜陽澗。又東，左合渠谷、厭梁、黃中澗、祿泉、共、臨亭川水，又東逕九曲南，注豪水，右合黑澗、虢水，又東北出散關南，又東，枝瀆左出焉，惠水注之，入洛陽。韓城鎮，縣丞駐。又福昌、三鄉二鎮。縣驛一。新安衝。府西七十里。東南：瞻諸山。西南：郁山。北：慕容山。南：密山。西北：隊山。河水自澠池入，逕匡口渡，合畛水。山海經「出青要山」。水經注：彊山俗名彊山水，又東入孟津，橫水從之。山海經：正回水出䰠山。穀水逕爛柯山，又東逕闕門，合廣陽川，右石默谿、宋水，逕城南，又東逕函谷關，東入特坂，右合皁澗、爽慈澗水，入洛陽達之。慈澗卽婁涿山。少水出瞻諸山，實亂流合澗水。白石山陂水，古澗水正源，水經注意主山海經，而並列四澗，則郭注誤之耳。匡口、楊寺、倉頭、石寺、北冶、石井、慈澗、闕門八鎮。西關一驛。鞏衝。府東北百二十里。周鞏伯邑。後東周君居。有轘轅山、九山。東南：天陵，山海經霍山，以其西宋諸陵改焉。南：侯山。西北：黃山。河水自孟津入，爲裴峪渡，古小平津，右合鮪水，又東五社津、神尾山。西南：洛水自偃師合休水，逕鄩城、訾城，右合羅水、明谿泉。又東北，黑石渡，右合黃水、康水、石子河，逕城北，右合市河、魏氏河，又東神堤渡，右合任村水，爲洛口，亦洛汭，入汜水，石城河從之。黑石渡、青泥、回郭三鎮。洛口一驛。孟津簡。府東北四十里。城南：邙山。西：柏崖。西北：河水自新安入，合正回水，又東合溓溓水爲河清渡，後魏峽石津。又東逕漢平陰，合五曲九水，逕光武陵，至城北。又東，古孟津，逕平縣故城北，合湨水，入鞏。西南：穀城山，瀍水出，其任嶺從之。長泉、舊縣、雙槐、油房四鎮。縣驛一。登封簡。府東南百十里。北：太室山。漢置嵩高以奉，是爲中嶽，古外方。其西少室，休水出，合大穴山水入偃師。其西南，大熊，山海經大訾，地理志陽乾。潁水出潁谷，是爲右潁，左會中潁、左潁，逕城南，又東，左合少陽谿、五渡水，逕陽城故縣南，左合石淙水，古平洛谿，又東南入禹。其北，陽城山，洧水出，東逕陽子臺入密。西南：大訾口，狂水出，水經注「西逕綸氏故城南，左與倚薄山水合，八風谿水注之。又西得三交水口，逕缶高山北，與湮水合，又西逕湮陽城南」，入洛陽，來需水從之。縣驛一。永寧簡。府南百九十里。崤山，縣北，漢回谿坂在焉。東北：熊耳。東南：天柱。西南：金門。洛水自盧氏入，左合大溝河。水經注「東逕高門城南，東與高門水合」者。又東，松陽谿水，逕黃亭南，合黃亭谿水。又東得鵜鶘水口，右元滬山水、荀公澗口，逕檀山南，庫谷水注之。又逕僕谷亭北，左合北水。又東，侯谷水，逕龍驤城北，左合宜陽北山水，又東，右廣由澗水、直谷水，左蠡縣西塢水，又東過蠡城縣南，右會金門谿水，左合款水，黍良谷水入焉。又東，右太陰谷水、白馬谿，又東，左合北谿，入宜陽。昌澗水、杜陽谿水、西度水並從之。縣驛一。澠池衝。府西百六十里。東：大媚山。北：韶山、石門。東北：天壇、白石。西北：河水自陝入，爲槐耙渡，逕桓王山，合五龍潭，又東，濟民渡，合金陵澗，入新安。西南：馬頭山踊陝。穀水出穀陽谷，逕土壕，合熊耳北阜水，水經注澠池川。又東逕俱利城，左合羊耳河，至城南，又東，左合北溪，搭泥鎮千秋亭，雍谷水、晉水從焉。崤店一鎮。南村巡司。義昌、蠡城二驛。嵩　難。府西南百六十里。東北：三塗山、鳴泉。北：介立。西北：陸渾。東：惠明。西南：臥雲。伊水自盧氏入，逕郭落山北，水經注，左合滽滽水。又東北，南屈爲淵潭，右合太陽谷水、鮮水，左鑾水，又東，北歷崖口，左合七谷水，逕嵩縣南，左合蚤谷水，又東北逕陸渾嶺，東，溫泉水、焦澗水、明水、洧陽水、馬懷橋水，右大戟水，左吳澗水，又東北入伊陽。伊闕前溪水從之。乾隆中，令康基淵濬新故渠二十有一。南：伏牛山，汝水出，其分水嶺石柏谷。水經注：東北逕太和城，歷長白沙口，狐白谿水注之，東入伊陽。又西北，離山，淸水出，俗名白河，東入南召。舊縣鎮，巡司駐。縣驛一。

陝州直隸州：衝，繁。河陝汝道治所。州隸之。淸初沿明制，爲河南府屬州，領縣二。雍正二年升。十二年，割盧氏來隸。東距省治六百八十里。廣三百三十里，袤五百四十里。北極高三十四度四十六分。京師偏西五度二十分。領縣三。東：崤山。南：常烝。西：虢山。河水自靈寶入，合橋頭溝、藏龍、靑龍澗。水經注：安陽溪及譙水、槖水、崤水匯焉。有太陽津。又東逕城北爲茅津渡，又東三門山，過砥柱入澠池，穀水從焉。曲沃、張茅、石壕、上村、乾壕五鎭。硤石一驛。靈寶衝，繁。州西六十里。南：秦山。西南：地肺、石城、浮山。東南：峴山、鹿蹏。南：女郎。西北：河水自閿鄉入，合柏谷水、稠桑河，又東逕函谷關，合宏農澗、古門水。及燭水、田渠水，逕城北，又東合曹水、菑水入州。虢略一鎭。桃林一驛。閿鄉衝，難。州西北百二十里。南：荆山、秦山。其支閿山，其東皇天原，又西桃原，古桃林，瑕城在焉。河水自陝西潼關入，爲風陵渡，逕黃卷坂，合玉溪澗，又合泉鳩澗爲洹津渡，又東逕曹公壘，合石姥峪、夸父山水，卽湖水，爲西關渡，逕城北，又東入靈寶，稠桑河從之。關東一鎭。鼎湖一驛。盧氏簡。州西南百四十里。盧氏山，西北。西：小青。洛水自陝西雒南入，其南熊耳，禹所導。東逕城北入永寧。其支蔓渠，俗名悶頓嶺，伊水出，東北逕欒川鎭入嵩。西南：湯水，俗名黃沙五渡，入內鄉。水經注：出盧氏大嵩山。朱陽一鎭。縣驛一。

汝州直隸州：繁，難。隸南汝光道。糧捕、水利州同駐。東北距省治四百九十里。廣袤各二百二十里。北極高三十四度十三分。京師偏西三度三十六分。沿明制，領縣四。西南：崆峒山。東北：風穴山。其石樓、鹿臺、望雲、檀樹、狼皐、鑾駕諸山，皆中嶽熊耳之支脈也。西北：永安河入伊陽，逕楊家樓。水經注「趙狠皐山東出峽，謂之汝阨。東歷麻解城北，逕周平城南，又東與廣成澤水合。又東得魯公水口，合霍陽山水」者。又東逕城西南，左納洗耳河，又東，左合趙洛河，逕成安故城北，又東，黃水注之，卽承休水，入郟、寶豐。楊家樓，州同駐。趙洛、臨汝二鎭。縣驛一。魯山難。州西南百二十里。東：魯山。南：鏃箕。東南：商餘。西北：堯山，水經「滍水出」，故汝支津，今出西百七十里吳大嶺，俗名沙河。水經注「與波水合，又東逕魯陽故城南，右合魯陽關水，又東北合牛蘭水，又東逕應城南，彭水注之」者。又東緣寶豐界入。葉犨水從之。趙家村巡司。縣驛一。郟 難。州東南九十里。北：緣石山。東南：紫雲。西北：大劉、扈陽。汝水自州緣界合扈澗水，納青龍河，入逕城南，右納石河，又東，左納藍水。水經注「逕化民城西、黃阜東」者。又東逕摩陂入襄城。長橋、黃道二鎮。縣驛一。寶豐 難。州東九十里。東南：香山、扁鵲。西：鋸齒嶺。汝水自州緣郟界之西北。石河，古養水，源出三堆山，東南流，有柏河來會，又東南入郟。柏河有二源，皆出縣西山中，東流而合，又東南注石河。滍河即沙河，在縣東南，自魯山入，東入葉。應水一名瀴河，又名石渠，源出北峙山，東南注滍河。東：湛水，東南流入葉。宋村、曹二鎮。縣驛一。伊陽 簡。州西南九十里。東南：雲夢山。南：霍陽。東北：連珠。西北：篩子垛。伊水自嵩緣界合杜水，納永定河，入洛陽。西南：汝水自嵩緣界入，逕城南，右合馬藍河，逕紫邏口，左合練溪入州。上店一鎮。縣驛一。

彰德府：衝，繁。隸河北道。糧捕通判駐。清初沿明制，領州一，縣六。雍正中，割直隸大名之內黃來隸，以磁隸廣平。南距省治三百六十里。廣三百二十里，袤二百里。北極高三十六度六分。京師偏西二度。領縣七。安陽 衝，繁，疲。倚。西南：蒙賚山。西北：銅山、藍嵯、魯山、清涼山。漳水自涉入，逕邯鄲故城，緣直隸磁州界，又東逕豐樂鎮入臨漳。東南：湯水自湯陰緣界合羑水，及南萬金渠、防水，又東逕伏恩村。西有洹水自林伏入，至善應山北復出，其西龍山，合虎澗水，右歧爲南、北、中三萬金渠，又北逕河亶甲城，左合珍珠泉，折東逕殷墟，韓陵山故瀆右出焉，又東南先後來會，又東入內黃。豐樂鎮，縣丞駐。鄴城一驛。鐵路。臨漳 繁。府東北七十里。河故道在縣界，今已南徙。滏水、汙水並在縣西，今爲漳、汙所經。漳河南自安陽、磁州入，側城西南，分二派，東至大名，並注衞河。鸕鷀陂爲境內蒲魚之利。三臺在鄴城內西北隅，講武城在西。漳水上曹操疑塚在焉。冰井、銅雀、金鳳。隆、鄴二鎭。縣驛一。鐵路。湯陰 衝，繁。府西南四十五里。西：五巖山、柏尖。西南：淇水自林縣界，衞河自濬縣界，北逕五陵，其西邶城。又北，普濟河出焉，緣內黃界入之。西：牟山，水經注石尙蕩水出，唐改湯，逕城北，至岳王墳東。宜師溝出西南黑山，一曰永通河，北逕高嗼橋注之。又東北抵安陽界，左合羑水入之。鎭二：鶴壁、宜溝。縣驛一。鐵路。林 繁。府西南百十里。林慮山，西二十里，太行支。其異目：西黃華、天平、玉泉，西南谼峪、棲霞，西北魯般門、倚陽，皆林慮之異名者也。濁漳自山西潞城入，緣涉界，左會清漳爲漳水，東入河內。水經注所謂「逕葛公亭、皤陽城北合滄溪」者。其南，洹水自黎城伏入，復出爲大河頭，逕城北，左合史家河、陵陽河，至龍頭山復伏。西南：淇水自輝入，逕石城、淇陽城，左會淅水，入湯陰。縣驛一。武安 繁。府西北百六十里。南：鼓山。西：龍虎頭。西南：磁山、闞與。西北：摩天嶺、三門。有磨盤岐，南洺河出，屈東北，逕粟山，合玉帶及紫金河。其天井岐，北洺河出，逕儒山，合於紫金山，西入直隸永年。縣驛一。涉 簡。府西北二百二十里。城北：龍山。南：熊耳。東：韓五。西南：風洞。東北：符山。東南：青頭。西北：石鼓、毛嶺口。清漳水自山西遼州入，逕城南，一曰涉河，縣以是名。又東南，濁漳自黎城緣林界來會，爲合漳口，入安陽。索堡一鎭。縣驛一。內黃 繁，難。府東百十里。明屬大名。雍正二年來隸。東：博望岡。河水故瀆在焉，有金隄。西南：衞河，自安陽緣界逕牽城入，左合湯水、洹水，逕繁陽城，折東楚王鎭，右合柯河，入直隸清豐。衞實淇水，水經注「過內黃縣南爲白溝，逕弁陽城爲黃澤，逕戲陽城東」。地理志清河水。隋，永濟渠。高隄一鎭。縣驛一。

衞輝府：衝，繁。隸河北道。上北河，衞糧通判駐。清初沿明制，領縣六。雍正中，割開封之延津、直隸大名之濬、滑來隸，胙城省。乾隆中，割開封之封丘、歸德之考城來隸。光緒初，考城仍還隸。東南距省治百六十里。廣三百九十里，袤百七十八里。北極高三十五度二十七分。京師偏西二度十二分。領縣九。

汲衝，繁。倚。西北：霖落、蒼峪、壇山。西：仙翁。北：華蓋。並太行支脈也。東南：河故瀆。北：衞河自新鄉入，一曰清水河，右納孟姜女河，逕府治北、比干墓南，又東北，右納滄河，緣淇界入之。銅關、杏園、淇門三鎮。驛一：衞源。鐵路。

新鄉衝，繁。府西五十里。北：寺兒山、五陵岡。西南：黃、沁故瀆。東北：衞河自獲嘉入，右合小丹河及沙河，有合河鎮，又東北入汲。驛一：新中。

獲嘉衝，繁。府西南九十里。東北：同盟山。南：黃、沁故瀆。西：小丹河自修武入；其新河會重泉注之，東逕三橋，左納峪河，即清水河。其西北，太白陂，春秋大陸。又東入新鄉。北流河自輝入爲沙河，從之。崇寧、亢村二驛。丞兼巡司。鐵路。

淇衝。府北五十里。東北：浮山。西北：靈山。西：朝陽。東南：衞河自汲合滄河，緣界納淅脛河，所謂肥泉，又東北會淇水入濬。早生、青龍二鎮。淇門一驛。

輝繁。府西六十里。西：太行。其支，東北：方山。北：九山。西北：蘇門，衞河出焉，曰百泉。詩「毖彼泉水」。匯卓水、白沙、蓮花、萬泉，歷閘五，入新鄉，下至山東臨清會汶，行九百二十三里。其西：沙河，匯丁公、清濂、焦泉，又西，峪河、清水，匯梅竹、重泉，並入獲嘉。重泉，水經注長泉，逕鄧城東，又謂白屋水。淇山，西北。山海經沮洳。淮南子大號。淇水出東北，入林。縣驛一。

延津衝，疲。府南七十里。雍正二年，自開封來隸。五年，省胙城入。西南：酸棗山。北：河水故瀆。西北：孟姜女河，東北流，至汲注衞河。濮水、酸水、延津、棘津、文石津，並堙，惟烏巢澤存。沙門一鎭。驛一，曰廩延。濬衝，繁。府東北百十里。城西南隅：浮丘山。東南：大伾，即黎陽山，其支，紫金、鳳皇。有禹二渠。白馬津西即遮害亭，又西，衞河。古泉源水自汲會淇入衞。詩所謂「在右」。淇口，古宿胥口。魏遏淇入白溝，所謂枋頭，即今之淇門渡也，東北逕雍榆城南，又北逕白祀山、頓丘故城。道口鎭，縣丞駐。縣驛一。滑繁，難。府東九十里。東北：白馬山、鮒鍝城。西北：狗脊、天臺，河故瀆在焉。有瓠子隄、金隄。滑水，堙。西北：衞河自濬錯緣界仍入之。老岸一鎭，巡司駐。縣驛一。封丘繁。府東南百里。南有河水自陽武入，緣祥符界入之。城北：黑山。東北：淳于岡、青陵臺，圮。古濮渠，堙。潘店、中欒二鎭。有驛。

懷慶府：衝，繁。隸河北道。河北鎭總兵、黃沁同知駐。清初沿明制，領縣六。後割開封之原武、陽武來隸。東南距省治三百里。廣三百九十里，袤百三十里。北極高三十五度六分。京師偏西三度二十七分。領縣八。河內衝，繁。倚。北：太行山。沁水自濟源入，左傳少水，水經注「東逕小沁亭北，右合小沁、倍澗水，邘水，逕野王故城北」者。其沛水逕柏香鎭、絺城爲豬龍河，合豐稔南支，南入溘。其支津東北貫城，合利仁河，東出合廣濟支津注之。左會丹水，又東逕武德鎭，古州邑，入武陟。丹水自山西鳳臺入，爲丹口，逕鄈城、苑鄉城，釃爲十九渠，古光溝、界溝、長明溝故瀆在焉，並注沁。而小丹河爲大，合白馬溝，逕清化鎭。廣濟河及北支豐稔自濟源入，並絕濟。廣濟復歧爲二支津，並入溫。鎭七：崇義、柏香、邘臺、萬善、清化、尚香、武德。驛二：覃懷、萬善。濟源難。府西七十里。西：王屋、天壇。王屋，志稱「天下第一洞天」。天臺，道書所謂「清虛小有洞天」也。西北：析城、秦嶺、陵山。北：盤谷。東北：孔山、熊山。西南：河水自山西垣曲入，納瀙水。又東，河清渡、馬渚合柴河。水經注

「湛水逕向城、湛城東」者。又東入孟。滮水源出西北山，東南流，逕城東南注湨河，逕踪山口，至勳掌村，淤。故水經注，湨出原山勳掌谷，俗謂之白澗水。側城東南，其南源姑嫂、五指、秦嶺三山水自右來會，又東南，左合濟支渠。濟出王屋西麓太乙池，爲沇水，伏九十里，至共山南，復出於東丘，爲濟瀆。東西二源亂流，其支南注湨。又東入河內，爲豬龍河。東北：沁水自山西鳳臺入，爲枋口，東南，右歧爲廣濟河，古秦渠。水經注朱溝，元爲廣濟河，明爲二十四堰。在永福堰者利仁渠，在廣福堰者豐稔南北渠，古奉溝，與正渠並入河內。在永利堰者永利渠，又歧爲二，一南注沛爲沛支，一東南爲餘沛，入。邵源鎮，巡司駐。縣驛一。原武難。府東百八十里。明屬開封。雍正二年來隸。東北：黑洋山，古漯水出。西南：河水自滎澤入，又東入中牟，天然渠從之。下至扶溝，長七十五里。縣驛一。修武衝，繁。府東北百十里。北：太行山。西北：天門。西南：小丹河自武陟入，一曰預河，逕習村，側城東北，又東入獲嘉。新河上承靈泉、劉公河，至城東北，匯皇母諸泉，入獲嘉。待王、承恩二鎮。縣驛一。武陟衝，繁。府東百里。河北道治。西南：淸風嶺。河水自溫入，納廣濟河，沁河水注之，又東入滎澤。沁河自河內入，逕故懷城木欒店，側城東南，又東逕詹店入原武。廣濟河自河內入，逕縣西南注黃河。小丹水亦自河內入，逕縣西北入修武。永橋、寧郭二鎮。武陟、寧郭二驛。孟衝，繁。府南五十里。城西：紫金山。西北：五龍臺嶺。山下至梁村，古湨梁。其東，馬吉嶺。西南：河水自濟源入，逕宋河淸故城，爲白坡渡，古治阪津，其下吉利潬，古高渚。又東合軹陽河，其下楊樹潬，古淘渚。又東逕野戍鎮，爲河陽渡，古孟津，其下郭潬：所謂「河陽三城」。古河中渚，合衡磵，又東順磵至城南，其渡小平津，又東逕沇水鎮入溫。西北：湨水自濟源入，逕治城，右合同水，逕古安國城，合靑龍澗，又南逕穀旦鎮，至無鼻城，左合餘濟南支。又南，孟港。東，豬龍河自河內緣界，合豐稔南支及餘濟北支，並從之。沇河、白陂二鎮。驛一：河陽。溫繁。府東南五十里。西：太平山。西南：河水自孟入，至小營西北。濟水自河內入，爲豬龍河，緣界合豐稔北支。又有大埝水，至上浣村，仍曰沇水，逕虢公臺南，會湨水入焉，逕城南。又東至平泉西，大豐及長濟及興隆堰水亦自河內入焉，又東入武陟。趙堡一鎮。縣驛一。陽武繁。府東北九十里。西南：河水自原武入，逕官渡東入祥符。天然渠逕黃練集，東北入封丘。其河、濟故瀆西北。河自山西垣曲入郡境，凡行六百四十六里。太平、延州二鎮。縣驛一。

南陽府：衝，繁，難。隸南汝光道。南陽鎮總兵駐。清初沿明制，領州二，縣十一。道光中，淅川升廳。東北距省治六百十里。廣五百八十里，袤三百四十里。北極高三十三度六分。京師偏西三度五十五分。領州二，縣十。南陽衝，繁，難。倚。西北：精山、紫山。東北：豐山、蒲山。淯水俗名白河，自南召入，逕其北。水經注「逕博望西鄂故城，又南逕豫山宛城東，梅溪水注之」者。至府治南，支津南出爲漂河。又西南，右合木溝、十二里河，逕清陽城，並入新野。潦河緣鎮平界從之。東有唐河，自裕緣唐界入，桐河從之。石橋一鎮。賒旗店巡司。博望驛驛丞。林水驛驛丞。又宛城一驛。南召難。府西北百二十里。順治十七年省入南陽。雍正十二年復。南：百重山、天子望山。西：香鑪。西南：燕尾、壺山。西北：伏牛、聖人。白河自嵩入，逕其東，右合獅子、黃洋河，左五路山水，至十里岡，右合留山及空山、雞子河。留卽丹霞，其河卽魯陽關水，水經注「逕皇后城西」者，關南三鴉水。有雉衡山，地理志醴水出，東入葉。李青店巡司。縣驛一。唐繁，難。府東百二十里。城南：天封、百里、唐子山、紫玉、午峰、花山。西北：富春。東南：孤山、馬武。東北：唐河自南陽緣界入，左會泌水及馬仁陂水，右合桐河，側城西南。左納澧河及江河、秋河，逕湖陽故城西、謝城北，合謝水、湖河，逕蒼苔鎮，緣新野界入湖北襄陽。蒼苔鎮，縣丞駐。明陽、桐河二鎮。縣驛一。泌陽 簡。府東二百里。北：虎頭腦山。東：萬千。東南：祝家衡。東北：大胡，泚水出，謁「泌」，縣氏焉。左會小銅山水，逕城南，又西，比陽故城南，左合蔡水，右澳水。水經注「出磐石、茈丘二山」者，入唐，馬仁陂水從之。其支江河，與出磐石紅崖河，並入桐柏。西北扶予，潕水出，東北中陽，溳水出，合爲沙河，東入遂平。古路、饒良、羊柵三鎮。縣驛一。桐柏 簡。府東南三百里。東：石門山、映山。西：天木。桐柏山在縣西南，與熊耳、伏牛聯體。其支大復、胎簪、黃山、石柱，通目之。淮水、澧水出。淮東北匯水簾洞、太陽城諸水，伏，至陽口復出，東逕尖山，東南逕復陽、義陽故城，左合月河，入湖北隨州。栗樹河從之。地理志，東南至淮陵入海，過郡四，行三千四百二十里。澧西北匯紅泥、三家，右納紅崖，逕平氏故城東，入唐。西南秋河，西北江河，自泌陽緣界自隨州入，並從之。吳城一鎮。縣驛一。鎮平 簡。府西七十里。東：遮山。西北：歧棘。潦河出其東麓，緣南陽界入之，下注淯。照河，出嬌女朶，俗十二里河，匯東西三里淇河，及其西嚴陵河，並達之。縣驛一。鄧州 繁，難。府西南百二十里。南：析隈山。西：五隴。西北：靈山、永青。湍水自內鄉入，逕臨湍、冠軍故城，右合得子河，側城東南至㴔灘，左納趙河及嚴陵河。水經注「又逕穰縣爲六門陂，又東南逕魏武故城西南白牛邑，安衆故城南，涅水注之」者，漢東陽涅陽城在焉。入新野，與淯會，爲白河。其西，刁河自內鄉入，逕紅崖山，右合朝水，東南逕紫金山，爲鉗盧陂，又南，黃渠河並從之。西南：禹山，茱萸河出，合排子河入湖北光化。板橋、㴔灘、千金、張村、穰東五鎮。縣驛一。內鄉 繁，難。府西百九十里。北：老君山。其南：秋林、夏館。山海經，翼望山，湍水出，會青山河，逕赤眉城，右合長城。又螺螄河，水經注「東南逕南陽酈故城東，菊水注之」者。

逕城東又南，右合黃水，丹水故城在焉。又南，左合墨河。西北：霄山，刁河出，並入鄧。西北：熊耳山。淅水自盧氏入，逕修陽故城，一曰湯河，俗名黃沙五渡。逕菊潭，至西峽口，曰三渡河，又東南入淅川，與丹水會。丹水復逕順陽川，緣界入湖北光化。西峽口巡司。馬尾一鎮。縣驛一。新野 衝。府東南五十里。北：蔓荆山。白河自南陽入，逕岡頭鎮，又西南，右合潦河，會湍水，合城東北，又西南，右納刁河，其支樊陂，折東南，逕新店鎮，左納支津漂河，復右納黃渠河。東南：唐河自其縣入，逕蒼苔鎮，右合小澗河，古安仁陂水，並入湖北襄陽。湍城一驛。裕州 衝，難。府東北百二十里。東北：黃石山、方城山。東：中封。北：七峰，拐河出，醴河舊自南召入合之，今淤。東逕牛心山，洪河上游潕別源賈河出，分流東南逕小乘山復合，折東北，並入葉。西北：酈鳴山，唐河北源趙河出，南逕賒旗店，三里河即堵水，合清河、潘河、呂河注之，入唐。平臺一鎮。赭陽一驛。舞陽 簡。府東北百七十里。南：牛腦山、蘇家寨、鐵山。東南：瞻山。西：馬鞍。西：千江河自葉入，逕城南，曰三里河，右合八里河，東入西平，滚河從之。北：汝水自葉入，錯襄城，有澧河來注，又東南注沙河。沙河自葉入，有輝河、澧河，亦自葉來注，又東入郾城。唐河源出城東北，東流至郾城注澧。縣驛一。葉 衝。府北百三十里。西南：方城、黃城。西北：北渡。滍、汝同源，俗名沙河，自寶豐入。逕河山，至臥羊山北爲汝墳，東入舞陽。北：湛河，亦自寶豐入，逕平頂山，緣襄城界。其南輝河，古昆水，水經注，出魯陽縣唐山，逕昆陽故城西。又南拐河，即醴水，自裕入，逕王喬墓南。又南，賈河自裕入，曰千江河，古潕水，自泌陽入與會，通目之。滍水、保安二驛。保安，縣丞駐。

汝寧府：衝，繁，難。隸南汝光道。汝南分防通判、新息分防通判駐。清初沿明制，領州二，縣十二。雍正二年，光州直隸。光山、固始、息、商城割隸。北距省治四百六十里。廣二百四十里，袤五百九十里。北極高三十三度一分。京師偏西二度九分。領州一，縣八。汝陽 繁，難。倚。城北：天中山。北汝，汝正源。西汝，潕及濦。南汝，溵。元季，汝溢病蔡，自舞陽堨故瀆，則潕及西平、雲莊諸山水擅之。明嘉靖中涸，則遂平瀷、溵擅之。汝源凡三易，今北汝自上蔡合濦，通曰洪河。右合朱馬、馬常，左茅河，逕廟灣鎮，右合荊河，其故道蔡埠河入會。南汝右納黃酉、吳桂橋河，左迤爲懸瓠池，右栗渚，側城東南，右合半截河，納溱水，錯正陽復入，並入新蔡。廟灣鎮巡司。黃岡、陽埠、射子、寒涷四鎮。縣驛一。正陽 繁。府南百二十里。明眞陽。雍正二年改。西：橫山。東北：南汝河自汝陽錯入，右合固城港、陳家溝，仍入之。水經注，首受慎水於慎陽故城南陂，注七陂，東入汝。南有淮水，自信陽緣界入息。西南：閭河、清水港並自確山入，又東從之。汝南埠，通判駐。縣驛一。上蔡 繁，難。府北七十里。東：蔡岡。西北：北汝自郾城入，西汝、潕水右自西平會濦來注，遂通曰洪河，東南絕蔡河入汝陽，茅河、朱馬、馬常河從之。其故道自西洪橋右出納流堰爲朱里河，通目之。復納石洋河，爲蔡埠河，其西溵水即南汝，自遂平入，右合清水河，亦並入汝陽。蔡河，濦支津，水經注「東南流爲練溝，至上蔡西岡，北爲黃陵陂，於上蔡岡東爲蔡塘」者。又東爲包河，入項城。北：華陂集，界溝河出，東緣商水界入之。邵店一鎮。縣驛一。新蔡 簡。府東南百四十里。南汝，溵，即汝水，洪河，濦，並自汝陽入，合於城東五里三汊口，又東南入息。又安徽阜陽谷水，即鮦水，從之；延河亦入焉。水經注「汝水逕櫟亭北，又東南逕新蔡故城南，又東南，左會濦水，逕壺丘故城北，濦水逕平輿故城南，左迤爲葛陂」者。漢葛陵故城在焉。縣驛一。西平 衝，繁。府西北百二十里。西：九頂山。潕水舊自舞陽入，逕故城。水經注，其西有呂墟，至合水鎮，匯諸石、雲莊諸山水。逕城北，又東歧爲二，左支合周家泊水，古㶏水。水經注「上承汝水，別流於奇頟城東」者，今淤。泥河，緣郾城界，復合右支，會流堰河，並入上蔡。潕即西汝，自元季於舞陽鍋河堨之，今雲莊諸山水擅其故瀆。又會㶏水，因通曰洪河。重渠、蔡砦、儀封三鎮。縣驛一。鐵路。**遂平** 衝，繁。府西北九十里。西：嶼峽山、嵖岈。南汝上游沙河，古瀙水，自泌陽入，逕金山，左合楊奉河。水經注「東過吳房縣南，又東過灈陽縣南」者，入上蔡。其逕城南支津，東北出爲新河，會石洋河。河古灈，出西北嶮峰垛，水經注輿山。逕吳家橋東南，清水河自確山入，並從之。縣驛一。**確山** 衝，繁。府西南九十里。確山，城東南二里。又東南，朗陵、佛光。城南：蟠山。西南：平頂。西北：樂山，練水出，俗名黃酉河。秀山，吳桂橋河出。西有溱水自泌陽入，俗名石磙河，又東曰吳砦，逕確山故城。水經注謂「溱出浮石嶺北青衣山」，又東北逕獨山，並入汝陽。東南，閭河塘、下溝河、清水港，並入正陽。西北，清水河，入遂平。姬家堰。毛城、竹溝、明港三鎮。縣驛一。**信陽州** 衝，繁，難。府西南二百七十里。東南：鍾山。南：士雅、峴山。西南：董奉。西：卓斧、堅山。西北：淮水自湖北隨州入，左合明港河，屈東緣信陽界入羅山。水經注「逕平春城陽鍾武故城南」。其溮水入合油水、三灣河、九渡水，逕城南從之。平昌關，州判駐。楊家堂巡司。信陽、明港二驛。京漢鐵路。**羅山** 繁，難。府南二百三十里。羅山，城南十里。又南：獨山、鵲山。西南：黃神、霸山。皆桐柏支麓也。西北：淮水自信陽入，逕謝城合溮水，又東逕縣北。西南：六斗山，竹竿河出。水經注谷水，合黑龍池、小黃河、古瑟水，緣光山界注之，入息。大勝關，巡司駐。縣驛一。

**光州直隸州：** 繁，疲，難。隸南汝光道。鹽捕、水利通判駐。清初沿明制，爲汝寧屬州。雍正二年升直隸州。北距省治八百里。廣二百四十五里，袤二百里。北極高三十二度十三分。京師偏西一度二十八分。領縣四。州，古黃國。故城，西十二里。東：鳳皇山，爲州左翼。西：浦口岡，爲州右翼。東南：彭山。南：車谷。西北：淮水自光山入，合寨河，古壑水，又東北逕鄭家店，復合黃水。水經注「逕弋陽郡東，又東入固始」。其雙輪河入爲白鷺河，古溮水。及春河自商城緣界，古詔虞水，並從之。州驛一。光山 繁，難。州西南四十里。古弦子國。縣境大半山區，自西北而來，縣亙近二百里。其最著者，老君山、天臺、春風嶺、黑石諸山。老君山之北，雲臺、仙居、馬鞍、守軍、浮光諸山，皆桐柏支脈也。地理志弋山，西有淮水自羅山合竹竿河，緣界逕軑縣故城至其麓。又東入州。西南：黃茅腦，寨河出。水經壑水。會馬鞍山水爲清流河，又合牢山龍潭、沖水、泥河，其東黃水，至花石山爲三道河。右合梅林河，逕塯山，右合潑陂河。水經注木陵關水。左合晏家河，逕黃川西陽故城，至城南爲官渡河，逕天賜山，水經注溮水。又東雙輪河，並從之。中渡、牛山二鎭。長潭一驛。固始 繁，疲，難。州東百四十里。東：大山。南：獨山、木賊、青峰嶺。西北：淮水自息入，逕棗林岡、安寧、期思。古蔣國，亦寖丘故城，其左岸會汝水，至朱皐鎭，納白鷺及春河。又東，往流集，巡司駐。至三河尖，決水、灌水入焉。決自商城入，爲史河，左合長江河，右歧爲泉河，古陽泉水，水經注，自雩婁東北逕雞備亭，過安豐故城，邊城郡治。又逕茹陂。陂今龍潭口。右歧爲清河，合勝湖，又西北逕史家故城，左納羊行河、急流澗，逕城東而北，古蓼國在焉。灌自商城入爲曲河。淮南子「孫叔敖決期思之水，以灌雩婁之野」。又西北，逕蓼潭，至城北來會，爲兩河口。東魏澮州在焉。又東北，右歧爲堪河，匯爲七里岡，復與清泉二支津合。又北，入淮。淮水又東入霍丘。朱皐、期思二鎭。縣驛一。息 繁，疲，難。州西北九十里。西有淮水自羅山入，又東逕白公城，至城南。又東，新息故城。分流，左納清水港，合泥河，復合閭河，自正陽入，蓋慎水故瀆，逕褒信長陵故城注之。水經注申陂水。又東逕烏龍集入州。其白鷺河入逕期思集。西北：汝水自汝陽入，入新蔡，復緣安徽阜陽界逕固城汛，並達之玉梁渠。楊莊一鎮。縣驛一。商城 難。州東南百二十里。東南：大蘇山，古大別。南：花陽、馬頭。東北：青山。西南：牛山，決水出。水經注「出廬江雩婁縣南大別山」。東合八仙臺、黃昏山五關水。又東北曰寨河，左合麻河，逕金家寨，其西北則長江、石槽、沙河。西南：黃柏，灌水出，北合木廠、盛家店、九水河，逕城西，亦曰龍潭河，並入固始。西北：熊山，春河出。水經詔虞水。亦緣固始界入州。牛食畈巡司。縣驛一。

淅川直隸廳：繁，難。明復析內鄉置縣。道光十二年爲廳。宣統元年升，改南汝光道爲南汝光淅道。西：岵山。西北：篔鎖里。丹水自陝西商南緣界逕荊子關，其北葛花山，其南丹崖。又東南，逕淩老龍山，其黑漆河入爲淇河，逕花園關、岞峪、獨阜山注之。至城西南納滔河，逕石杯、雷山至於村保，古商於三戶城在焉。左會淅水。又東南逕太白、玉照山，緣內鄉界入湖北均州。水經注「丹水自三戶城逕丹水故城南，南鄉縣北，右合汋水」。汋卽均，形之誤。荊子關，縣丞駐。峽口一鎮。廳驛一。

# 清史稿卷六十三

## 志三十八

## 地理十

### 陝西

陝西省：禹貢雍、梁二州之域。明置陝西等處左、右承宣布政使司，幷治西安。清初因之，置巡撫，治西安，幷置總督，兼轄四川，尋改轄山陝。雍正九年，專轄陝甘，治西安。十三年，復轄四川。乾隆十三年，罷兼轄。十九年，兼甘肅巡撫事。二十四年，改陝甘總督。二十九年，移駐甘肅蘭州，遂爲定制。康熙二年，析臨洮、鞏昌、平涼、慶陽四府置甘肅省，移右布政使治之。雍正三年，升西安府之商、同、華、耀、乾、邠六州，延安府之鄜、綏德、葭三州，爲直隸州。九年，改楡林衞爲府。十三年，同州升府，華仍降州隸焉，耀幷降州還舊隸。乾隆元年，葭仍降州隸榆林。四十八年，升興安州爲府。東界河南閿鄉；三百五里。西界甘肅清水；六百三十里。南界四川太平；一千三十里。北界邊牆。一千三百九十六里。廣九百三十五里，袤二千四百二十六里。宣統三年，編戶一百六十萬一千四百四十四，口八百五萬四千四百七。領府七，直隸州五，廳七，州五，縣七十三。

西安府：衝，繁，疲，難。巡撫，布政、提學、提法三司，鹽法、巡警、勸業三道，提督，將軍，副都統駐。明，領州六，縣三十一。雍正三年，升商、同、華、耀、乾、邠爲直隸州，割縣十七他屬。十三年，耀及同官還舊屬，白水改隸同州。乾隆四十七年，置孝義廳。嘉慶五年，置寧陜廳。東北距京師二千六百五十里。廣三百五里，袤四百三十八里。北極高三十四度十六分。京師偏西七度三十二分。領廳二，州一，縣十五。長安衝，繁，疲，難。倚。府西偏。西北：龍首山。西南：清華、圭峯。南：終南山，橫亙長安、咸寧、鄠、盩厔四縣境。渭水自西逕縣北，東入咸寧。西南：潏水，歧爲二：一，西南合鎬水爲東交河，澧水東北流來會，又北經咸陽入渭；一，北流爲皁河，折東經咸寧入渭。南有漕渠。又西南有通濟渠。鎭三：杜角、秦杜、三橋。主簿駐斗門。行宮，城內。光緒二十六年，德宗西幸，改舊撫署駐焉。咸寧衝，繁，疲，難。倚。府東偏。南：樂遊、少陵原。渭水逕縣北而東，灞水、滻水自東北合注之。又東逕高陵入臨潼。潏水即漕水，一名皁水，出東南石鱉谷，其西鎬水自寧陜入，右合白石、小庫諸水，左合梗梓水，入長安。明秦藩城在府城東北隅，縣治北。順治六年，改建滿城，將軍、都統駐。縣丞舊自灞橋移尹家衞，改駐縣北草灘。灞橋、渭橋、鳴犢三鎭。驛一：京兆。咸陽衝，繁，難。府西北五十五里。北：畢原。東：鮮原。東南：高陽。西南：短陰。南：渭水自興平入，納泥渠水，東北會一澧水爲雞心灘，東入長安。東北：涇水，東入涇陽。鎭四：高橋、窰店、北賀、馬莊。驛一：渭水。

興平 衝，繁。府西百里。西：馬嵬坡。北：黃山。渭水自武功入，左納清黑、夾逮諸水，合新開河，東入咸陽。縣丞駐張店。鎭二：馬村、桑家。驛一：白渠。

臨潼 衝，繁，難。府東北六十里。東南：驪山，有溫泉。北：普陀原。東：鴻門坂。西南：坑儒谷。渭水自咸寧入，逕縣北，石川河合清谷水南流注之。西有潼水，東有戲水、零水，均北流注之，東入渭南。縣丞駐關山鎭。鎭五：新豐、零口、交口、廣陽、櫟陽。驛一：新豐。

高陵 簡。府東北七十里。西：降鶴山。南：奉政原。西南：渭自咸寧緣界逕鹿苑原，左合涇水，又東緣臨潼界入之。西北：白渠自涇陽入，播爲二，曰昌運，曰高望。西南有毘沙鎭。

鄠 繁，難。府西南七十里。東南：紫閣峰。南：圭峰。東南：終南山。北有渭水自興平入，入咸陽。東南：澧水自長安緣界入，會澇水。澇水出縣南，合渼陂水，東北入咸陽，注渭。鎭四：秦渡、趙王、澇店、大王。

藍田 簡。府東南九十里。北：橫嶺。南：秦嶺、七盤、嶢山、簣山。東：藍田山，有關。灞水出縣東倒回谷，即藍田谷，逕南境，納藍水、輞水，逕城南，又西北合土膠河、猗水、注水，入咸寧。滻水出南山土門谷，西北流，爲焦戴河，合湯谷水，均入咸寧。鎭三：藍橋、焦戴、新街。

涇陽 衝，繁，難。府西北七十里。北：嵯峨山。西北：甘泉、仲山。涇水自醴泉緣界入，逕城南，東南入高陵。北：冶谷水自淳化入，會清水，入三原。西北：龍洞渠，逕縣北，歧爲三：曰北白渠，入三原；中白渠，入高陵；下白渠，流數里伏。又有冶清渠。冶峪，縣丞駐。鎭六：永樂、臨涇、石橋、雲陽、孟店、王橋。

三原 衝，繁，難。府北九十里。北：浮山。西北：嵯峨，堯山。濁谷水自耀入，曰樓底河，東流，散入各渠。趙氏河即潤谷水，自富平錯入，仍入富平。清谷水自耀入，西北入涇陽，復經西境，合冶谷水，貫流南北二城中，東南入高陵。鎮四：陂西、王店、樓底、西陽。學政駐所。驛一：建忠。盩厔繁，難。府西南百六十里。南：秦嶺。東南：石樓。西南：安樂山。西：駱谷。竹谷水北緣鄠界，仍逕清化入，一曰西清水河，合車谷、稻谷諸水，入武功注渭。渭水逕縣北而東，西南有黑水，即芒水，北流注之，又東入興平。東南：甘水亦北入興平。縣丞駐祖菴。鎮五：終南、尙村、啞柏、清化、臨川。渭南衝，繁，難。府東北百四十里。西南：石鼓。南：倒虎山。西：馬峪，冷水出，合駒兒嶺水，西北入臨潼注渭。渭水合杜化谷水，逕城北，古白渠在焉。西：酒水，東：赤水，俱北注之，又東入華州。縣丞駐下邽。鎮二：赤水、田市。驛一：豐原。富平繁，疲，難。府東北百二十里。西北：檀山、天乳、土門。西南：荆山。東北：頻山。石川河即漆沮，自耀入，下流自西北受金定河，一名趙氏河，即澗谷水，東南入臨潼。縣丞駐美原鎮。又東北，道賢鎮。醴泉衝。府西北百二十里。北：武將山。東北：九嵕山、芳山。涇水自永壽入，東北甘河自縣北東流注之，東南入涇陽。鎮二：叱千、甘北。驛一：張店。同官簡。府東北百八十里。明屬西安府。雍正三年改屬耀州。十三年還屬。西南：白馬、鐵龍。北：女廻。又神女峽內有金鎖關。東：漆水出北高山，至城北，合同官川及雄同、雷平川，西南流，西有沮水，南流，俱入耀州。東北：大小石磐山水合北入宜君。其南烏泥川，東入蒲城。驛一：漆水。耀州簡。府東北百三十三里。明屬西安府。雍正三年升直隸州。十三年仍爲州，還屬。東北：五臺山、磬玉。北：木門、大唐。西北：牛耳山。沮水上源姚渠川自宜君入，合銀耳坪、太子石水於楊秀川，爲宜君水，南合胡思泉，爲沮水，東南逕城西，又東，左會漆水，入富平。澗谷水、清谷水、濁谷水均出西北，南入三原。鎮四：小丘、柳林、照金、廟灣。驛一：順義。孝義廳繁，難。府東南二百四十里。乾隆四十七年，析咸寧、藍田、鎮安三縣地置，設同知駐孝義川。嘉慶七年移駐舊縣關，即今治。北：秦嶺。東：大頂山。西南：車輪、天書。大峪河一名乾祐河，即柞水，出西北大峪嶺，西南流；東北金井河即甲水，東流；東社川河，東南流；西北洵河，南流：俱入鎮安。寧陝廳 繁，難。府南五百二十里。明正德十六年，設柴家關、五郎壩二巡司。順治中廢。乾隆四十八年，移西安府水利通判駐五郎關。嘉慶五年，析長安、盩厔、洋、石泉、鎮安五縣地置，改設同知。東北：秦嶺。北：萬華山、子午谷。南：五臺山。洵河出紗羅嶺，西南至江口，左合江河，又南至孝義，灃河、日河並從之。西北：甘泉砭，文水出，匯東谷、西河諸水，屈西南入洋，蒲河從之。北：要竹嶺，長安河出，南逕城東，合東河、隄坪河入石泉。有四畝地、五郎關汛。主簿駐江口，嘉慶七年自長安斗門鎮移此。四畝地巡檢，嘉慶十三年移駐新城，十八年廢。

同州府：衝，繁，難。隸潼商道。明，同州屬西安府，領縣五。雍正三年，升直隸州。十三年升府，置附郭縣。耀、白水還隸，又降華州暨所屬之華陰、蒲城、潼關來隸。乾隆十二年，潼關升廳。西南距省治二百四十里。廣一百八十八里，袤二百九十里。北極高三十四度五十分。京師偏西六度三十七分。領廳一，州一，縣八。大荔 繁，疲，難。倚。雍正十三年以同州地改置。西：黃堆山。北：商顏。南：沙苑。洛水自蒲城緣界逕其西，折東南至船舍渡入，逕西南，東流，渭水逕南界，東北流，幷入朝邑。縣丞駐羌白鎮。又坊頭、船舍、潘驛三鎮。朝邑 繁，難。府東三十里。明隸西安府。雍正三年來屬。黃河自郃陽入，逕東境而南，受金水，至趙渡南之望仙觀，爲洛水入河故道。光緒三十四年，洛徙，至趙渡入之。又南三河口，渭水自大荔入，東北流注之，折東入潼關。主簿駐大慶關。有兩女、太奇、趙渡三鎮。郃陽 難。府東北百十里。明隸西安府。雍正三年來屬。西北：梁山。東北：方山。黄河自韓城入，緣東界而南，受百良水。徐水西北、金水東南流，俱入朝邑。古洽水，亦瀵水，亦西南入朝邑。西北：大峪水，自澄城緣界，屈南仍入之。鎭五：百良坊、甘井、王村、黑地、路井。澄城簡。府北百里。明隸西安府。雍正十年來屬。北：界頭山、將軍。西北：壺梯、雲門山。西：洛水，受甘泉水，即縣西河，南入蒲城。東大谷河，南緣郃陽界從之。鎭九：寺頭、業善、韋莊、交通、窰頭、王莊、馮原、塔家、良輔。韓城難。府東北二百二十里。明隸西安府。雍正三年來屬。東北：龍門山。西北：梁山。西南：韓原，即少梁。黄河緣東北自宜川入，合洽戶川，屈南得龍門口，禹蹟存焉，南至官渡，合濵水及芝川，又南入郃陽。西北：神道嶺汛。薛峰、昝村二鎭。華州衝。府南百八十里。明隸西安府。雍正三年升直隸州。十三年仍爲州，來隸。西南：五龍。南：少華山。渭水自渭南入，逕北境而東，納州南諸谷水，東北入華陰。鎭七：羅紋、柳子、臺頭、王宿、瓜坡、高唐、江村。驛一：華山。華陰衝，繁。府南百六十里。明隸西安府。雍正三年改屬華州，十三年來屬。南：太華山，即西嶽。河水自朝邑入。西北：渭水自華緣界合沈水，又東合敷水、黄酸水，諸谷水並注焉，又東入於河。鎭三：華岳、泉店、敷水。蒲城疲，繁，難。府西八十里。明隸西安府。雍正三年改屬華州，十三年來隸。北：堯山，一名浮山。西北：豐山，一名蘇愚山。東北：金粟山。洛水自白水入，逕避難堡，左納甘泉水，合大峪河，入大荔。東北：永豐汛。鎭十：常樂、石表、渭原、孝同、興市、武店、漢底、車渡、荆桃、高陽。白水簡。府西北百三十里。明隸西安府。雍正三年改屬耀州，十三年來屬。東北：黄龍山。西北：秦山。洛水自宜春入，受鐵牛河，經縣北，受孔走河，又東南白水，即南河水，自南境東流注之，又南入蒲城。鎭十：馮雷、西故、南河、雷村、新村、新窰、鐵牛、雷衙、武莊、孔走。潼關廳衝，繁，難。府東南百里。潼關道治所。明置潼關衞。雍正二年廢。

四年置潼關縣，屬華州，十三年來隸。乾隆十二年升廳。東：麒麟山。西：鳳山，倚以爲城。黃河自華陰入，逕廳北，潼水自廳南貫城北流注之，東入河南閿鄉。巡司兼司獄駐風陵渡。驛一：潼關。

鳳翔府：衝，繁。鳳邠道治所。東南距省治三百六十里。廣四百二十里，袤三百四十里。北極高三十四度二十八分。京師偏西八度五十九分。領縣七，州一。鳳翔 衝，繁。倚。西北：雍山，雍水出焉，南流經縣西，折東南與塔寺河合；又東有橫水，俱東南入岐山。汧水自汧陽緣界南入寶雞。鎮五：橫水、窨店、虢王、彪角、陳村。驛一：東河橋。岐山 衝，繁。府東五十里。北：岐山，又有周原。南：秦嶺。北：武將山。西南：渭水自寶雞入，逕城南，東流，斜谷水出西南嶅山，東北流，並入郿。西：湋水，即雍水，自鳳翔入，合橫水，逕縣南，東入扶風。時溝河自扶風緣界仍入從之。鎮五：益店、龍尾、蔡家、高店、青化。驛一：岐周。寶雞 衝，繁，難。府西南九十里。秦嶺在南，亦名秦山。東南：陳倉山、石鼓山。西南：和尙原、大散嶺。渭水自秦州緣界入，逕城南而東，右合塔河、洛谷水，左合汧水，又東合潘溪，入岐山。東南：太白河，西南入留壩。上谷水、虢川河、西南涑河即故道水，並西入鳳。東北：利民渠。巡檢駐虢川鎮。又底店、陽平、馬營、益門四鎮。驛二：陳倉、東河。扶風 衝，繁。府東百十里。北：岐山、吳雙。東北：梁山。南：飛鳳、賢山。西北：美山。東：茂陵、三時原。東南渭水，南湋水，與東境漆水、美水合，并東入武功。鎮七：伏波、杏林、絳帳、午井、召公、天度、崇正。驛一：鳳泉。郿 簡。府東南百十里。東：太白山，即禹貢惇物。西：馬冢山。西南：武功、斜谷，有五丈原。渭水自岐山入，右合斜谷水，中支磨渠，東支清水河，東南逕城北，又東入扶風。東井田、西南斜谷二渠。斜谷關汛。鎮五：槐芽、橫渠、青化、清湫、金渠。麟遊 簡。府北百十里。城內童山。西：

天台。東：石臼。南：箭括山。漆水出縣西青蓮山，東北合岐水，其西麻夫川、東雨亭河，並入甘肅靈臺。杜水出西北杜山，逕城南，受澄水，東入乾州。西良舍、西北招賢二鎮。汧陽 衝。府西北七十里。東：圭山、龍泉。北：天台。西：臥虎。南：箭括嶺。汧水自隴入，西北納草碧谷、暉川河，逕城南，納澗口河、界止河，東南入鳳翔。東麋隃澤。東黃理、西草碧二鎮。隴州 衝。府西北百五十里。南：吳嶽。西北：隴山，即隴坂。又汧山，汧水出，合龍門、關山、蒲峪諸水，逕城南而東，受北河，又東南納八渡水，入汧陽。渭水自甘肅秦州逕西南，東入寶雞。西：關山汛。鎮十四：杜陽、東涼、新街、縣頭、八渡、神泉、馬鹿、長寧、赤延、故川、香泉、大松、通關河、溫水。驛一：長寧。

漢中府：衝，繁，疲，難。陝安道治所。總兵駐。明，領州一，縣八。乾隆三十八年，置留壩廳。嘉慶七年，置定遠廳。道光五年，置佛坪廳。東北距省治一千七百里。廣八百一十里，袤六百五十里。北極高三十三度。京師偏西九度十四分。領廳三，州一，縣八。南鄭 衝，繁，難。倚。西南：旱山、黃牛。南：大巴山。東南：梁州。西：龍岡山。東北：武鄉谷、駱谷。沔水即漢水，自褒入，東受褒水中、東二支，及廉水、池水，東入城固。青石關，巡司駐。又西大壩關。鎮四：長柳、上水渡、沙河、彌勒院。驛一：漢陽。褒城 簡。府西北四十里。北：七盤山，上為雞頭關。西北：連城。西：牛郎山。南：天池。褒谷在東北，自此入連雲棧。西北百五十里達留壩。沔水自其縣入，西南流，納華陽河，又東受褒水，入南鄭。西南：讓水，一名遜水。北馬道、虎頭、武曲、南松梁、米倉，西北漢陽、甘亭，七關。南：黃官嶺汛，巡司同駐。鎮四：宗營、褒城、長林、高臺壩。驛三：馬道、青橋、開山。城固 簡。府東七十里。北：通關、九眞、白雲。西北：斗山。漢水自南鄭入，逕胡城，左納文水，即文川，右納南沙河、小沙河，逕城南入洋。陰平、袁揚、原公、文川四鎮。洋 簡。府東百二十里。東北：太白。東南：子午谷。西北：酆都。北：興勢山，又灙谷，即駱谷南口。東：赤坂、黃金谷。漢水自城固入，逕南境，左納灙水即鐵冶河、大龍河、酉水、金水河，右納東谷河、桃溪水，東南入西鄉。北：壻水，西經城固，復入西南境，注於漢水。北：華陽營。東北：茅坪汛。縣丞駐華陽鎮。又渭門、眞符、謝村、壻水四鎮。西鄉 繁，疲，難。府東二百四十里。西南：大巴、小巴。南：皁軍山。東北：饒風嶺。東南：子午山。漢水自洋入，左子午河，即椒溪，合寧陝紋河，西南流注之。牧馬河自城固入，逕城東南，合洋水、白鐵河、神溪，東北流注之。折東入石泉，高川從之。西南：菩提河，南入四川通江。北：司上汛。縣丞駐五里壩，嘉慶七年自大池壩移此。巡司駐大巴關。鹽場巡司，嘉慶七年廢。鎮二：茶溪、子午。鳳 衝。府西北三百八十里。西北：紅崖。北：豆積。東北：黃牛寨山。故道水即嘉陵江上流，自寶雞入，逕東北，受三岔河，折西合黃花川、馬鞍山水，至雙石鋪，紅崖河自右注之，入甘肅兩當。野羊河自留壩入，逕城南，合東溝河，入略陽。西南：仙人關。東北：大散關，有漢鳳營駐防。東南：鐵爐川營。東北：黃牛堡汛。鎮四：南星、廟臺子、方石、白石。驛三：草涼、三岔、梁山。丞兼巡司駐三岔。寧羌州 衝，疲，難。府西南三百八十里。東南：龍頭。西北：雞鳴。東北：五丁山，有關。北：嶓冢山，漢水出焉，初名漾水，合五丁峽、黃銅鋪水，東北入沔。玉帶河出西南箭竹嶺，逕城北，受白巖水，爲白巖河，亦北入沔。西漢水逕西境，納七道水，西南入四川廣元，爲嘉陵江。西北：陽平關，州同駐。大安、黃壩二汛。西北：青烏鎮。驛二：柏林、黃壩。沔 衝。府西四百十里。北：鐵山。東南：定軍山。東北：天盪、武興。西北：珈珂。漾水自西寧羌入，西南受白巖河，北沮水，西南流，逕略陽東境，復入縣西爲黑河，南流注之，始名沔水，又逕城南，東入褒城。西北：黑河汛。鎮四：黃沙、舊州、元山、青羊。驛三：黃沙、順政、大要。略陽衝。府西北二百九十里。北：青泥嶺。西北：殺金嶺。東南：大丙山，丙穴在焉。故道水自甘肅徽縣入，東北合濁水，爲白水江入。西：西漢水，即犀牛江，自甘肅成縣入，合石門河來會，是爲嘉陵江。又西南，納八渡河，右納落索河，逕野豬山入寧羌。沮水逕東北合冷水河，東南復入沔。東北有白水江汛。峽口、石門二鎭。佛坪廳要。府東北四百里。嘉慶中設盩洋縣丞於袁家莊，屬西安府。道光五年析盩厔、洋二縣地置，省縣丞，設同知，來隸。南：冠山、鼇山。東：天華。西北：秦嶺、太白。西：楊家溝口，墖水出，馬黃溝水自寶雞南流注之，又南入洋。黑水出北扇子山，東北合蟒河、八斗河，入盩厔。椒溪河出廳東，東南入寧陝。東北：駱谷關，北口屬盩厔，南口屬洋，中貫廳境，有十八盤。有黃柏塬、厚畛子二汛。巡司駐袁家莊。定遠廳要。府東南四百里。嘉慶七年析西鄉地置，設同知。西：金竹。南：歸仁。西北：父子山。東：星子山，洋水出焉，即清涼川，逕城南，合小洋河、七里溝水，折西北入西鄉。東北楮河、東南雙北河，並東南入紫陽。東南漁水、西北巴水，並西南入四川通江。汛三：瓦石坪、漁渡壩、觀音堂。有漁渡壩、簡池壩二巡司。留壩廳衝，繁，難。府西北百四十里。本鳳縣地，明設巡司。乾隆十五年，移漢中捕盜通判駐之。三十年析置，職撫民。三十九年改置同知。西北：紫柏山，其東柴關嶺。西北：太白河，爲褒水上游，自寶雞入，受紅巖河，爲紫金河。虢川河亦自寶雞來注，逕東南，受文川河、青羊河，又南納武關河，入褒城。野羊河出紫柏山，西北入鳳。東北：西江口汛。巡司駐南星。武關巡司省。驛三：松林、留壩、武關。

興安府：繁，疲，難。隸陝安道。總兵駐。明日興安州，領縣六。乾隆四十七年升府，置安康縣爲府治，并省漢陰入之。五十五年，復置漢陰廳。北距省治六百八十里。廣七百六十里，袤六百二十里。北極高三十二度三十二分。京師偏西七度六分。領廳一，縣六。安康 繁，疲，難。倚。明爲興安州，新舊治均在漢南，萬曆十一年徙新治。順治四年還舊治。康熙四十六年復徙新治。乾隆四十七年州升府，改置。北：梅花、牛首。南：趙臺。西：鳳凰。東北：白雲山。西南：魏山。漢水自西紫陽緣界折北入，逕城北，右納大道河，左蒿坪河、月河、神灘河，東北入洵陽。東南：八仙河汛。通判、縣丞同駐西南磚坪。西：泰郊、衡口二鎭。平利 簡。府東南百八十里。舊治在西北灌河口。嘉慶八年徙白土關，爲今治。西北：女媧山。北：八里岡。西：錦屏。西南：石梁。嵐河出花池嶺，西有黃洋河，與灌河合，俱入安康，北流注漢。東：冲河，會秋河，北入洵陽，爲壩河，注漢。東南：南江河，東入湖北竹山。縣丞駐鎭坪。洵陽 簡。府東百二十里。北：羊山。東北：水銀、龍山。東南：紫荆山。南：將軍、女華。西北：廟埡，傅家河出，入安康，注漢。漢水自西逕城南，洵河合乾祐河、任河南流注之，又東納蜀河、仙河，入白河。南：七里關汛。白河 簡。府東四百里。嘉慶二年，增築外城。南：龍岡山。東北：錫義山。漢水自洵陽入，西逕城北，右納冷水河、白石河，東入湖北鄖。紫陽 簡。府西南二百四十里。東：三臺。南：三尖。東南：板廠。南：甕山，下有紫陽洞。又南，望夫山。漢水自漢陰入，逕其西，屈南，任河合紫溪河西南來注，又東逕城南，納汝河、洞河，東北入安康，蒿坪河從之。毛壩關，主簿駐。石泉 簡。府西北二百七十里。東：馬嶺。南：銀洞。西：天池山。西：饒風嶺，舊有關。長安河自寧陝入，納汶水河，入西鄉注漢。漢水自西境折西南受珍珠河，又東逕城南，受江河、池河，東南入漢陰。富水河自西鄉入，東逕烏石梁，從之。漢陰廳 繁，疲，難，簡。府西北百八十里。明，縣。乾隆四十七年省入安康，設鹽捕通判。五十五年復置爲廳，改撫民。東南：梁門山。東北：朝陽山。南：文華、鳳天山。池河自寧陝入，合龍王溝，又西南入石泉，注漢。漢水自西南逕城南，受富水河、木樨河，東南入紫陽。月河出廳西分水嶺，納花石河，東南入安康，合衡河，注漢。

延安府：繁，難。隸延榆綏道。明，領州三，縣十六。雍正三年，升鄜、綏德、葭三州爲直隸州，以洛川、中部、宜君、米脂、清澗、吳堡、神木、府谷八縣分隸之。乾隆初，以榆林府之定邊、靖邊二縣來隸。南距省治七百四十里。廣四百八十里，袤三百九十里。北極高三十六度四十二分。京師偏西七度四分。領縣十。膚施 簡。倚。西：鳳凰山，城跨其上。北：伏龍。東北：清涼。東南：嘉嶺。南：臥虎。延水自安塞入，西北而東，西川水東流注之，又東北，南河水北流注之，又曲折東北，左納豐林川、清化水，東入延長。南：石油泉。安塞 簡。府北四十里。北：雲臺。東：天澤。西：龍安山。延水自保安入，西北納杏子河，逕城南，曲折東南入膚施。西南：洛水，南入甘泉。北有邊墻。甘泉 簡。府南九十里。東北：伏陸山。南：秦冒、溫泉山。洛水自安塞入，右納自修川、北河、美水，左納清泉水、漫漲河水，南入鄜州。西南有甘泉，縣以此名。臨眞鎭，縣丞駐。安定 簡。府北百八十里。東：鵰山。西：祖師。南：祖師山。西北：高柏山，懷寧河出焉，亦名走馬水，又東北有東溝，並東入清澗。秀延水自安塞入，即北河，俗名縣河，逕城北，合根水、華班川，東南亦入清澗。南：清化水，南入膚施。保安 簡。府西北二百二十里。東：艾蒿嶺。南：石樓臺山。西：九吾。洛水自靖邊入，逕城西，納梁家河、吳堡川、周水，東南入安塞。北：杏子河，亦自靖邊入從之。有沙家、靜遠二鎭。宜川 簡。府東南二百八十里。東：鳳翅山。北：石闕。西南：丹陽。東南：盤古山。黃河自延川入，南延水，逕東北來注之。又南過壺口，受雲岩河，經孟門，受銀川水，卽西川，又東南入韓城。北有百直、交口鎭。延川簡。府東北百九十里。城西：西山。東：東峰。西北：青眉山。黃河自清澗入，至老龍口，秀延水合清平川、南站川諸水，東南流注之，又南入延長。西北：永平村，有石油井。延長簡。府東百五十里。東北：獨占。北：高奴山。西：延水自膚施入，逕城，右合關子口，左小舖原水，又東逕翠屏山，納蘇家河，右安溝，東南入宜川。西北交口水，東至延川注延水。南：錦屏山，下舊有石油井。光緒三十二年，用新法鑿取，油旺質佳。附近膚施、延川、宜君數縣境均產石油。定邊衝，繁。府西北三百五十里。明正統二年置定邊營，屬延安鎭。雍正九年，以定邊、鹽場、磚井、安邊、柳樹澗五堡地置，屬楡林府。乾隆初來隸。東南：南梁山。西北：白露山，卽白於山，洛水出焉。右合貝川水、郎兒溝，又東，左合吳倉坡水，東南入保安。南：三山水，一名耿家河，自甘肅靈州入，復合黃家泉，西南入甘肅環縣。北有邊墻，自甘肅花馬池入，東南至靖邊。西：鹽場堡，縣丞駐，後省。靖邊衝，難。府西北三百里。明成化十一年置靖邊營，屬延綏鎭。順治初爲靖邊所。雍正二年設同知，九年，以安邊、安塞、鎭羅、鎭靖、龍州五堡地置，屬楡林府。乾隆初來隸。西南：大白蓮花山。東：箭杆山。東南：蘆關嶺。西紅柳河，東莜麥河，至城北合流，北出邊墻，折東復入懷遠邊墻爲圁水。東北：寺灣河、大理河，幷東入懷遠。龍州堡、寧塞堡二汛。又寧條梁汛，巡司同駐。

楡林府：衝，繁，難。延楡綏道治所。初沿明制，置東、中、西三路道。康熙元年省西路入中。雍正九年改中爲楡葭道，東爲延綏鄜道。乾隆二十六年改。總兵同駐。明曰楡林衛。雍正九年，改置楡林府，並置楡林、懷遠、定邊、靖邊四縣。乾隆初，改定邊、靖邊屬延安府，葭降州，暨所隸神木、府谷二縣來隸。南距省治一千三百五十里。廣五百二十里，袤二百二十二里。北極高三十八度十八分。京師偏西七度六分。領州一，縣四。榆林衝，難。倚。本雙山、常樂、保安、歸德、魚河五堡地。明成化七年置榆林衞。雍正二年省入綏德，九年復置縣爲府治。城東：駝山。北：紅山，上築墩。東南：石山。無定河自懷遠入，西逕城南而東。清水河一名西河，卽榆林河，自邊入，西北納縣境諸水，東南流注之，又東南入米脂。東北：葭蘆川，一名沙河，東南入葭州。西北邊墻有魚河堡、常樂堡二汛。南：碎金鎭。驛二：榆林、魚河。懷遠衝。府西百六十里。明天順中置懷遠堡，屬榆林衞。雍正二年改屬綏德。九年以懷遠、波羅、響水、威武、清平五堡地置，來隸。南：火石山。東：五龍。西南：龍鳳山。無定河卽生水，上流曰額圖渾河，一名奢延河，又名幌忽都河，自鄂爾多斯右翼入，逕城北而東，納硬地梁、黑水頭河、柿子河諸水，又東入榆林。西南：圁水自靖邊入，東北流，逕城北出邊墻，入無定河。南：大理河自靖邊入，合小理河，東入米脂，復經城東南入米脂。西北：邊墻。葭州疲，難。府東南百七十里。明屬延安府。雍正三年升直隸州。乾隆初，仍降州來隸。南：白雲。北：第一峰。西：西嶺。黃河自神木入，南禿尾河，卽吐渾河，逕城北，東南流注之。葭蘆川自西南合五女川，東流來注之，又南受烏龍水、荷葉川入吳堡。神木衝，繁。府東北二百四十里。明屬葭州。乾隆初來隸。西：筆架。東南：天台。東：龍眼山。東北：響石崖，石馬河出，入府谷注河。河水折西南入，受屈野河、芹河、泗滄河、大柏油河、柏林河諸水，西南入葭。禿尾河自邊入，合永利河從之。神木營，理事同知駐。西南：柏林堡汛。府谷衝。府東北二百里。明屬葭州。乾隆初來屬。北：高梁山。西南：天保。東：五龍山。黃河自鄂爾多斯左翼緣東界而南，受黃甫川、清水川，經南界，孤山川自西北合鎭羌水、麻家溝水、木瓜川，東南流注之，又西南，受石馬川，入神木。有孤山堡、木瓜園堡、清水堡三汛。巡司駐麻地溝。府谷、孤山、鎭羌廢驛。

乾州直隸州：衝，繁，難。隸西乾鄜道。明屬西安府。雍正三年，升直隸州。東南距省治一百六十里。廣九十五里，袤二百二十里。北極高三十四度三十三分。京師偏西八度十五分。領縣二。西北：梁山。東北：雞子堆。西：明月。北漠谷水，西北武水，一名武亭水，即杜水，均逕城西南入武功。東北：泔水，納甘溝，東入醴泉。鎮七：薛祿、陸陌、臨平、陽峪、馮市、陽洪、關頭。驛一：威勝。武功 衝，繁。州西南六十里。東：東原。西：西原。西南：三畤原。渭水自扶風入，逕城南，嘉慶中北徙，東入興平。西北：武水自州入，逕城北，合漠谷水，又東南，漳水東流來匯，又南入興平。清水自盩厔入，東北流，逕城東南，又東至興平入渭。鎮六：魏公、遊鳳、普集、大莊、楊陵、永安。驛一：郃陽。永壽 衝。州西北九十里。西南：武陵山。北：分水嶺，泔水出，逕城東，漠谷水亦出之，逕城西，并南入州。武水出西南石牛山南，逕州西北，復逕縣南入州。西北：拜家河，東北入邠州，注太谷水。北：呂公渠，西南：趙家渠、李家渠、杜渠。鎮四：底窖、蒿店、監軍、儀井。驛一：永安。

商州直隸州：繁，疲，難。隸潼商道。明屬西安府。雍正三年，升直隸州。西北距省治三百里。廣四百六十里，袤四百三十里。北極高三十三度四十九分。京師偏西六度三十五分。領縣四。東南：商山。西：熊耳山。東：雞冠。北：金鳳、小華。西：西巖。西北：冢嶺，即秦嶺。丹水一名丹江，出其東麓，合黑龍峪水，東南流，受水道河、林岔河，經城南，受乳水，又東南受老君峪水，入山陽。有商洛、老君店、黃川、大荊、泉村、西市、豐陽諸鎮。龍駒寨汛，州同同駐。又東，武關汛。鎮安 繁，疲，難。州西南三百四十里。北：都家嶺、長陵、天書山。東南：石驢。東北：蓼谷。金井河自孝義緣界入，合社川河，東南入山陽。北：乾祐河，逕城東南，納縣河、冷水河、西南洵河，合小任河，幷東南入洵陽。又西南大任河，亦東南入洵陽，注於洵河。有鎭安營駐防。雒南簡。州東北九十里。北：雲堂山。東北：陽華。東南：王喬。西：冢嶺山，洛水出焉，東南逕元扈山，北納文峪川，又東逕城北，合石門川，又東會縣河，故縣川，靈水、要水，逕熊耳山，北入河南盧氏。三要司，巡司駐。雞頭關汛。山陽簡。州東南百二十里。東南：天柱山。北：蓮花、元武。東：孤山。西：三鳳。西南：金井河，即甲河，自鎭安入，合花水河，至城南合河口。安武水即關柎水，逕城西，合縣河、桐峪河，又東受董家溝、箭河、漫川河諸水，南入湖北鄖西，注於漢。東：丹江，與銀花河幷入商南。竹林關、漫川關二汛。商南簡。州東南二百五十里。南：商雒山。東：魚難。東南：靑山。東北：角山。丹水自州入，西南受銀花河，爲兩河，又東納武關河、淸油河，逕城南，合縣河、湘河，東入河南淅川。有富水關汛。

邠州直隸州：簡。隸鳳邠道。明屬西安府。雍正三年，升直隸州。東南距省治三百二十里。廣二百九十里，袤九十五里。北極高三十五度四分。京師偏西八度二十三分。領縣三。南：豳山。西：無量。東：蒲澤谷。涇水自長武緣界入，西北而東，逕城北，合安化河、白土川即漆水，復合西河、南河，左納皇澗、過澗，又東南至斷涇渡，右納太峪河，緣永壽界入淳化。鎭七：高村、大峪、宜祿、停口、永樂、史店、白吉。驛一：新平。三水簡。州東北六十里。城東：翠屛。東南：石門山，七里川出，卽姜嫄河，西南入淳化。東北：汃水，一名縣河，自宜賓入，受連家河、蒼耳溝水，逕城南，幷西南入州。西北：大陵水，卽皇澗，自甘肅正寧入，會羅川水，其南梁渠川，卽過澗，並入州。又西北，馬嶺水，入甘肅寧州。鎭五：土橋、張洪、太羽、職田、底廟。淳化簡。州東南百四十里。東北：壽峰山。西北：甘泉山。西：涇水左瀆自涇入，受姜嫄河，逕城南入醴泉。冶谷水出縣北蝎子掌山，屈東，逕城東，匯甘泉、走馬水、胡盧河，東南入涇陽。東北：清水，自耀緣界，東南流，仍入之。鎭六：常實、大店、石橋、辛店、通潤、姜嫄。長武簡。州西北八十里。西：鶉觚原。北：神龍。南：宜山。涇水自甘肅涇州入，逕北界，受馬蓮河，折南逕城東，至回龍山北。西南黑水卽芮水，與納水合，東南流注之，又東南入邠。鎭三：停口、冉店、窰店。驛一：宜祿。

鄜州直隸州：繁，疲，難。隸西乾鄜道。明屬延安府。雍正三年，升直隸州。南距省治五百五十里。廣三百五十里，袤三百八十五里。北極高三十六度四分。京師偏西七度十一分。領縣三。南：高奴山。東北：晉師。北：開元坡。北：洛水自甘泉入，南流，納采銅川、牛武川，逕城東南，廂西水合開撫水，自洛川會街子河來注之，又南入洛川。西北：華池水，卽清水河，自甘肅合水入，逕城西，與黑水會，又南納直道河、三川水，西南入中部。州判駐王家角鎭。又交道、屯磨、張村、隆益、牛武五鎭。洛川簡。州東南七十里。舊治在東北。乾隆三十一年徙鳳棲堡，爲今治。北：高廟山。東南：爛柯。南：鄜時山。洛水自西北，南流，納杜家河，入中部。東仙河、黃梁河，逕城南，西南流注之，又南入中部。東南：聿津河，西南入宜君。又南川水，東入宜川。鎭十六：仙宮、白城、化石、土基、黃連、吳莊、興平、梁原、樂生、化莊、朱牛、漢寨、廂西、進蒙、永鄉、聿津。中部簡。州西南百四十里。城北：橋山。西北：石堂。洛水自洛川入，右受華池水，沮水、香川水、五交河，又南入宜君。鎭五：北谷、保安、孟家、蘆保、龍坊。驛一：翟道。宜君簡。州西南二百十里。東南：秦山。西北：太白。西南：青龍。洛水自東北，南流，右受石盤川，左受沙河，卽聿津河，又南入白水。西南：纏帶水，合玉華川，東北流，入中部，注沮水。又馬蘭川，西南入三水。姚渠川，東南入同官。馬蘭鎭，巡司駐。又雷遠、五里、杏頭、石梯、偏橋、突泉六鎭。縣西姚曲村有石油井。

綏德州直隸州：衝，繁。隸延榆綏道。明屬延安府。領縣一。雍正三年，升直隸州，以延安府之清澗來隸。乾隆元年，以葭州之吳堡來隸。西南距省治一千一百里。廣二百七十里，袤二百四十五里。北極高三十七度三十七分。京師偏西六度二十五分。領縣三。城內：疏屬山。西南：雕陰。西：合龍。東：鳳凰山。黃河自吳堡入，南入清澗。無定河自米脂入，至城東北，右納大理河、懷寧河，東南入清澗。驛一：義合。米脂簡。州南百四十里。南：文屏。北：高家山。無定河自榆林入，逕城西，左納背川水，西南大理河自懷遠入，并南入州。驛一：圁川。清澗簡。州南百四十里。明屬延安府。雍正三年來隸。城內：草場山。西：筆架、烽臺。北：官山。黃河緣東界而南，東北無定河，東南流注之，又南入延川。西：秀延水，即辱水，一名清澗水，東流，納士子河，折東南，納坡底河，南入延川。西北：懷寧河，東北流入州境。驛二：奢延、石嘴。吳堡簡。州東百四十里。明屬葭州。乾隆初來隸。西北：高原砦山。南：龍鳳。北：大境。黃河自葭入，東北緣界，東南流，納㽦洲水，又西南，納柳毫溝、相公泉、清水溝諸水，又東南入州。宋家川、川口、辛家溝鎮。驛一：河西。

# 清史稿卷六十四

## 志三十九

## 地理十一

### 甘肅

甘肅：禹貢雍州南兼梁州。之域。明陝西布政使司及陝西行都指揮使司地。清順治初，因明制，設甘肅巡撫，駐寧夏。寧夏巡撫旋裁。五年，徙甘肅巡撫駐蘭州。康熙三年，分陝西爲左、右布政使司，以右布政使司駐鞏昌，領四府如故。六年，改陝西右布政使司爲鞏昌布政使司。七年，又改甘肅布政使司，徙治蘭州。雍正三年，裁行都指揮使司及諸衞所，改置甘州、涼州、寧夏、西寧，升肅州及秦、階二州爲直隸州。乾隆三年，廢臨洮府徙蘭州，因更名。二十四年，置安西府。二十九年，裁巡撫，以陝甘總督治蘭州，行巡撫事。三十八年，置鎭西府於巴里坤、迪化直隸州於烏魯木齊。三十九年，降安西府爲直隸州。四十二年，升涇州爲直隸州。同治十一年，置化平川直隸廳。十二年，升固原州爲直隸州。光緒十二年，新疆改建行省，割迪化、鎭西往屬。東至陝西；及鄜州、邠州。南至四川；保寧、龍安。西南至青海；北至阿拉善、額濟納二旗。及喀爾喀札薩克圖汗部。廣二千一百二十里，袤一千四百十里。宣統三年，編戶九十萬六千六百三十九，口四百六十九萬一千六百二十。領府八，直隸州六，直隸廳一，州六，廳八，縣四十七。其名山：隴、嶓冢、崆峒、西傾、積石。其大川：黃河、西漢、渭、涇、洮、湟。其重險：蕭關、嘉峪、玉門。其驛道：一，東南逾六盤達陝西長武；一，西北渡河出嘉峪關達新疆哈密。電綫：西北通迪化，東南通西安。

蘭州府：衝，繁，難。陝甘總督，布政、提學、提法三使，巡警、勸業道駐。明爲州，屬臨洮府，領金、渭源、河州。乾隆三年，徙臨洮府來治，更名，以所隸河州、狄道、渭源三州縣改屬，升狄道爲州，置皋蘭縣爲府治，兼割鞏昌府屬之靖遠隸之。東北距京師四千四十里。廣千二百二十五里，袤八百里。北極高三十六度八分。京師偏西四十二度三十四分。領州二，縣四。皋蘭衝，繁，疲，難。倚。城南五里，皋蘭山，五泉出其下。百四十里，康狼山。北：九州、臺山、松山。西：沃干嶺、馬銜山。黃河，西南自河州入，西流，至孔家寺，折而東北，復東流，迤南，逕城北，至東坪，與金縣分界。又東北，逕烏金峽，入靖遠。洮水南自狄道入，西北流，至毛龍峽入黃河。邊牆，西自平番來，起縣西北毛牛圈，東南迤至小蘆塘，入靖遠鹽池。邊牆外，北與蒙古分界，有界碑六。鎮一：納米。驛三：蘭泉、沙井、摩雲。縣丞駐紅水堡。金衝，疲。府東南八十里。南：龕山。西南：馬銜山。東北：北巒山、車道嶺。東：駝項。西北：豬嘴。黃河自臯蘭入，南新營河自狄道入，至大營川，右合瓦家河，左合清水河，合龕峪、徐家峽、大峽諸水，西北至臯蘭入於河。黃河又東北過烏金峽入靖遠。邊牆，西自臯蘭來，逾黃河南至索橋，合舊邊牆，東北入中衞。驛二：定遠、清水。狄道州繁，疲，難。府南二百里。南：抹邦山、煤山。北：馬銜山，故關原。西：西平山。西南：十八盤山。洮水，南自洮州入，合抹邦、東峪、三岔、留川四水及諸小水，屈曲北注，逕沙泥州判境，沙泥水出摩雲嶺西麓，西流入之。洮水又北，入臯蘭。州北河渠，雍正三年濬，引洮流溉田三百頃。趙土司駐所，州東南六盤山麓。驛四：沙泥、洮陽、窰店、慶平。州判駐沙泥堡。渭源衝，疲。府南少東二百五十里。西北：七峰山。南：露骨。西南：五行。西：鳥鼠山，渭水出其北麓，東南流，逕城北，合清源、鍬峪兩水，東入隴西。驛一：慶平。靖遠疲，難。府東北二百里。明，靖虜衞。雍正二年省衞，設同知，屬鞏昌。八年置縣，裁同知。乾隆三年來屬。東：紅山、屈吳山。南：烏蘭。北：雪山。黃河，西南自金縣入，至城北，祖厲河南自會寧來，會左關川水，北流入之。黃河又納縣境諸水，北流，迤西逾邊牆，東北入中衞。邊牆，自臯蘭紅水堡來，接中衞。河州繁，疲，難。府西南二百里。陝西河州鎮總兵駐。雍正四年，省河水衞併入州屬。北：鳳林山。西南：石門山。西北：小積石山，即水經注唐述山。黃河，西自循化入，至積石關入州境，右納樣卑、吹麻、銀川三水，東逕城南，又東至蓮花寺。大夏河，西南自循化來，會州境諸小水，屈曲北流入之。黃河又東入臯蘭。韓土司及土番、老鴉、端言、紅巖、牙党、川撒諸族，分居州西境。驛五：長安、鳳林、銀川、和政、定羌。太子寺，州判駐。

平涼府：中，衝，繁。平慶涇固化道治所。明爲府，領州三，縣七。順治初，因明制。乾隆四十三年，升涇州爲直隸州。同治十一年，割平涼、華亭、固原、隆德四州縣屬地置化平川直隸廳。十二年，升固原州爲直隸州。西北距省治七百六十里。廣五百里，袤五百八十里。北極高三十五度三十五分。京師偏西九度四十八分。領州一，縣三。平涼 衝，疲，難。倚。西北：天壇。東南：石馬。西南：可藍。西：空同山。其支麓爲笄頭、馬屯山、彈箏峽。涇水北源西自固原州來，至沙溝門入境；南源西自化平川廳來，至味子溝入境。合流城西，右納大峽河，左納小蘆、大蘆、潘陰澗諸水，東南入涇州。汭水西自崇信入，逕縣東南王家寺，東入涇州。東：利民渠，明濬，縣南諸水匯焉。峽石、安國二鎭。驛一：高平。華亭 疲。府南九十里。東：義山。西：隴山。北接大漠，南抵汧隴。西北：美高、朝那山。汭水北源出縣西鍬頭津，南源出縣西大關山，東流夾城匯爲一，又東，右納策底河，左納五村川水，東迤北入崇信。盤口河出縣西南山中，東流，支津左出爲五村川水，入崇信。惠民渠，明濬，遏汭流引入城。制勝、六盤關、三鄉、黃石河鎭。驛一：瓦亭。靜寧州 衝，疲，難。府西二百三十里。東：隴山、上峽、東山。南：石門。西：西巖。北：橫山。苦水河卽長源河，北自隆德入，環城南注，納甜水河及州境諸小水，屈曲南入秦安。西：興隴渠，明濬。驛一：涇陽。隆德 衝，難。府西北百四十里。乾隆四十三年，省莊浪縣，以其地來屬。東：六盤山。苦水河，北自固原入；納馬蓮川、濫泥河諸水，南入靜寧。其東支甜水河，卽隴水，亦出六盤，逕城北，西合底堡川、南源溝水，並從之。驛一：隆城。縣丞駐莊浪故城。

鞏昌府：衝，繁，疲，難。隸平慶涇固化道。明置府，領州三，縣十四。順治初，因明制。雍正七年，升秦、階二州爲直隸州，降徽州爲縣，及清水、秦安、禮、兩當隸秦州，以文縣、成縣隸階州。八年，增置岷州及靖遠縣。乾隆三年，割靖遠隸蘭州。十三年，改洮州衞爲廳來屬，旋幷漳縣入隴西，隸鞏秦階道。西北距省治四百二十里。廣二百九十五里，袤千二百三十里。北極高三十四度五十七分。京師偏西十一度四十三分。領廳一，州一，縣七。

隴西 衝，繁。倚。東：三品石、仁壽。北：赤亭。西南：首陽。西：西傾。西北：八角山。渭水，西自渭源入，合廣陽水爲山河口，左合撥陽河，右合科陽，逕城北，納縣境諸水，東南入寧遠。漳水一曰清水河，西南自岷州入，逕漳縣故城南，東入寧遠。鎭一：天衢。驛二：通遠、三岔。縣丞駐漳縣故城。

安定 衝，難。府北百六十里。南：南安山。東：照城、鳳凰。西：西巖山。東南：溫泉山。北：車道峴。關川水東源出縣南禪牧山麓，一曰東河，西北流，西源出縣西南胡麻嶺，一曰西河，東北流，逕縣城北，匯爲一川，一曰北河，北入會寧。鎭一：龜兒嘴。驛四：延壽、通安、西鞏、秤鈎。

會寧 衝，難。府東北二百里。東南：桃花。北：烏蘭山，烏蘭關在其下。南：鐵木山。東北：屈吳山。祖河出東南王家山，西流，厲河出南米家峽，北流，匯於城南，曰祖厲河。左納西鞏驛水，右合倉下什子川，西北入靖遠。關川水西南自安定入，逕縣境西北入靖遠。鎭一：翟家。驛四：保安、乾溝、郭城、青家。

通渭 簡。府東北二百里。西北：筆架山。東北：玉狠。南：十八盤山。華川水出會寧華川嶺，入縣境。東南逕西河灣；左合南家河，右龍尾溝，又東錯秦安，關川河從之。再錯復入，爲散渡河，合青石峽水、清溪，入伏羌。鎭二：雞川、安遠。

寧遠 衝。府東南九十里。南：銀觀峪。西：廣吳山。南：董墨。東北：石門。西南：武城。渭水，西北自隴西入，逕鴛鴦嘴，合漳水及廣吳河，迤東逕城北，納縣境諸水，東入伏羌。縣境濬渠二十七。鎭六：馬務、威遠、來遠、落門、納泥、檢盤。伏羌衝，難。府東南百九十里。南：天門山。西：三都谷。西南：朱圉山。渭水，西自寧遠入，納南來諸水，逕城北，華川水北自通渭來注之，東入秦安。藉水一曰烏油江，出縣南山中，東入秦州。廣濟、陸田、通濟三渠，皆明濬。西和疲。府東南三百里。東南：太祖山。北：寶泉。東北：雞峰。西北：祁山。西南：仇池山。西漢水，東自禮縣入，逕縣北，橫水河逕城東，合葉家河、白水，仍西入禮縣。復東流入境，逕縣南，江底河出縣西南香山，東南流注之，又東南入階州。東北：鹽井。鎭一：長道。岷州疲，難。府西南二百四十里。明衞。雍正八年改置。北：岷山。東南：岷峩山。洮水自西洮州廳入，東流過城北，疊藏河西南自楊土司境來，合多邦、綠園二水，北流注之。洮水西北復入洮州廳。岷峩江一曰良恭河，出岷峩山東麓分水嶺；南流迤東入禮縣。白龍江上源曰阿塢河，出岷峩山西麓分水嶺，東南流，合數小水，曰岷江，又東南逕臨鋪江西入階州。驛三：岷山、西津、酒店。土司二：麻童、百林口堡。番族一：沙莊。洮州廳繁，難。府西南三百六十里。西南：西傾山。山脈東迤，曰陰得爾圖塔拉山、綽那搜爾山、多克第山、阿穆尼恰珠溫恭山、多噶爾山。洮水出西傾東麓，一曰巴克西河，南流迤東，納庫庫烏蘇、波爾波河、多克第河，合拉爾河、底穆唐河諸水，逕廳城南，東入岷州，折而西北，復入廳境，逕廳東北入狄道。白水江，卽禹貢桓水，一曰墊江；西自四川松潘廳入，逕廳城西南，東南入階州。邊牆，南起洮州衞故城南峪口，北入河州。鎭一：廣思。土司三：著遜、卓泥楊氏、資卜馬氏。諸土司皆貧弱，地什九入卓泥楊氏，幅員千餘里，南與松潘接。南路隘口七，通四川番地。西路隘口六，通青海。北路隘口三，通循化廳番地。

慶陽府：中，疲，難。隸平慶涇固化道。順治初，因明制，並置慶陽衞。雍正五年省衞。西距省治千一百八十里。廣三百十里，袤四百二十里。北極高三十六度三分。京師偏西八度四十六分。領州一，縣四。安化 疲，難。倚。東北：太白、青沙嶺。西北：鐵邊山。環河一曰馬蓮河，西北自環縣入，東南流，逕城南，鐵邊河納境內諸水南流注之。又東南，合教子川，入合水，東北荔原川亦入焉。又北，白豹川，入陝西保安。縣北大小鹽池。鎮五：槐安、五交、業樂、馬嶺、董志。驛一：驛馬關。縣丞駐董志原。合水 簡。府東七十里。西：錦屏。東：橋山、子午山。環河西北自安化入，至板橋鎮合建水，一曰東河，西南逕城東，右東北川爲合水，納馬蓮河，南入寧州。故城川出子午從之。鎮四：華池、鳳川、平戎、太白。驛三：華池、邵莊、宋莊。環 簡。府西北百八十里。東：尖山。西：青山。西北：青岡峽，環河出其南麓，東南流，逕城西，左右納小水十餘，又東南入安化，清水、蕭家河並從之。西南，寡婦川亦入焉。鎮三：馬嶺、木鉢、石昌。驛三：靈武、靈祐、曲干。正寧 簡。府南二百四十里。本眞寧，乾隆初更名。羅水出縣東羅山：西南流，逕城南，納馬造溝水，西入寧州。鎮三：湫頭、平子、山河。寧州 中，疲，難。府南百四十里。東：雕嶺。南：雲寂。東北：五掌山。涇水，西自涇州入，納茹水河，南流迤東，環河北自合水來會，納境內諸水，逕城西南流注之，又東納羅水，入陝西長武。鎮八：襄樂、政平、早社、焦村、大昌、新莊、南義井、鳳皇。驛二：彭原、焦村。

寧夏府：衝，繁，疲，難。寧夏道治所。將軍、副都統、總兵駐。明，寧夏五衞。初因明制。順治十五年，幷前衞入左衞，中衞入右衞。雍正三年，省衞、所，置府及寧夏、寧朔、平羅、中衞四縣，以靈州直隸州來屬。五年，置新渠縣。七年，置寶豐縣。乾隆三年，省新渠、寶豐入平羅。同治十一年，置寧靈廳。西南距省治九百四十里。廣五百三十里，袤六百六十里。北極高三十八度三十二分。京師偏西十度二十分。領廳一，州一，縣四。**寧夏**衝，繁，疲，難。倚。治府東偏。本前、左二衞地。雍正四年置縣。黃河，西南自靈州入，東北至昌潤渠口入平羅。河入中國，寧夏獨食其利，支渠釃分，灌溉府境。惠農渠，雍正四年濬，漢延渠，雍正九年重修，皆南自寧朔入。唐渠，雍正九年重修，西自寧朔入。皆東北入平羅。東：高台寺湖。北：月湖。東北：金波湖、三塔湖。驛三：寧夏、王鋐、橫城口。**寧朔**衝，難。倚。治府西偏。本中、右二衞地。雍正三年置縣。西北：賀蘭山，山脈綿亙，北抵大漠，南訖中衞，山外蒙古阿拉善、額濟納地。黃河，南自寧靈、中衞入，東北至葉昇渡入寧夏。惠農渠於縣南上馬家灘承黃河支流，東北入寧夏。漢延渠於縣南下馬家灘承黃河支流，東北納數小渠，入寧夏。大清渠，康熙四十九年濬，於漢渠南承河流，北過雙塔湖合唐渠。唐渠於縣南青銅峽首受河流，東北納支渠十餘，入平羅。南：長湖。西：觀音湖。吉蘭泰鹽池在賀蘭山麓。邊牆，沿山自北而南，逾分守嶺入中衞。定遠城在打台溝，雍正間，阿拉善還博羅克科克於此，築城設守。阿拉善王旋還舊游牧，仍以定遠城賜之。**平羅**疲，難。府北少東百二十里。故平羅所。雍正三年置縣。乾隆三年省新渠、寶豐二縣，以其地來屬。黃河，西南自寧夏入，分爲二派，東北流百餘里復合流，北入鄂爾多斯。唐渠、惠農渠西南自寧朔入，東北至石嘴子，復入於河。昌潤渠，雍正六年濬，卽故六羊河故瀆，疏流建閘；起縣東南，北流逕寶豐故縣東，復入於河。邊牆，縣北，西起賀蘭山麓，東訖河干。縣丞駐寶豐故城。**靈州**要，繁，疲，難。府東南九十里。初因明制爲直隸州。雍正三年來屬，並省後衞，以其地入州境。黃河，西南自寧靈廳來，東岸旁州西境。山水河出州南山中，西北流，入平遠，復北入州境。苜蓿渠首受黃河，自西來會，支渠右出曰秦渠。山水河又北流，迤西北入黃河。支流北出曰滂河；北至三道橋又分二瀆，一西北入黃河，一北流會秦渠入河。黃河又東北至橫城口入寧夏。東南有蒲草湖、東湖。南、北、中三鹽池，花馬池，紅柳池，俱州東南。邊牆，起橫城堡，東入陝西延安。鎮一：耀德。驛三：靈州、紅山、沙泉。州同駐花馬池。鹽捕通判駐惠安堡。中衛衝，繁，疲。府西南三百六十里。故中衛地。雍正三年置縣。黃河，西自靖遠入，逕城西南，支渠左釃爲美利渠、太平渠，右釃爲羚羊角渠，過城東南，右釃爲羚羊店渠，又東，左釃爲永興渠、勝水渠，右釃爲羚羊峽渠。清水河，東南自平遠來，北流注之。黃河又東，迤北，右釃爲七星渠，左釃爲順水渠、豐樂渠。諸渠皆東北復入於河。黃河又東北入寧靈。邊牆，旁黃河南岸，逾河東入寧靈。驛三：中衛、渠口、長流水。巡司駐渠寧。縣北阿拉善旗界有漢、蒙分界碑。寧靈廳要。府南二百里。故金積堡，屬靈州。同治十一年，總督左宗棠督師克復，奏設廳，改寧夏水利同知爲撫民同知駐焉。南：金積山。東南：大蠡。東北：紫金。西南：青銅峽。黃河，南自中衛入，行峽中；東北入寧朔、靈州。清水河，西南自海城入，左合邊牆溝、紅溝，入中衛注河。漢渠自廳城西首受黃河，下流匯山水河。

西寧府：最要，衝，繁，疲，難。西寧道治所。辦事大臣、總兵駐。明，西寧衛。初因明制。雍正二年，省衛，置府及西寧、碾伯二縣。乾隆九年，置巴燕戎格廳。二十六年，置大通縣。五十七年，置貴德、丹噶爾二廳，割蘭州之循化來屬。東南距省治六百二十里。廣三百五十里，袤六百五里。北極高三十六度三十九分。京師偏西十四度十三分。領廳四，縣三。西寧衝，繁，疲，難。倚。東：峽口山，漢隍陿地；紅崖子山。西：土樓山、金山。南：拔延山。西南：南禪山、積石山、拉脊山。西北：北禪山。黃河，西自貴德廳逕城南，東入巴燕戎格。湟水西自丹噶爾入，逕城北，北川河西北自大通來注之，又東南入碾伯。大通河逕縣東北入平番。縣西：伯顏川渠。縣南：那孩川渠。驛二：西寧、平戎。土司四：陳氏、吉氏、祁氏、李氏。番莊二：上朵壤爾、乜亥加。番族三：上郭密、松巴、巴哇。**碾伯** 衝，繁。府東百三十里。故守禦千戶所，屬西寧衞。雍正二年置縣。南：雪山。西：四望山。東北：阿剌古山。湟水，西自西寧入，東南流，逕城南，曰碾伯河。納縣境諸川，東南至蓮花臺；大通河北自平番來會。河北、河南兩渠，引湟溉田，釃支渠三十。驛三：嘉順、老鴉、巴州。土司三：九家港、勝番溝、老鴉堡。他番族十餘，分居縣境。**大通** 難。府西北百三十里。故番地。雍正二年，以番族效順，置大通衞。乾隆二十六年省衞置縣。西北：大雪山。北：大寒。東：五峰。南：元朔山。大通河古浩亹水，西自青海入，東南入平番。北川河西自青海入，有二源，北曰布庫克河，南曰沙庫克河，合流至城北爲北川河，又東南入西寧。東峽川、峽門堡二渠。長寧驛。土司六：起塔鎭、乩迭溝、大通川、王家堡、朱家堡、美都溝。西北與青海分界，有界碑。**貴德廳** 要。府南。故歸德千戶所，屬河州衞。雍正四年，省衞所隸河州。乾隆三年改隸西寧。二十六年設縣丞。五十七年升廳，設撫番同知。東：郭圖。南：莫曲山、圖爾根山。東南：圓柱。南：南山。黃河，南自青海改西北流，折而東北，恰克圖河東來注之。又東北，環廳西境，至隴羊峽西折而東南，合龍池河及烏蘭石爾廓爾河，並諸小水，入循化、巴燕戎格。番族分生、熟、野番三種。熟番五十四族，畊賦視齊民。生番十九族，畜牧資生。野番八族，其汪食代克一族，乾隆末北徙丹噶爾，餘七族咸居廳東境，插帳黃河南岸。**循化廳** 要。府東南。舊屬蘭州，爲河州同知駐所。乾隆末，移隸西寧。西南：多噶爾羣山，不一名。黃河，西自貴德入，北岸爲巴燕戎格廳地。保安大河南自丹噶爾北流注之，又東納廳境諸水，至積石關入河州。大夏河，古灕水，出廳南邊外山中，北流，逕拉布楞寺，屈曲東南入河州。青海和碩特游牧地錯入廳南境。番族：上隆布西番十六寨，南番二十一寨，阿巴那西番八寨，多奈錯勿日二寨，素呼思記二寨，邊都溝西番十寨，東鄉西番五寨。回民撒拉族所居，曰上八工、下八工。丹噶爾廳府西南。撫番同知駐。東：翠山。南：日月。北：北極山。湟水出青海噶爾藏嶺，東流，至札藏寺入廳境，逕城南，東入西寧。清水河出貴德廳南速古山，東北流。隆武河出循化廳西南番地，北流，匯爲保安大河，北入循化。韓土司轄地在廳東南。東科爾寺在廳西南。西寧、青海孔道。沙喇庫圖爾番族聚居處。巴燕戎格廳府東南，通判駐。明，西寧、碾伯、洮州廳地。乾隆三年，以鞏昌裁缺通判徙改。北：雪山。西：小積石。東南：拉札山。黄河，西自貴德廳入，南岸爲循化境，巴燕戎格河出小積石山東麓，納廳境諸小水，南入黄河。

涼州府：衝，繁，疲，難。甘涼道治所。副都統、總兵駐。明，涼州衞。順治初，因明制。雍正二年升府，置廳、縣。東南距省治五百六十里。廣九百三十里，袤五百二十里。北極高三十七度五十九分。京師偏西十三度四十八分。領廳一，縣五。武威衝，繁，疲，難。倚。故涼州衞地。雍正二年置縣。南：祁連山，一名大雪山，綿亘千里，西北抵甘州境。沙溝水出山麓，屈曲北注，會黄羊渠爲白塔河，又西北迤，逕城北，會雜木河、大七河、金塔寺渠、海藏大河、炭山河、北沙河諸川，爲郭河，北入鎮番。東北：邊牆，起鎮番境蔡旗堡，南至土門關入古浪。驛三：武威、懷安、大河。鎮番繁，疲。府東北二百里。故鎮番衞。雍正二年置縣。南：亦不刺山，環東北三面。郭河，南自武威入，西北出邊牆，釃支渠四，又西北出塞，瀦爲大澤，蒙古謂之哈刺海讙，古休屠澤也。青鹽池、鴛鴦白鹽池、小白鹽池皆在西北邊牆外。邊牆，西接永昌，東至縣城北，折而南，逾郭河入武威。永昌衝，繁，疲。府西北百六十里。故永昌衞。雍正二年置縣。北：金山。西：燕支。東北：馬蹏。東南：炭山。水磨川出縣西南祁連山北麓，四源並導，匯爲一川，北流折東，又東北出邊牆，瀦爲昌寧湖；今涸。炭山河出縣南，北流至永豐堡南，折而東南入武威。邊牆，西起水泉堡，東訖鎮番境紅崖堡。驛二：永昌、水泉。古浪衝，疲。府東南百三十里。故古浪所。雍正二年置縣。西：白嶺。東南：黑松林。古浪河出縣南烏鞘嶺北麓，納縣境諸水；東北出邊牆，瀦爲澤，曰白海。邊牆，自武威南境逾古浪河，迤東南入平番。驛二：古浪、黑松。巡司駐大靖。平番衝，繁，疲，難。府東南三百三十里。故莊浪所。雍正二年置縣。東：松山。北：炭山。西：卓子山。西北：分水嶺。北爲萱麻河，入古浪。莊浪河出嶺南麓，納金羌、石門、清水諸小河，至城南，又南至頭道河入臯蘭。大通河，西北自大通入，逕城西入碾伯注湟水。大鹽溝，東南。邊牆，起縣西北，東南入臯蘭。驛五：莊浪、大通、通遠、鎮羌、平城。土司二：古城、連城。縣丞駐西大通。莊浪廳簡。府東南。同知、理事通判同駐。莊浪河，北自平番入，南至臯蘭境入于河。大通河，西北自平番入，東南至臯蘭、河州境入于河。土司一：大營灣。

甘州府：衝，繁，疲。隸甘涼道。提督駐。明，陝西行都司治。順治初，因明制。雍正二年，罷行都司，置府及張掖、山丹、高臺三縣。七年，割高臺隸肅州。乾隆間，增置撫彝廳。東南距省治千五百里。廣三百二十里，袤二百里。北極高三十九度。京師偏西十五度三十一分。領廳一，縣二。張掖要，衝，繁，疲。倚。故甘州左、右衞。雍正二年置縣。北：合黎山。西南：祁連山，縣亙府境，與青海分界。山丹河，東自山丹入，洪水河出縣東南金山北麓，北流注之。又西北逕城北，張掖河古羌谷水，出祁連山中，匯縣境諸渠，北流來會。山丹河自此蒙黑河之稱。又西北，入撫彝。張掖河東岸黑番牧地，西岸黃番牧地。邊牆，傍山丹河北岸，東入山丹。驛二：甘泉、仁壽。縣丞駐東樂。山丹衝，繁，疲。府東百二十里。故山丹衞。雍正二年置縣。山丹河卽禹貢弱水，出縣南祁連山麓，四源並導，匯于城南，東入張掖。紅鹽池在縣北，白鹽池濱居延澤。大草灘，東南與涼州、西寧、青海分界。邊牆，起合黎山南，逕縣城北，東入永昌。驛四：山丹、東樂、新河、峽口。撫彝廳府西北百五十里。舊隸甘州後衞。雍正二年衞省，屬高臺。乾隆十八年來屬，置廳設通判。南：祁連。響山河出東南，黑河自張掖入合之，西北逕廳北，左合三清渠，右出支渠，北自魯墩灣入高臺。邊牆，傍黑河北岸東入張掖。驛一：同廳名。

涇州直隸州：要，衝，疲。難。隸平慶涇固化道。明隸平涼府，領靈臺。順治初，因明制。乾隆四十二年，升直隸州。割崇信、鎮原來屬。西距省治九百五十九里。廣百一十里，袤三百五里。北極高三十五度二十三分。京師偏西九度七分。領縣三。北：笄山。西：回山。西南：岪耳山、青溪嶺。涇水西自平涼入，逕城北，汭水西南自崇信來注之。又東至唐長武故城，洪河西北自鎮原來注之。又東至寧州界，茹水西北自鎮原來注之，南入陝西長武。盤口河，西自靈臺入，旁州南境，東入長武。鎮一：盤口。驛一：安定。崇信難。州西南百二十里。城據錦屏山北麓。西南：箭筈山。西北：峽口。汭水，西自華亭入，匯五龍、斷萬、五馬三山及九峪水，屈東逕城北，東入平涼。盤口河卽黑河，亦自華亭入，傍縣南境，東北入靈臺。新柳灘旁汭水，順治中疏爲渠。鎮原疲。州西北二百里。東：東山。北：潛夫、孝山。茹水，西北自固原入，逕城南，納交口河、蒲河暨縣北境諸水，東南入寧州。洪河，西北自固原入，合平泉水，西南潘陽澗，入州。鎮二：新城、柳泉。驛一：白水。靈臺疲，難。州南二百里。北：臺山。東：蒼山。東北：書臺。西南：離山。達溪水，西自陝西隴州入，左合鎮川口河，至百里鎮，右合妲己，左小建河，逕城南，東北入陝西長武。盤口河，西自崇信入，逕縣東北，合槐樹溝水，東入州。鎭七：東朝那、良原、百里、邵寨、石塘、上良、西屯。

固原直隸州：衝，繁，難。隸平慶涇固化道。陝西提督駐。明隸平涼府。順治初因之。同治十二年，升直隸州，置平遠、海城二縣屬焉。西距省治八百九十里。廣五百二十里，袤三百十里。北極高三十六度四分。京師偏西十度七分。領縣二。西北：石城山。北：須彌。西南：隴山，一曰六盤山，縣跨平涼化平川境。清水河出隴山開城嶺北麓，古高平川，二源並導，匯爲一川，逕城東，納州境諸水，北入平遠。涇水北源出開城嶺南麓，爲大小南川，會於瓦亭驛；東逕蒿店，曰橫河，出彈箏峽，入平涼。茹水出開城嶺東麓，洪河出州東南陶家海子，並東入鎭原。驛三：永寧、三營、瓦亭。州判駐硝河城。平遠衝，難。州北二百四十里。故平遠所。同治十二年置縣，又割海城之下馬關西地及靈州同心城來屬。西北：羅山。南：打狼。西北：麥朵。西南：白楊林。清水河，南自州境入；甜水河自東來注之，又納縣境諸水，西北入中衛。山水河，東自靈州入，逕縣北境，復西入靈州。海城衝，疲，難。州西北二百十里。平涼府屬海剌都地。乾隆十四年徙鹽茶同知駐此。同治十二年省同知置縣。西：天都山。西南：蓮花。南：五橋山。北：大黑河、紅井堡水、相洞川，並東入州，注清水河。清水河逕紅古堡，合石峽水，又北合興仁堡水，入寧靈。西北：乾鹽池堡水，逕打拉池，縣丞駐。

階州直隸州：疲。隸鞏秦階道。明隸鞏昌府，領文縣。順治初，因明制。雍正七年，升直隸州，割鞏昌之成縣來屬。西北距省治千一百五十里。廣二百九十里，袤五百五十里。北極高三十三度二十三分。京師偏西十一度二十三分。領縣二。北：鳳凰山。白水江，西北自洮州入，南流，迤東逕西固城南，白龍江北自岷州來注之。又東南，逕城西，納數小水，南入文縣。西漢水，西北自禮縣入，屈曲東南入成縣。鎮四：平洛、安化、角弓、石門。驛三：階州、官城、殺賊橋。州同駐西固城。州判駐白馬關。文 簡。州西南二百里。白水江，北自州境來，逕縣東南，清江水一曰文縣河，西北自四川松潘廳，上承察岡公河，東南流入境，納縣西諸水來會。白水江又東南納縣東諸水，入四川昭化。南：陰平隘。驛二：文縣、臨江。成 疲。州東北二百里。西：泥功山、仇池山。東：木皮嶺。西漢水，西北自州境入，逕縣西南，黑峪河出縣北山中，納縣境諸水，西南流注之。西漢水至此蒙犀牛江之稱，東南入陝西略陽。鎮三：泥陽、橫川、抛沙。驛一：小川。

秦州直隸州：要，衝，繁，難。隸秦階道治所。明隸鞏昌府，領秦安、清水、禮三縣。順治初，因明制，雍正七年，升直隸州，降鞏昌屬之徽州爲縣，與所領兩當縣來屬。西北距省治七百三十里。廣三百九十里，袤四百五十里。北極高三十四度三十五分。京師偏西十度四十分。領縣五。西：刑馬山。西北：邽山。東南：麥積。西南：嶓冢。渭水，西自伏羌入，右納藉水，左納牛頭河，東逕城南，又東納諸小水，過三岔城北，迤南入陝西隴州。西漢水出嶓冢山南麓，西入禮縣。駱駝川水出嶓冢山東麓，流合數小水，南入徽縣。鎮四：關子、高橋、社樹坪、董城。州判駐三岔鎮。秦安 疲，難。州北八十里。東：九龍山。北：顯親峽。南：新陽崖。東北：青龍。羅玉河古隴水，北自靜寧州入，上承苦水河，南逕縣西，至新陽崖入州境注渭。略陽川水東自清水入，西合石版泉，入靜寧注苦水河。鎮六：金城、川口、郭嘉、太平、隴城、大寨。清水 衝，疲。州東北百二十里。東：隴山，大震關在其下。牛頭河一曰東亭河；古橋水，出隴山西麓，來源並導，匯爲一川，逕城北，東流，迤南入州境。略陽川水亦出隴山西麓，西流，納縣境諸水，逕龍山鎭入秦安。鎭八：白沙、岩年、清水、百家、玉屛、松樹、龍山、恭門。驛一：長寧。

禮 疲。州西南二百里。東：祁山。東南：仇池山。西南：岷峩山。西漢水，東自州境入，納縣境諸水，逕城東折南，又西入堦州。鎭二：石頭、崖城。徽 難。州南二百八十里。北：鸑亭。東：赤玉。南：鐵山、青泥嶺。西：栗亭山、木皮嶺。東南：殺金坪，仙人關在其上。故道河，東自兩當入，駱駝川水北自州境來入之，西逕縣南，納小水二，西南入陝西略陽，嘉陵江上游也。栗水出栗亭山，南流爲泥陽河，南入略陽。鎭三：永寧、栗亭、火鑽。兩當 簡。州南二百七十里。東：鸑鷟。南：天門。東北：申家，古南大夫山。故道河，東自陝西鳳縣入，河即兩當水，逕縣南，納小水二，西南逕秦岡山爲琵琶湖，入徽。鎭二：廣鄉、兩當。有驛。

肅州直隸州：衝，繁，疲。安肅道治所。總兵駐。明，肅州衞。順治初，因明制。雍正二年，省衞幷入甘州府。七年，置直隸州，割甘州之高臺縣來屬。東南距省治千四百六十里。廣百九十里，袤百五十里。北極高三十九度十六分。京師偏西十七度十二分。領縣一。東南：觀音山。南：祁連山。東跨高臺，與青海分界。西：嘉峪山。其西麓設關，俄羅斯通商孔道，稅務司駐焉。洮賴河出州西南祁連山北麓，古呼蠶水，北流東迤，支渠旁出，左播爲四，右播爲三。又東爲北大河，至臨水堡，臨水河出祁連山最高處，東北流注之，折而北，逕金塔寺，西出邊牆爲北大河，至古城，右會紅水，左合清水河，曰白河，東北入高臺。豐樂川出州東南祁連山天涝池，北流釃十數渠。南：金廠。邊牆，自嘉峪關迤西北逾洮賴河，折而東南，入高臺。驛二：酒泉、臨水。州同駐金塔寺。巡司駐嘉峪關。高臺衝，繁，疲。州東南二百七十里。故守禦千戶所。雍正三年置縣。西：崆峒。南：榆木。東北：合黎山。黑河，東自撫彝廳入，西北流，逕城北，左出支渠五。又西北逕深溝驛，復釃爲數小渠，又北至鎮夷營。出邊牆，右釃爲雙樹子屯渠，左釃爲毛目渠，白河西南自州來會，北入額濟納旗界，匯於居延海。縣西北鹽池。邊牆，西自州境來，逾黑河，東南入撫彝廳。驛四：雙井、深溝、黑泉、鹽池。縣丞駐毛目屯。

安西直隸州：衝，繁，疲，難。隸安肅道。明，赤斤、沙州二衞。後以番擾內徙，空其地。康熙五十七年，番族內附，置靖逆、赤斤二衞，設靖逆同知領之，尋增設通判，治柳溝。雍正元年，復置沙州所，築布隆吉城，設安西同知治焉。三年，省靖逆同知，徙通判治其地，仍領二衞，旋升沙州所爲衞。六年，徙安西廳治大灣。乾隆二十四年升府，置淵泉縣附郭，省靖逆通判，幷赤斤衞置玉門縣。二十五年，以沙州衞爲敦煌縣，省淵泉入府治。二十八年，降直隸州，隸安肅道。東距省治二千一百二十里。廣六百二十里，袤六百里。北極高三十九度四十分。京師偏西十八度五十二分。領縣二。雪山自葱嶺支分，迤邐東趨，縣跨州境，山外皆大戈壁，與青海分界。其北連山無極，與哈密及札薩克圖汗分界。疏勒河，古南極端水，一曰布隆吉河，其西源昌馬河出，東入玉門，與東源合，復入，右合支渠。踅昌河西北逕橋灣營南，左納小水七，迤北西流，逕城南，支渠左出爲南工渠、北工渠，經流西入敦煌。邊牆，西起布隆吉城東疏勒河北岸，東訖橋灣營入玉門。驛七：柳溝、小宛、瓜州口、白打子、紅柳圈、大泉、馬連井。敦煌繁，難。州西南二百七十里。東南：三危山、鳴沙山。西南：龍勒山。西：白龍堆流沙磧。疏勒河，東自州境入，西至城北雙河岔，黨河自南來注之。黨河，古氐置水，蒙古謂之西拉噶金，出縣南山中，兩源並導，匯爲一川，北流逕城西，釃分十數渠，又北入疏勒河。疏勒河又西瀦爲哈剌泊。東南：鹽池。玉門關、陽關，皆縣西南。玉門衝，繁。州東二百九十五里。金山環東、西、北三面，緜亙二百餘里。西北：赤金峽。疏勒河出縣南山中，北流，納昌馬河、鞏昌河，又北逕城西，迤東入州境。阿拉克湖即延興海。又東白楊河。有石油泉，古石脂水。邊牆，西自州境來，東入肅州。驛二：赤金湖、赤金峽。

化平川直隸廳：繁，疲，難。隸平慶涇固化道。平涼、華亭、固原、隆德四州縣地。同治十一年，隴東戡定，置廳設通判。西北距省治七百四十九里。廣袤各百餘里。北極高三十五度有奇。京師偏西南十度有奇。東：觀山。西南：大關山。涇水南源出山麓老龍潭，東逕白崖山，合白巖河，又東逕飛龍撻銀，左納聖女川、龍江峽水，東入平涼。

# 清史稿卷六十五

## 志四十

## 地理十二

### 浙江

浙江：禹貢揚州之域。明設布政使司。清初爲浙江省，置巡撫，福建置總督。兼轄之。駐福州。順治十五年，置浙江總督。駐溫州。康熙元年移駐杭州。八年裁，尋復。二十五年復裁，兼轄如故。雍正五年，改巡撫爲總督。十二年，仍爲巡撫。乾隆元年，復置浙江總督。三年，改閩浙總督，自是爲定制。順治五年，遣固山額眞金礪來杭駐防，掌平南將軍印。康熙初年改將軍，總督駐福州，將軍、巡撫駐杭州。三十六年，舟山置定海縣，以舊縣改置鎭海。雍正六年，增置溫台玉環廳。道光二十一年，升定海爲直隸廳。乾隆三十八年，升海寧縣爲州，降安吉州爲縣。領府十一，直隸廳一，州一，廳一，縣七十五。東至海中普陀山；四百九十里。西至安徽歙縣界；三百七十里。南至福建壽寧界；七百八十四里。北至江蘇吳縣界。二百里。廣八百八十里，袤一千二百八十里。北極高二十七度三十五分至三十度五十八分。京師偏東一度五十五分至五度四十分。宣統三年，編戶三百八十八萬八千三百一十一，口一千六百一十四萬九千四百五。其名山：會稽、天目、四明、天台、括蒼、金華。其大川：浙江、浦陽江、苕溪。天目自餘杭飛翥而入，爲黃山三天都之一。

杭州府：衝，繁，難。杭嘉湖道治所。初治嘉興府，今改駐。巡撫，布政、交涉、提學、提法、鹽運各司，糧儲、巡警、勸業各道，及將軍、副都統，織造，同駐。明爲浙江布政使司，領縣九。順治初，因明制。乾隆三十八年，升海寧縣爲州。東北距京師四千二百里。廣百九十五里，袤百三十里。北極高三十度十七分。京師偏東三度三十九分。領州一，縣八。錢塘衝，繁，難。倚。西：靈隱山，古武林山，西湖源此。北爲南北二高峰。西南：天竺山，其東丁家山。瀕湖周三十里。唐刺史白居易、宋守蘇軾導。厥後水淺葑橫，縱成蘇堤，橫成白隄。迤西爲孤嶼，有行宮，與城內吳山爲二。其北聖塘潤水，石函三閘，以時防洩。其東涌金閘，導之入城，曰城河。浙江，古淛河，東南自富陽入。城河出武林門，會西谿入下塘河，一名宦塘河，逕江漲橋。有鹽場司，兼管吳山驛。出北新關，有橋曰拱宸。光緒二十一年與日本約，定爲通商埠。抵奉口陡門。左會苕溪。有西谿、瓶窰二鎭。宣統元年移府同知駐瓶窰。有武林驛。城南鹽場司。浙江驛。仁和衝，繁，難。倚。南：鳳凰山。西北：臯亭山。浙江，西南自蕭山，錢塘入，東北流入海。捍海石塘，自錢塘烏龍廟一堡至戚井村十二堡，西防同知治。又東至翁家埠十七堡，中防同知治。城河出候潮門入上塘河，舊名運河，一曰夾官河，北流，右出枝津爲備塘河，入海寧。下塘河西自錢塘入，西北流者宦塘河，與苕溪會。其北流者爲新開運河，逕塘棲，歧爲二，一入德清，一入海寧。苕溪自錢塘緣西北界入德清、武康爲界水。有鹽場司。湯鎮、塘棲鎮巡司二。又德勝、臨平二鎮。海寧州 疲，繁，難。府東北百七十里。東：黃灣山，臨黃灣浦入石墩山，迤東鳳凰山，並建礮臺。浙江，西南自仁和入，出鼈子亹爲大海。自海鹽至此，潮流倒灌，與江水相薄，此爲浙西第一門戶，南北二大亹扼其中。潮昔趨南，後改徙北，一綫危隄，屢受衝激。自仁和十七堡至南門外三十三堡，東防同知治。又自一堡至十八堡界海鹽，累朝修築。下塘河西北自石門、德清界入，逕永安橋，歧爲二。北支爲運河，入石門，爲長安塘。東支復歧爲二，一周王廟塘河，一許公塘河，入海鹽。左出枝津爲硤石河，入海鹽、桐鄉爲界水。上塘河自仁和入，流爲二十五里塘河，合備塘河，會袁花塘河，入海鹽，爲招寶塘。有袁花、郭店、硤石、石墩、長安、馬牧港六鎮。長安，州判駐。戴家橋有行宮，有汛。有巡司。許村、西路鹽場二。富陽 衝，繁。府西南九十里。東：五泄水。下二泄屬諸暨。泄或作「洩」，洩溪源此。西：貝山。北：桐嶺。富春江，浙江上流，西南自桐廬入，納浦江。湖洑水即壺源江，右合剡浦，左納莧浦，自天目山伏流，入縣西北始出山。錯出復入，流爲白洋溪，逕城南，合安吳川，抵漁山埠，北入錢塘，南入蕭山。城河即慶春河，起觀山訖莧浦。陡門二。有漁山、靈橋、場口、湯家、洋波場五鎮。會江驛。餘杭 繁，難。府西北七十里。南：由拳山。西北：禹航山。北：獨松嶺，並百丈、幽嶺爲三關。南苕溪、中苕溪西自臨安分入而合，會北苕溪，爲瓶窰大河。又一支出武康界孔井山入焉。南苕性悍，逼臨城東，斷二瀼以引之，自滾壩洩流爲餘杭塘河。其南南湖，北流爲黃母港，會苕溪，分上湖、下湖。鎭三：雙溪、石瀨、閑林。臨安　簡。府西北百里。西南：臨安山，縣以此名。西：楓樹嶺。天目山，卽山海經浮玉之山，苕水出其陰，合董、平、鵠三溪。又東南，右合潘溪，左合馬跑泉，側城北而東，錦溪合南溪入焉。又東爲南苕溪，西北爲中苕溪。松溪出南黃嶺，其西婁塘，當苕之衝，乾隆五年圮。有青山、亭川、板橋、化龍、橫坂、三口、鶴山七鎭。青山近城。公、姥二山夾鎖苕源，最險要。於潛　簡。府西北百七十里。東：石柱山。西北：龍翔嶺。西：天目，上有兩池，若左右目。左屬臨安曰東溪，右曰西溪，出尖頂，合流，逕白鶴橋雙溪口，合虞溪爲浮溪。至寮車橋，左合藻溪，右合交溪。紫溪西南自昌化入合之。其上流柳溪。有千秋、白沙、桐嶺、豪千、孔夫諸關。新城　簡。府西南百二十里。西：大雷山。西北：青牛嶺。並天目支阜。南：百丈嶺，界餘杭。葛溪出，合武源、里仁二水，出大源橋，右合菖溪，左納槎溪，上承分水廣陵溪爲三溪口，逕練頭莊爲練頭溪，合松溪爲雙港口，曰鼉江。北有塔山堰。有東安鎭。昌化　簡。府西二百十里。西南：福泉山，其東蘆嶺。南：楊嶺。西：昱嶺。北：嶠嶺、黃花嶺。並置關。又馬頭嶺，上溪出，合高溪、仁里溪，東流爲無他溪。合雲溪，右納頰口溪，逕晚山下爲西晚溪，逕城南爲雙溪。又南爲下阮溪、三溪。伽溪出南峽川，上博溪東南納分水青坑溪、覽溪，西南承藨、浦二水，以達柳溪。其中柯相公潭，與於潛爲界水。有手寧、頰口、柯橋三鎭。

嘉興府：衝，繁，疲，難。隸杭嘉湖道。副將駐。乾隆十五年裁所，倂海寧衞爲嘉興府。西南距省治百八十里。廣百五十里，袤百里。北極高三十度五十二分。京師偏東四度三分。領縣七。嘉興　衝，繁，疲，難。倚。府境之水二派，曰武林、天目，而天目派由石門、秀水入運，則合武林爲一。長水塘南自桐鄉、海鹽界入，合練浦塘。海鹽塘東南自其縣入，並匯於南湖，一名鴛鴦湖，東南接滮湖。六里涇承南湖水，歧爲二，一魏塘，一漢塘。合王廟、空廟、衆歡諸塘，左出枝津爲伍子塘。有王店、新豐、鍾埭、新禮四鎮。王店、新豐有汛。西水驛有丞。有鐵路。秀水 衝，繁，難。明宣德四年析嘉興置，同附郭。西南：運河自桐鄉入，合石人涇，左出枝津爲新塍南塘，側城西南注南湖。新塍塘西北自江蘇震澤入，納新塍北塘，與南塘合，逕北麗橋。長水、海鹽二塘東南自嘉興注之，是爲秀水，縣以是名。東北流，右出枝津北流，瀦爲姚涇、楊舍、上馬諸港，分趨南官、北官、連四、梅家、陸家諸蕩，入江蘇吳江。魏塘，東自嘉興入，入嘉善。爛溪，西北自桐鄉入，入震澤、吳江爲界水。王江涇，通判駐。舊設同知及東西兩塘協辦同知，並裁。濮院鎮、新塍、九里匯有汛。新城、陸門二鎮。嘉善 繁，疲，難。府東北三十里。南：餅山。魏塘自秀水入，會東郭湖塘，貫西城壕，出東門流爲楓涇塘，入江蘇婁縣。伍子塘南自嘉興入，貫南城壕，出北門入祥符蕩。其北沈家、白魚、上白諸蕩，西北烏盆潭、木斜湖、吳家漾，並入江蘇青浦。西北：汾湖滮流匯處，播爲南北許蕩、南北夏墓蕩，入吳江。斜塘鎮，縣丞駐。楓涇鎮，主簿駐。天寧莊鎮，有汛。魏塘、陶莊、干家窰三鎮。海鹽 繁，難。府東南八十里。南：秦駐。東南：白塔。西北：獨山。海，東北自平湖入，逕縣城，又南至澉浦。道光二十四年設水師都司。其西長牆山，橫截海灣，建礮臺。捍海石塘，西南接海寧，東北亙平湖。秦駐塢水出秦駐山，歧爲三，通曰秦溪，縱橫數十里，貫以招寶、烏坵兩塘。招寶塘西南自海寧入，烏坵塘出長生橋合之，是爲嘉興塘。又自璵城東海貫城壕出北門流爲平湖塘。長水塘亦自海寧入，緣西北界，錯出復入，入嘉興、桐鄉爲界水。有鮑郎、海沙二鹽場司。海口、沈蕩二鎮。有汛。石門 衝，繁，難。府西南八十里。明爲崇德。康熙元年改名。西北：含山。運河，西南自德清入，納海寧下塘枝水。左枝爲南界涇，入歸安，右納下塘河、長安塘，並自海寧南注之。左枝爲南沙渚塘，入海寧、桐鄉爲界水，側城南而北，右出二枝津爲中北沙渚塘，又北襟塘，左石人、瓜塔、沙木諸涇，折東環灣如帶，是爲王灣。其塘右諸涇、半截運河注塘，左半由含山入歸安。有玉溪鎮。皂林驛。平湖 繁，疲，難。府東南五十四里。東南：雅山，又苦竹山，水師戰艦泊焉。迤東羊、許二山，峭立海中，爲江、浙分疆處，浙西第三門戶也。海，東南自江蘇金山衞入，又西逕乍浦。雍正二年設水師營，七年，移杭州副都統來駐。道光三年移府海防同知並駐。東西兩海口，北接廣陳汛。自此入澉浦達杭州，爲錢塘江口北岸，西人名乍浦灣。漢塘西自嘉興入，分流注當湖。右得平湖塘，西南自海鹽入合之。左得乍浦塘，出東南前黃山，合何陳塘注之。東北流，歧爲二，分流復合，入泖湖，其口曰朱洞港。有汛一。廣陳塘右出枝津爲鹽船河，出放港爲秦河，入泖湖，正渠並入之。鎭五：白門、廣陳、乍浦、新埭、青蓮寺。有白沙灣巡司。蘆瀝、横浦二鹽場。天后宮、觀山麓、陳山嘴礮臺。桐鄉 繁，難。府西南五十里。東：殳山。南：王家山。運河西南自石門入，枝津入震澤界爲爛溪，正渠逕永新橋歧爲三，南流注永新港，達石人涇，北流注五往涇入爛溪，東流入秀水。石人涇亦自石門入，合瓜塔涇及北沙渚塘，逕屠甸，復合沙木涇。南沙渚塘亦自石門入，合中沙渚塘，入海寧。長水塘自海寧、海鹽緣東南界入海鹽、嘉興爲界水。鎭五：濮院、爐鎭、皂林、陳莊，又青墩巡司。

湖州府：繁，疲，難。隸杭嘉湖道。明，領州一，縣五。副將、所千總駐。乾隆三十八年，改安吉爲縣。東南距省治百八十里。廣百八十二里，袤百三十八里。北極高三十度五十二分。京師偏東三度二十七分。領縣七。烏程 繁，疲，難。倚。南：衡山、金蓋山。西北：弁山。太湖，東北八十里，古震澤，周五百里，匯上游諸水。大小雷山扼其東，西亙長興，北至小雷界吳江。浙源爲東西二苕溪。東苕溪東南自歸安入，合西塘河注碧浪湖。山塘溪亦自其縣注之。合妙喜港，左得呂山塘，西北自長興入合之。左出枝津爲北塘河，分瀦二十五漊港。西苕溪亦自長興入，合四安溪。左出枝津小梅港及橫港，分瀦十一漊港。正渠與東苕合，是爲江渚，匯合瀦大錢港入太湖，三十六漊港並入之。其東，運河自歸安入，合潯溪入震澤。爛溪自歸安、桐鄉緣界，左出枝津爲白米塘河，納歸安中塘河並入之。太湖營守備駐，同知駐烏鎮，通判駐南潯溪，並晟舍、大錢、馬要、圓通橋、小梅、青山、伍浦有汛。南潯、大錢湖口二巡司。苕溪驛。歸安 繁，疲，難。倚。東南：長超山。西南：梅峰山。東北：太湖。東苕溪，東南自德清入，左出枝津爲吳興塘，納石門含山塘注錢山漾。西塘河，南自武康入，洛舍漾逾埭溪注之，與東苕合。逕城南，呂山塘西自烏程注之，右出枝津爲荻花涇，播爲運河，歷月河爲霅溪，抵臨湖水門。自錢山漾至此，與烏程爲界水。雙菱鎮，守備駐。縣丞駐射村港鎮；主簿駐菱湖鎮。並涵山、善連有汛。璉市、埭溪二巡司。長興 衝，繁。府西北六十里。西：白石山。西北：碣石山。北：啄木嶺，界江蘇荆溪。東北：太湖。大雷、小雷西南自安吉入，其西四安溪，出朱灣嶺，合罨畫溪。西北箬溪二源合於長安渡，故曰合溪。罨畫溪右出枝津爲呂山塘，歧爲二：一中橫塘，入烏程；一南橫塘，入北橫塘。正渠逕橫石橋，與北橫塘會。其北顧渚溪，出懸臼嶺，流爲紫花澗，瀦於包洋湖，分二十八漊港，南至蔡浦，接烏程小梅港，西至夾浦，爲顧渚溪來源。橫溪，出東北橫玉山，分瀦長大、上周、蔣家、金村四港。香山嶺水瀦雙橋港，浮渚嶺水瀦斯圻港，並入太湖。鎭六。夾浦，縣丞駐。有四安、合溪二巡司。並新塘有汛。德清 繁，疲，難。府南九十里。東：德清山，本烏山，縣以此名。東北：瀲山。西北：白峴山。苕溪南自仁和入，納武康南塘河，逕南水門，曰龜溪。左出枝津入洛舍漾，爲歸安、武康界水。正渠貫城壕西北流，東苕溪分運河入之。東塘河，其枝津運河亦自仁和入，緣東南界錯出復入。有錢市鎭巡司。武康 疲，難。府南百二十里。東：封山。西北：草干。又銅峴山爲餘英溪北源，南源出西上郎山，匯於簰頭，逕新塘灘爲前溪，會湘溪、後溪。其枝津側城南而東，左得封溪故道，又東北合阜溪，左出枝津注洛舍漾。苕溪自錢塘入，緣東南界合官塘河，北流爲餘不溪。鎭二：簰頭、上柏。安吉 疲，難。府西南百三十里。明爲州。乾隆三十八年降。東南：白楊山。北：金烏山，界長興。東南：獨松嶺，界餘杭。東溪出大溪，卽苕溪，西南自孝豐入，逕塔潭。東溪合梅園溪，復納孝豐豐食、吳渚二溪入焉。側城東合丁埠港水，北流，左合理溪，右合魯家溪，逕梅溪。渾水瀆亦自孝豐注之，又北合四公溪。小溪市、梅溪鎭、遞鋪鎭有汛。乾隆十七年移州判駐南溪。孝豐 簡。府西南九十里。西南：天目山，界臨安、於潛。又桃花山。南：廣苕山，苕溪出，合深溪、橫溪。其東大海嶺，東濱溪出，下流爲吳渚溪，又東市嶺，大溪出，下流爲豐食溪。梅家山溪出北梅家山，下流爲渾水瀆。有天目山巡司。沿干鎭。

寧波府：衝，繁。寧紹台道治所。提督駐。康熙二十六年，改定海曰鎭海，移置定海於舟山。宣統三年，增置南田。西北距省治四百四十里。廣二百二十四里，袤二百八里。北極高二十九度五十五分。京師偏東四度五十七分。領縣六。鄞 衝，繁，難。倚。西南：四明山。東傍海爲鄮山。西南：灌頂、梅園山、海浦、羊求山。海，東南自象山入，逕大嵩水口。順治十七年裁所置遊擊。雍正七年設同知。東接瞻崎，南毗鹽場，有司。又北通東錢湖，匯東境諸水，有南北二塘、梅墟石塘。奉化江南自其縣入，鄞江出四明山，合而北流，爲甬江。又與慈谿江合，河流縱貫。道光二十三年開租界，與英立約，爲五口通商之一。逕白沙市。左出一枝津，首白沙，訖張家堰，與鎮海爲界水。西南：南塘河出四明，歧爲二：前港貫城壕，注日月二湖；後港卽裏弄港，會中塘、西塘及中南二河入江。其東前塘河，三源匯於橫溪，出橫石橋，會中塘、北塘河，逕和安橋，爲三河總渠，注大石碶入江。有浙海關。四明水驛。鐵路。橫山嶴、猛港等礮臺。慈谿 繁，疲，難。府西北五十里。西南：大寶、句餘。東南：石柱山。海，西北自餘姚入，北抵海鹽。迤東有海王山，又東爲松浦港口。港分杜湖水，出三眼橋，界鎮海。慈谿江上流卽姚江，自餘姚入，逕丈亭渡，歧爲二：前江歷車廐嶺，抵大浹江口，會甬江；後江貫城壕，出東郭，曰管山江，南抵西渡會前江，西抵化紙閘會橫溪。西南：藍溪自龔村匯二十六隩水，出玉女山。西南諸水出四明，入蛟門，北資杜、白二湖。海壖設塘置閘，曰松浦、淹浦、古窰、津浦、洋浦。鎮五：丈亭、洪塘、東埠、松浦有巡司、向頭廢司。鶴鳴鹽場司。車廐驛。有瓜蒂山、東山礮臺。奉化 疲，難。府西南八十里。東南：奉化山，縣以此名。又鮚埼山。光緒十年法兵艦來犯礮臺，斃其將孤拔，遂遁。海，東北自鄞入，逕湖頭渡關，又西逕塔山城、應家棚，東接楊村汛，又西爲河泊所。其口有懸山。又天門山，下卽漢志天門水，南爲江彭山，界象山、寧海。縣溪出西南大公隩，七十二曲，朱、白二溪逾趙河注之。抵璡琳碶，歧流爲長它江，抵三江口。金溪出東金峩山，逕白杜河來會。其西剡溪，出六詔嶺，合左溪，納西晦溪，是爲奉化江。又東合長它江，迤東北會甬江。塔山城巡司。應家棚守備。有鮚埼鎮。連山驛。祥嶺、董公、桐照等礮臺。鎮海 衝，繁。府東北六十里。海，西北自慈谿入，東至澥浦，水師參將駐，爲郡北要害。又東逕招寶山抵鉗口門。道光二十一年英兵艦由此登岸。其東蛟門，西虎蹲，並稱天險。又東穿山所，臨黃歧洋。又東崎頭角，臨崎洋。頭長、跳嘴山扼其口，並爲郡東要害。轉南至霩衢所，南接崑亭汛。迤南撲蛇山，臨雙嶼港。又南至荒嶼，界鄞。外洋各島，其著者，東北七姊妹山，東西霍山，迤東搗杵山。東距金塘水道爲大隩子港。轉南有天隍山，東西二嶼，界象山。涌江西南自鄞入，入海口爲大浹江口，卽古甬句，東自張家堰至此，與鄞爲界水。西北諸水瀦爲鳳浦、沈窖、靈緒、白沙四湖，播爲巨河。夾江河西自鄞分甬江水，逾白沙，歷鷺林，入前大河。中大河上流後江自慈谿入，北流爲西河。大閘河上流松浦亦自其縣入，歧爲三：一抵澥浦入海，一流爲西大河入浹江河，一逕箭港爲後大河。其中港貫前、後兩河，並入城河，出頭二閘入海。其東南上河注逕大碶市，中河逕穿山碶，會蘆江河入海。有莊市、柴埠二鎭。定海關有管界、長山、穿山三巡司。龍頭、穿山、清泉三場。有北城角、威遠、定遠、宏遠、平遠、綏遠、靖遠、鎭遠各礮臺。象山簡。府東南二百七十里。海，西自奉化入，逕西周渡，虎山扼其口，南接泗州頭汛。逕東西塔嘴入，爲陳山渡，接海口汛。又東逕前倉所，西接珠溪汛，東對牛鼻山。其東北獵戶角，爲南岸盡處。迤南逕爵溪城，青門、羊背諸山扼之，並爲郡南要害。其南天目山，東卽韭山列島。又南至昌國，順治中裁衞，置水師營都司。又南至石浦，明爲所，道光三年移府海防同知駐。南出爲東門，與小銅礁對峙。中爲銅瓦門，道光二十二年英兵艦來犯，由此門入。過此曰下灣門、金齒門，西爲林門、珠門。又南至大田島。光緒初，派開墾委員駐此。宣統三年改爲撫民廳，移府通判、左營遊擊駐樊嶴，守備、千總駐龍泉、鶴浦兩塘。島北爲石浦港，西卽三門灣。轉西至台寧嶼，界寧海。東大河出王家嶴及旋井、飛鳳諸山，注會源碶。南大河出鳳躍山，自西水門接諸河，注朝宗碶。西大河出郭家諸澗，注靈長碶，並入海。上洋三碶蓄三河水，防洩下洋，下洋永豐諸碶防洩入海。有南田、竹山二巡司。前嶴嶺、高塘山等礮臺。南田簡。舊隸象山。宣統三年新置，治大佛頭山麓。孤峙海中，東、南、西大洋，惟北距石浦較近，水程十有餘里。海中十洲，此爲第一。明湯和懼趙宋遺族萑蘖，擬廢象山、棄灊洲，遂徙南田居民。後復有羣入墾煎者。道光三年，巡撫帥承瀛奏謂「明與定海、玉環並封禁。嗣定、玉展闢而南田獨否，以彼泥潮而此沙壚，匪船易留，故復徙之」。大小共一百八嶴，南路四十九，北路五十九。

定海直隸廳：簡。隸寧紹台道。總兵及同知駐。古句章地。明爲衞。康熙二十七年改縣。道光二十一年升直隸廳。西距省治七百六十里。廣百四十里，袤八十三里。北極高二十九度五十九分。京師偏東五度五十八分。舟山，古翁洲山，卽定海山。康熙、道光間陷於英。咸豐間復陷英、法。澳外島嶼屹巘。西洋螺角，東竟留角，對峙若門。洋螺南爲螺頭山，西卽大榭山，接象山港。口北各島爲廳南險汛。又六橫山西對前倉嘴，牛鼻山扼其中。其東南爲桃花山、登步山。桃花東北、登步東南爲朱家島，中有烏沙山，曰烏沙門。東岸狽灣，其東普陀山西北嘴對舟山東嘴，中爲蓮花洋，西卽沈家門，商船鱗萃。北達蘭秀灣，西北距千礮角，曰龜水道，青山屹立，中爲灌門，航路最險。蘭秀以北爲官山，中爲乩山門。官山以北爲岱山，中爲高定洋，利停泊。其西北大沙澳，北距長白山，中爲長白水道。其西爲岑港。西北接大小沙汛。又西卽金塘水道。其東北爲册子山，中爲西堠門。岱山以西爲兩頭洞山。又大漁山、嶼心腦山與乍浦爲犄角。以東爲竹嶼港。又東曰大小長塗、東西福山，並爲廳北險汛。其東北大衢山，四圍多澳。有岑港、道頭二巡司。瀝港、沈家門二鎮。定遠、振威、永清等礮臺。

紹興府：衝，繁，難。隸寧紹台道。副將、衞守備駐。西北距省治百四十里。廣三百二十里，袤二百九十里。北極高三十度五分。京師偏東四度四分。領縣八。山陰 衝，繁，難。倚。西北：輿龍山，南麓本臥龍山，康熙二十七年駐蹕，改。南：龜山、陽臺、蘭渚山、秦望山。西北：塗山、梅山。東北：蕺山。海，自蕭山入，逕三江口，爲杭州灣南岸水口，對岸爲海寧。南大亹、中小亹扼其中。潮昔趨南，暴岸衝擊，其後海塘東接會稽，西亙蕭山。浦陽江西南自諸暨入。運河西北自蕭山入，合鑑湖枝津北注瓜渚湖。湖分青電湖水入西水門，復合入銅盤湖港，抵港口與西小江會。江分爲二，自蕭山古萬安橋入，緣北界，西溪出雞頭山注之。逕錢清鎭，錯出復入，抵三江閘。湘湖自蕭山貫運河來會，又東入海。鑑湖，古鏡湖，周三百五十里，今祇存西溪及會稽，若耶溪爲其別源，湘湖爲其正源，僅十五里矣。三江城，通判駐，有鹽場司，與錢清爲二。有柯橋巡司，蓬萊驛。會稽　衝，繁。倚。南：會稽山，有禹陵，縣以此名。其宛委、秦望、天柱，並爲支阜。海，東北自山陰入，逕瀝海城，南接蟶浦。西曰西會渚，北與澉浦遙對，爲險汛，有防海塘。曹娥江上流剡溪，東南自上虞入，納嵊小舜江，錯出復入，歷曹娥壩，抵宣港入海。運河自曹娥壩分諸溪河水，逕通陵橋，會欑宮河，宋六陵在焉。出五雲門西，有若耶溪出化山注之，入山陰運河。有三江、東江、曹娥鹽場。曹娥巡司。東關驛。纂風鎭。平水關、宣港、臨山礮臺。蕭山　衝，繁，難。府西北百十里。東南：大羅山。東北：龕、赭二山。浙江西北自富陽入，浦陽江西南自諸暨入，合於漁浦街。古時浦陽與浙江鬩，後開磧堰始通。抵中小亹，出南大亹入海。海潮自龕子亹入，爲龕、赭所束，洪濤奔突，捍以危隄二十餘里。西小江，古潘水，出臨浦市山，歷麻溪壩，貫運河，入山陰，下至三江口入海。運河自西興渡引浙江水，逕望湖橋，湘湖匯西南諸山水貫之，又東南入山陰。臨浦鎭，縣丞駐。有漁浦、河莊山二巡司，義橋鎭汛。西興水驛有丞。錢清課場。有西陵、漁臨兩關。北祇菴礮臺。諸暨　簡。府西南百十里。東：紫薇、鐵崖山。西：洞巖、雞冠、五洩山。北：銀治、杭烏山。浦陽江南自浦江入，一名上西江，合酥溪，東北流，合上瀨溪，與上東江會。江出東陽界東白山，曰孝義溪，合開化溪，流爲洪浦江，合下瀨溪注之，是爲浣江。逕城東，歧爲二，東日下東江，合楓橋港諸溪，西曰下西江，合五洩諸溪，分而復合，亦曰大江，並入蕭山。有楓橋鎮。長清關。餘姚 疲，繁，難。府東北百十里。南：大吳山。西：龍泉山，古緒山。北：歷山。東北：四明、石匱山。海，北自上虞入，逕臨山衞。康熙八年移廟山巡司駐。四十七年移瀝海守備並駐。北臨山港，東泗門港，爲濱海要口。逕破山浦，有防海塘、利濟塘。外礮臺七所。其西南姚江，出太平山及菁山，古句章渠水，錯出復入，納上虞馬渚橫河，貫兩城間，抵竹山潭，合蘭墅港，逾姜家渡，納慈谿官船浦，是爲丈亭江。鎮四：梁壽、眉山、廟山，其三山有巡司。石堰、鳴鶴二鹽場。中村、北溪、梁衕、周巷、周家路有汛。姚江驛，康熙九年併入縣。上虞 繁，疲。府東百二十里。南：覆巵山。西南：象田山。西北：夏蓋山，南臨夏蓋湖，匯白馬、上妃二湖水，周百五里。北枕海，西北自會稽入，逕瀝海所，有四衞、施湖二隘。其塘外爲沙塗。上虞江即曹娥江，古柯水，亦曰東小江，上流剡溪，西南自嵊入，納會稽小舜江，逕梁湖堰，其東爲運河。外有通水河，逕百官渡，其東爲馬渚橫河，抵備塘。自梁湖堰至此，與會稽爲界水。有曹娥驛，康熙元年裁丞。其側鹽場二。梁湖鎮巡司。嵊 衝，繁。府東南百八十里。東：金庭山。西南：五龍、眞如二山。分水岡，剡溪出，合大小白山水，東南流，右合珠溪，左合籬松溪，逕白楊村，納富潤、江田二溪，側城東南，有潭遏溪、寶溪注之，是爲剡溪。黃澤溪亦自其縣入，合北莊溪注之。又西北，合丫溪、强口溪、嵊溪，入上虞爲曹娥江，即古浦陽江也。東北西梅溪，出大屏山，入奉化。鎮三：浦口、長樂、三界。有汛。新昌 簡。府東南二百十里。東：天姥山。東南：關嶺。東北：蘇木嶺。東港溪自天台入，合泄上山溪、潛溪，下流爲潭遏溪。西港溪上流夾溪，西南自東陽入，合三洲譚溪，下流爲寶溪。北港溪出奉化界蔡嶴山，歷巖頭嶺，別源自寧海緣界合流爲黃澤溪。彩烟鎮。黃渡有汛。

台州府：疲，難。隸寧紹台道。海門鎮總兵駐。原名黃巖鎮，總兵駐黃巖。光緒二年移此。西北距省治五百九十里。廣三百七十里，袤二百七十里。北極高二十八度五十三分。京師偏東四度三十九分。領縣六。臨海繁，疲，難。倚。西南：括蒼山。東：瞭倭山。南：蓋竹山，道書「十九洞天第二福地」也。東蔡嶺、西石松山，並築石城。海，東自寧海入，逕坡塥江，白岱山扼其口。納上流花橋港，南逕泗淋汛，納上流洞港，又南逕有殿角，南對白梳角，曰清塘門。桃渚港出東大羅山，合矩溪入之。其寨順治十八年廢，康熙十一年復，守備駐。自白梳角迤南至白沙山，爲台州灣口北岸，迤南至前所城，游擊及巡司駐。南對海門，順治十七年裁衞，總兵駐。其西家子鎮，同知駐，是爲椒江口。口外羣島聯亙，迤南爲竇門山、麂青山。臨海江二源，北爲始豐溪，自天台入，合大石溪、歸溪爲百步溪，出三江村，西南永安溪，合黃沙溪、芳溪來會，是爲靈江。逕雙港口，合大田港，逕　江口，會永寧江，是爲椒江。又東，合章安、東遯二浦入海。鎮二：蛟湖，其花橋縣丞駐。有杜瀆鹽場司。赤城驛。牛頭頸、外沙、小圓山礮臺。黃巖疲，繁，難。府東南六十里。東：永寧山。南：委羽山，道書「第二洞天」。西：黃巖山，縣以此名。海，東自臨海入，逕浪磯山，爲台州灣口南岸，有丁進、洪輔兩塘，長六十餘里，內爲鹽地，北接臨海，南亙太平。西北：永寧江出西塵山，別源出黃巖山，合流爲大横溪，逕大砩頭爲寧溪。逕烏巖爲烏巖溪，合柔極、小坑二港爲長潭。又東南合官嶴水、茅畬溪，逕山頭洲爲斷江。逕後垟，合西江，是爲澄江。逕東浦，外東浦卽東官河，側城東北，合裏東浦，爲黃林港，下流爲永寧江。南官河匯沙埠、九峰諸水，南支接太平金清港，北支貫城壕，左出枝津，分流復合，入西江。又北流爲裏東浦。烏巖鎮，縣丞駐。有長浦巡司。黃巖鹽場司。丹霞驛。烏巖三港口、沙埠、寧溪、洋嶼、白湖塘有汛。天台簡。府西北九十里。北：

天台山，周八百里，支阜赤城，有玉京洞，道書「第六洞天」。始豐溪西南自東陽入，合寒、明二巖，鵲鴣諸山水，側城西，左得青溪，合桃源瀑布、關嶺溪壑注之，東抵鳳凰山下，合寶華及螺螄、倒靈諸溪，折南又合大小淡溪。西北：福溪出天台山西麓，混水溪出南麓，其東泳溪出蒼山東北麓。又界溪出龍鳴山。有清溪鎮。桑洲驛。

仙居 疲，難。府西九十里。西南：韋羌山、景星巖。北：羅城巖。西北：蒼嶺，一名風門。西南：大溪，南源出永嘉界坑山，曰永安溪，左出枝津抵安仁嶺下，曰安仁溪，入縉雲。西源自縉雲入，曰金坑水，合仙人溪，逕四都，與南源會。逕洋山潭，合峆裏溪。又東北，右得馬嶺溪、大陳山水，左得珠母、韋羌、南溪諸水。又東北，納萍溪。上流櫸溪，西北自永康入合之，逕城東，合白水溪、彭溪，抵塔山西，合朱溪，入臨海。有嶓灘鎮汛。

寧海 簡。府東北百有八里。水師參將駐。西北：龍鬚山。北：天門山。海，東北自奉化入，逕浮溪口，納上流鐵江，轉東逕黃墩港，納上流白潴溪，錯出爲象山港南岸。又自石浦入，逕台寧嶼，又西逕茶院港，分出東北許家、雙坑二山，合流爲柞浦溪，逕龍口塘。又西逕白嶠港，上流白溪，西南自天台入，別源出西桃花山，合逕亭頭渡來會，西南逕清溪口，上承天台泳溪，逕旂門渡。又南爲亭旁、海游二溪口，一承天台界溪，一出西南分水嶺，合逕連蛇渡。又西南逕健跳所，守備駐，臨健跳江。上流橫渡溪，合小白溪來會。外有健陽塘，東北對石浦城，是爲寧海灣口門。羣島錯峙，其著者爲田灣島，島東爲青門山，臨牛頭洋，北爲五嶼門，外朱門洋，內蛇蟠洋，並險汛。鎮四：海嶴、越溪、亭旁，其海游，縣丞駐。有長亭鹽場司。朱嶴驛。

太平 簡。府東南百四十里。水師參將駐。南：石盤山。西南：靈山。西：溫嶺。海，東南自台州灣入，逕金星門，又南道士冠山、盤馬山。其東白巖山，中爲搗臼門。又東沙鑊山，東南積穀山，東北卽台州羣島。其著者上下大陳山，轉南逕松門城，置守備，臨松門港，松門山扼其口，中有窄水道。其東牛山島，又東蘇丹島，東南三蒜島。轉西逕隘頑寨，羣峯刺天，慢游嶺尤嶮仄。中有大海灣，錯出溫州府境，逕天澳、木杓諸山，轉西北逕楚門城。西北：白槳渚溪，正源大溪與別源小溪合流爲雙溪，北流折東爲新建河，合桃溪、溫嶺溪，逕大溪口。西南西溪出梅嶺來會，是爲金清港，北通黃巖官河。又東逕新河城爲迂江，縣丞駐，又東入海。閭溪一名練溪，並入之。有蒲岐、溫嶺二鎭。松門巡司。鳳尾、盤馬、沙角、寺前鎭、石塘、金清、箬裏有汛。

金華府：衝，繁，難。隸金衢嚴道。副將駐。明初爲寧越府，後復改。東北距省治四百五十里。廣三百四十里，袤二百四十四里。北極高二十九度十分。京師偏東二度二十一分。領縣八。金華衝，繁。倚。北：金華山，縣以此名，古曰常山。東南：至道山，康熙二年，耿逆遣兵踞此。東陽江自義烏入，曰東港，合航慈溪，東南流，納孝順溪、薌溪、赤松溪，逕城南，合城中七寶渠。南港自武義入，西北流，抵燕尾洲，與東港會，是爲婺港，一名雙溪。又西北，桐溪、白沙溪並自湯溪入，抵柵頭，有盤溪承徐公湖、九龍山水，流爲黃烟溪注之，此北渠也。古時南渠與衢港會，今淤狹。有孝順鎭。雙溪驛。蘭谿衝，繁，難。府西北五十里。東：銅山。西：硯山，界龍游、壽昌。婺港東南自金華入，合黃烟溪，逕城西南。衢港自龍游入，納壽昌游埠溪，錯出復入，左得永昌溪，逕蘭陰山下，會楊子港，是爲蘭港。又北合虎溪、乾溪、香溪，抵施家灘，納浦江大梅溪。有黃湓隄，康熙、雍正間屢修築。鎭三：平渡、香溪，又女埠有廢司。瀫水驛。東陽繁，難。府東北百里。東南：大盆山，界天台。東：玉山，一名封山。東北有東西白山，接太白山。東陽江二源：南源定安溪，卽歌溪，出大盆墨嶺，合金蒙坑、茅洋諸水，逕雙溪口；北源上白溪，出東白山，會西白山水，南流，合白峰溪、渼沙溪來會，西流，右得筧竹溪、蟠溪，左得龍化溪、泗渡溪，又西合雅溪、郎坑溪。畫溪出大盆西麓，始豐溪出南麓，其東上夾溪出尖山市，下夾溪出天笠山。有白坦、永寧二鎮。白峰、夾溪汛。義烏 疲，難。府東北百十里。南：淡雲、八保。北：黃蘗山。東江，古烏傷溪，自東陽入，合廿三里諸溪，折西南會瑞雲溪、麟溪。又西南，右合繡湖，左合鮎溪及善溪，逕江灣市，會畫溪，又南納吳溪，入金華。其北航慈溪，出覆釜山，會仙洪巖水，緣西北界入。素溪出西南古寺坑。北酥溪出清潭山。又洪巡溪出西北綢巖。鎮四：龍祈、酥溪、佛堂、廿三里溪。有汛。永康 疲，難。府東南百十里。東：方巖。東南：靈巖。南：絕塵山。永康港二源：北源華溪，出密浦山，逕社山下爲鶴鳴溪，合酥溪，出仁政橋；南源南溪，卽建陽溪，自縉雲入，右合盧溪，左合橫坑溪，逕水崢巖，右合李溪，逕雙溪口，兩源相合，是爲永康港。又西，合西門、烈橋、高坑諸溪，入武義。東北：雙牌溪，出八盆嶺，下流爲靈溪，入縉雲。又東櫸溪，出大嶺，下流爲苹溪，入仙居。櫸溪村，府都司及縣丞駐。有孝義、裏溪汛。華溪驛。武義 疲，難。府東南七十五里。東：百義山，又烏牛山，界永康。西：銅釜山。武義港上承永康港，東自其縣入，合清溪、郭衕溪，側城東北，左得熟溪，西南自宣平入，合諸溪水匯焉。西北流，右合東溪、朱吳溪，左合桃溪，入金華。其南日溪自麗水入，合洩溪，入宣平。西：梅溪自宣平入，入金華。東北：素溪，出大撈箕山，自金華錯入，仍入之。浦江 簡。府東北百十里。東：半壁山、五路嶺。西北：深裏山，湧泉爲深裏溪，浦陽江源此。別源出西幷硎嶺，東流爲吳溪來會。又合諸溪水，側城南，有東、西二溪夾流注之，是爲南江。合澄、左二溪，又東北，右得大溪，卽演溪，東南自義烏入，合流逕康侯山下，爲潮溪。又東，右合深溪、白麟諸溪入諸暨。南：梅溪，出雷公、城寶諸山，西流入蘭溪。西北：湖源溪出石楂嶺，逕五泄山，錯出復入浦江，下流爲湖洑水。橫溪、胡公、斤竹有汛。湯溪 簡。府西南五十里。西北：湯塘山，縣以此名。南：銀嶺。東南：輔倉山，白沙溪出。瀔江卽衢港，西自龍游入。古無「瀔」字，當卽漢志穀水。東北流，合莘版溪。又東北，左得雙溪，上流永安溪枝津，北自蘭谿入合之。右得潦溪，上流游埠溪，亦自其縣入合之。是爲三港口。又東北合羅埠溪，入遂昌。白沙溪，南自遂昌入，合諸溪水。堰三十六，而金華得其十。

衢州府：衝，繁，難。金衢嚴道治所，總兵駐。明洪武初改龍游府，明年復改，屬浙江布政使司。順治八年，浙閩總督移此。康熙二十三年裁。東北距省治五百四十里。廣二百二十五里，袤二百二十里。北極高二十九度二分。京師偏東二度三十五分。領縣五。西安 衝，繁。倚。南：爵豆山。北：銅錢嶺。西北：銅山。衢港二源：南源文溪，卽江山港，自其縣入；北源信安溪，卽常山港，亦自其縣入，會於雙港口，亦曰西溪。側城西北，合柘溪、青岡溪，東抵鷄鳴山下。右得東溪，南自遂昌入，出石室堰來會，古曰定陽溪。又東北，合銀坑、羅張、勝塘諸溪，逕屏風灘，合芝溪。又東逕馬葉埠，入龍游。樟樹鎭，縣丞駐。有金旺巡司，巖剩、柏固二廢司。上航驛。上方、新橋街、杜澤、朝京埠有汛。龍游 衝，難。府東北七十里。西：龍山，又岑山。北：烏石山、大乘山，八十里梅嶺。北有龍游港，卽衢港，西自西安入，合金村源水，逕下溪灘，右得靈山港，南自遂昌入，合桐溪、小蓮嶺水來會。又東，右得斗潭溪，北自壽昌入合之。又東合築溪，錯出復入者再，又東北入湯溪。有湖頭鎭巡司。亭步驛。溪口前市汛。江山 衝，疲。府西南七十五里。仙霞嶺，南百里，上置五關，其楓嶺爲浙、閩分疆處，順治十一年置游擊駐二十八都，縣丞並駐。康熙九年併入福建。十三年仍隸兩省。又江郎山，卽隋書江山。大溪一名鹿溪，出仙霞諸嶺，匯東角、箬坑、白石諸水，逕城東，合三橋溪、逸溪，入西安。西有文溪，分出，復匯於禮賢鎭東北，與大溪會，是爲江山港。其北石崆溪，出斜馱山。又峴山溪出大寨山東峯。峽石鎭，同知駐。有清湖鎭巡司，兼管廣濟水驛。順治十年自常山來隸。並靈谷山、官溪、外村有汛。常山 衝，繁。府西八十里。東有常山，縣以此名。南：峴山、巖嶺。北：三衢山。馬金溪北自開化入，合馬尫溪，逕源口，合謝源水，逕疊石，爲金川。逕儻溪橋，合諸山水，逕清水潭，厮以官壩，外柴港，內廣濟港。昔時文溪自江山入，達金川，爲三合水，注內港。後湖涸，水道徙南。又東石磴溪、峴山溪並自江山注之。又東合虹橋溪、芳枝溪，入西安。有草坪鎭巡司。球川鎭。馬車曹、會關有汛。又鎭平、甘露二鎭。開化 簡。府西北百六十里。東：鴉金嶺，界常山。北：礦山，又馬金、金竹二嶺。馬金溪二源：一出汪公嶺，卽馬金支阜；一出西北際嶺，會於辛田渡，東南流，合金竹嶺水，側城東南，左得汪邊溪，出北謳歌嶺，貫城壕，出南門合之，西會白沙溪達華埠。左得池淮溪，逕籐巖下，曰池淮坂。逕星口市，爲星口溪，合流入常山，是爲常山港。西北：洪源溪，入江西德興。鎭二：馬金、華埠。金竹嶺巡司。

嚴州府： 簡。隸金衢嚴道。副將駐。乾隆二十五年裁衞，併入杭州。東北距省治二百九十里。廣三百七十里，袤百七十五里。北極高二十九度三十七分。京師偏東三度三分。領縣六。建德 簡。倚。東：高峯山。西：銅官山。北：烏龍山。新安江西自淳安入，右納艾溪，東北流，合洋溪、下涯溪、西溪，側城南。蘭港東南自蘭谿入，合三合溪、大小洋水來會，是爲浙江南源，一名丁字水。又東北合佘浦、苦溪，逕七里瀧，左合胥溪，又東北合岔柏溪。清渚港東北自桐廬錯入，會杜息溪，並入桐廬注之。東湖出烏龍山，合建安山水，由佘浦出口。康熙十一年築壩，水漲，繞江家塘注西湖入江。有安仁、乾潭、三都、洋溪、大溪五鎭。東烏石關，東南三河關。有富春驛。淳安 簡。府西北六十五里。東：龜鶴山。南：雲濛山。西南：雉山。前溪出西北塘塢山。新安江自歙縣入，一名徽港，左得蜀口溪，東南流，合富至源、雲源溪，又東合桐梓溪，折南合景溪。逕南山東麓，左得東溪上流進賢溪，匯諸山水注之，逕城南，合雲濛溪。又東南，右得武強溪。又東南，合商家源、洋溪、錦溪，入建德。羅伍溪出東北白坑嶺，羅溪出東塢山，龍溪出西北官山尖。鎭四：威坪、茶園、街口、港口有汛。桐廬　簡。府東北九十五里。東北：桐廬山，縣以此名。西北：雞籠山。西：富春山。新安江西自建德入，爲七里瀨，卽富春渚，合蘆茨溪，逕麻車山麓，左得清水港，西北自分水入，合琴溪，錯出復入，逕桐君山下，西會分水港，是爲桐江。又東曰下淮，江流扼要處。又東北合窄溪、東梓溪。湖源溪東南自浦江入，仍入之。有芝厦、舊縣、柴埠、窄溪、翽岡五鎭。桐江驛。遂安　簡。府西南百八十里。西南：洪洞山。西：白石山，又百際嶺，界安徽休寧。武強溪出，合雙溪、仙溪、華溪，東南流，左合大連嶺水，右合前後溪，側城南，合蓮溪、靈巖溪。折東，右得龍溪，北自淳安注之。逕寺前村，有鳳林港合東西港注之。又東北，合罟網、東亭二溪，入淳安。有鳳林、橫沿、郭村、安陽、東亭五鎭。壽昌　簡。府西南九十里。南：硯山，亙金、衢二郡。西：萬松山。壽昌溪出鵝籠山，合大小源、松坑二溪，東北流，合交溪，爲大同溪。又東北，合梅溪、曹溪，自城西而東，曰艾溪，東北逕城南，至淤堨，爲淤堨溪。又東北至湖岑坂，爲湖岑溪，北抵羅桐埠，入建德。有大同、新市二鎭。分水　簡。府西北百二十三里。東：獅、象二山。南：胥嶺、設峯。西南：雲梯嶺、銅橋山，最險要。天目溪一名分水港，上流虞溪，東北自於潛入，逕印渚渡，爲印渚溪。右得前溪，西南自淳安入，合羅伍溪及羅溪，匯於雞溪。東南流，合塘源水、夏塘溪，抵畢浦，左合文嶺、良梅諸山水，右合斜尖山水。其南歌舞溪，出歌舞嶺，會直塢、海高塢諸水，下流入建德，爲清渚港。有畢浦、百江二鎭。

溫州府：衝，難。溫處道治所。總兵駐。明領縣五。雍正六年，增置玉環廳。西北距省治八百九十里。廣百六十里，袤五百里。北極高二十八度。京師偏東四度二十一分。領廳一，縣五。永嘉衝，繁。倚。城有九斗山，內華蓋，道書「第十八洞天」。西北：大若巖，卽赤水山，「第十二福地」。東南：大羅山。南：吹臺山。西：甌浦山。北：孤嶼山，橫亙江中，英領事署在焉。海，東自樂清入，爲甌江口，南逕龍灣陡門，又南逕寧村所。康熙九年改寨置游擊。海口曰溫州灣，靈崑島扼之。甌江上流大溪，西南自青田入，東流，合菰溪及韓埠、上戍二港，側城西北。右得會昌湖，分出郭、瞿、雄三溪，合流逕望江門外。光緒二年烟臺之約，立租界。逕陡門橋北，右合塘河，抵永樂界，爲館頭江。其右合雙井、茶山二河，又東南合瑤溪、白水溪入海。梆溪鎭，縣丞駐。有西溪巡司，永嘉鹽場司，窰嶴鎭兼驛。沙頭、碧蓮、韓埠、楓林、雙溪有汛。有龍灣山、茅竹嶺、狀元橋礮臺。瑞安衝，繁。府南八十里。水師副將駐。東：龍山。北：集雲山、大小二洋山。海，東北自永嘉入，逕梅頭城，又南逕海安所，又南逕飛雲江口，有關。其外洋鳳凰山與西江橫山對峙，曰鳳凰門。迤北大小丁山。迤東南齒頭山。東：長帶山。迤北南策山，與東策、北策相望。北策以西，與永嘉大瞿以東，稱佳澳焉。飛雲江上流大溪西自泰順入，合桂溪，逕嵒口村，右合洄溪。又東合九溪、方坑溪。又東北，左得漈門溪，匯諸溪水，折東南，合半溪，左納南岸塘河入海。有大嵒、江岸二巡司，雙穗鹽場。黑城、宋埠有汛。樂清衝，繁，難。府東北八十里。水師副將駐。北：雁蕩山。東：窰嶴山。西：章嶴山，與沙角、黃華並置寨。黃華有關，迫臨海口，爲第一門戶。海，東北自太平入，逕大荊城，游擊駐。轉西南逕鏵鍬埠，北接大嵩汛。又西南逕蒲岐，至城南，爲甌江口。自木杓山至此，曰樂清灣。東北：新市河，東源出白龍山，西源出玳球、赤巖、硐坪諸山，合流爲黃雙塘溪。北，梅溪出左原諸山，流爲石埭河，並匯萬橋港入海。東：芙蓉川，分出長蛇嶺及西中奧四十九盤嶺，合流爲清江，北接蔡嶴汛，南接光巖汛。又白溪出雁蕩東麓，逕靈巖，流爲淨名溪。東北：蒲溪，二源，一出石門潭，合南閣、北閣諸水，一出荆潭，合桐垟隘、門嶺諸水，匯於水漲，並入海。城河卽東溪，出縣治東北諸山。左出諸枝河，並通西城河。河卽西溪，逕下馬橋，與東溪合，是爲運河，西南入館頭江。東逕磐石，都司及巡司駐。南接天妃汛，與龍灣對峙，爲第二門戶。又東至白沙嶺入海。自此逕曹田汛，抵歧頭山，卽海口也。有館頭鎭，嶺店驛。縣丞駐大荆城。有長林鹽場。東門、西山嶺、鎭甌、歧頭礮臺。平陽 衝，繁。府南百三十里。水師副將駐。西：雁蕩山，對樂清曰南雁蕩。其東焦溪、天井洋、赤巖諸山。西南：分水嶺，泉出瀧上，東西分流，以限閩、浙。海，東北自瑞安入，逕沙園城，南逕鰲江口，又南逕金鄉營，東北接舥艚汛。又南爲大濩海口，官山島扼之，分南北水道。西南：鰲江，古曰始陽江。南港二源，一平水，一燥溪，歧爲東西溪。北港二源，一順溪，一梅溪，兩港會於蕭家渡西，合逕羅源山下爲橫陽江。逕錢倉鎭爲錢倉江。又東合東塘河，抵墨城汛入海。城河分出西南昆巖嶺諸山，入城爲腰帶水，匯於抗雲橋，一出東郭入海，一出北郭爲城北運河。其夾嶼橋河在南夾嶼下，下匯城南諸水，歧爲二，一西塘河，一東塘河，分趨入海。南運河出東南金獅山，合直浹河，赤溪出西南礬山，並入之。二鎭：仙口、錢倉。蒲門巡司。天富鹽場。下垟諸礮臺。泰順 簡。府西南百三十里。東：飛龍山。南：石嶺。西：雙港嶺。仙居溪出西北諸山，逕洪口渡，洪溪會葛溪注之，古曰漁溪。東北流，左得三插溪，東北自景寧入，會左溪。又東北，右合莒岡溪，左納青田下窨口溪，古曰龍溪。其北太平溪，出上莊，貫城壕，出南門，合白溪，錯出復入，緣界抵赤水坑口，會雙港溪。溪自壽寧入，逕五步，合棠坪水，逕石竹洲，合周邊諸水，抵交溪村，會四溪及仕陽、龜伏二溪，與福建霞浦、福安爲界水。有甌西第一、分水、桂峰、武嶺頭鎭南諸關，排嶺、牛頭上下排、龍巖嶺、分水排諸隘。池村、三魁二鎭。有巡司。墩頭隘、吳家墩、洋岡、后街有汛。玉環廳簡。府東北二百里。參將及同知駐。坎門、釣艚陝勢險要。釣艚東即鷹捕陝。北車首頭與東北木杓山斜對，中爲棧頭港，東通靈門港，外列虎叉、雞冠、羊嶼諸山。東南至鹿門。外洋虎叉以東爲披山。外洋以北爲白馬嘴，嘴東有沙角、鐙臺、茅草諸山。西有花巖浦。西北接後坟汛。進此曰漩門，兩山峹束，一水中流，航路最險。其西爲分水山，北爲苔山。分水以東爲楚門港，以南爲烏洋港，西接浦歧港。又南爲西青嶼、烏巖。北爲大青、小青。迤西爲茅峴山。又西江埏山。其南大烏、小烏。又南爲蓮嶼。西南爲大門、小門。迤東南爲黃大嶴，中有重山。黃大嶴之西，重山之北，中曰天門。又東南爲狀元陝，爲三盤山。東北爲鹿棲山。西北至大巖頭。又北接梁灣汛，東南即黃門。門東爲南排山。北教場陝、里陝。有嶴寨鎭，玉環巡司，蛇嶼礮臺。

處州府：簡。隸溫處道。總兵及衞守備駐。北距省治一千九十八里。廣四百九十里，袤四百十里。北極高二十八度二十五分。京師偏東三度二十五分。領縣十。麗水簡。倚。都司駐。道光二十八年改守備。東：銀場山、楊梅岡。北：麗陽山，縣以此名。大溪，西南自雲和入，左得松陰溪，西自松陽來會，爲大港頭。又東合松阮水，爲郭溪。又東合通濟渠，折北，左得畎溪。西北自宣平入，合西岸溪來會。西北稽勾溪，納宣平小溪，是爲三港口。逕溪口，合麗陽水，環城南爲洄溪。又東，左得好溪，東北自縉雲入，合嚴溪注之。鎭二：寶定，其碧湖，縣丞駐。十八都、蓬蒿嶺、阜阮、庫頭、却金館、沙溪有汛。有保定鎭。括蒼驛。青田簡。府東南百五十里。北：青田山，縣以此名，一曰大鶴山，道書「第三十六洞天」。西：石門山，「第三十七洞天」。南：方山。大溪出西南龍鬚山，上承洄溪，西北自麗水入，合海溪、芝溪、中坑、石籐諸水。又東南，右納小溪，上承山溪，自景寧入，流爲浣紗溪，復流爲雙溪來會。左合石溪，側城西南。折東合顧溪，入永嘉爲甌江。西南：浯溪出蒲斜嶺，下流爲下窖口溪。又南田坑水出天馬山，入瑞安，下流爲泗溪。大溪七十二灘，在青田者都三十有三。黃礑鎭，縣丞駐。有芝田驛，黃礑、淡洋二廢巡司。縉雲簡。府東北九十里。東：括蒼山。西南：馮公嶺，古桃枝嶺，上有桃花隘。好溪出東大盤山，逕大皿爲九曲溪，合黃檀、潤川二水，逕冷水三港口，合虬里溪，右得靈溪，北自永康入合之。又西南，合棠、赤二溪，出賢母橋，合管溪，逕岱石，會訪溪，逕城南。左合荊坑水，右合貞溪，爲南港溪。又西入麗水，下達溫州入海。其北南港溪，出雪峰山，合建洋溪，逕縣北，匯梅、龜二溪。又北爲黃碧溪，入永康，下會蘭溪入浙江。西南：巖溪，出紗帽嶺，合芳溪，亦入麗水。又龍溪，出分水，仰納仙居安仙溪，下流爲金坑水。有丹峰驛。松陽簡。府西北百二十里。西南：箬寮山。南：白峰、尖山。北：竹峪嶺，勢險仄。松陰溪西北自遂昌入，合東湖山水，逕卯酉山下，合霏溪、崙溪，逕青龍堰，右得大竹溪，分出西南香乳、玉巖二山，會爲夏川，合南岱、亞岱水爲中隩川，又合小竹溪，三台水來會。又東南，右得竹峪溪，北支入宣平，南支與松陰合，逕城西合循居溪。又東南，合蛤湖、石倉源，會裕溪、小槎溪入麗水。東白岸溪，出桐鄉山。有舊治鎭。乾隆二十八年移汛於此。遂昌簡。府西北百八十里。西南：君子山。東：尹公山。西：奕山、湖山。北：兗谷山、金石巖。南：貴義嶺，前溪出，南支入龍泉，北支逕城南，出東闕橋，會後溪上流柘溪，東流爲好川，匯梅山二水，是爲雙溪。又東爲航川。其西蔡溪上流住溪，西南自龍泉入，合碧隴源，出宏濟橋，合闕川爲鐘溪。逕周公村，左得東川，上承福建浦城砦網水入之。抵龍鼻頭隘，右出枝津爲梭溪，卽柘溪上流。正渠入西安，爲烏溪港。北官溪出侵雲嶺，右得馬戍源，出湯溪界銀嶺，入爲桃溪，合白水源，下流爲靈山港。有高平、關堂二隘。龍泉疲，難。府西南二百四十里。南：豫章山。又琉華山，下有琉田，土宜陶，有烏甆窰、青甆窰，今曰龍泉窰。北：黃鶴嶺。大溪西南自慶元入，曰秦溪，合小梅溪，錯慶元復入，會山溪。逕查田市，又東北至獨田灘，蔣溪合桑溪來會。合豫章川，逕南大垟村，瀦爲劍池湖。出披雲橋，合錦川。逕城南，中阻槎洲，分流復合。右合大貴溪，左合鐵杓溪，東北流。右得白雁溪，上流前溪，西北自遂昌入合之。又東北合道太、安仁二溪，錯出復入者再。其西南住溪，自福建浦城入，東北入遂昌。下流爲蔡溪，碧隴源亦自其縣入。一溪出南九漈山，東南入景寧。安仁莊，縣丞駐。查田廢司。五都、洋村有汛。

慶元 簡。府西南四百里。南：赤摶嶺。東：九臺山。西北：巒頭山，秦溪出，下流爲大溪。山溪出東源頭山，小梅溪出北大拗嶺，並入龍泉。東北鈐高山，南洋溪出。東南雞冠山，魚頭溪出，並入景寧。其東光石山，蓋竹溪出，合濛洲溪、交劍水，逕城北爲大溪。左合竹坑溪，右合焦坑溪，逕八都鎮。右得芸洲溪，西南自福建政和入合之，是爲槎溪，循棘蘭西入福建松溪。其西北竹口溪，出雷風山，合下漈、新窰二溪並入之。舉溪出東南棠蔭山，入政和。有汛。伏石、大澤二關。

雲和 簡。府西南百二十里。東南：白龍山。北：牛頭山。南：前溪山，兩山竦峙，勢險要。西：巖山。北：石鏡巖，大溪逕其南，自龍泉入，錯出復入，右合烏樵源，左合蔴、梅二洋，復錯出，自洽川口入，合洽川及朱坑、烏龍坑水，折東南，會浮雲溪。溪出西南黃棧坑，合朱源水，出利濟橋，有霧溪合新溪注之。環城而東，右合黃溪，左合雙溪，爲戈溪。又合諸坑水，爲規溪，入麗水。豐源水出西南豐源山，入景寧。

宣平 簡。府西北百二十里。東：岱石山。南：俞高山。西：竹咯嶺。雙溪二源：東源分出龍樊嶺，上坦、小妃匯岡山下，曰東溪，亦曰午溪；西源出礱坑山，合新錦溪，曰西溪，亦曰申溪。兩源匯於綠巖潭。東南流，納松陽竹峪溪，又東南，右納歐潤水，上流曰溪，東自武義入合之。左合石浦水，又東南，右納松陽白石溪，入麗水爲畎溪。北：梅溪出黃塘山，東流入武義。汛五：曰竹峪、玉岩山、陶村、和尙田、式河頭。景寧簡。府南百四十里。東：羅岱山。西南：豸山。北：莘田嶺。山溪上流南洋溪，西自慶元入，左得英川，卽定度溪，上流一溪西自龍泉來會，東南流，合標溪，逕新亭村，右得豐源水，西北自雲和來會，折東北，右得鶴沐溪，會塵溪入焉。又合大小順坑水，入靑田爲小溪。南白鶴溪，出梨樹嶺，下流爲三插溪。有龍首、龍漈、白鹿諸關。

# 清史稿卷六十六

## 志四十一

### 地理十三

#### 江西

江西省：禹貢揚州之域。明置江西巡撫，承宣布政使司，南贛巡撫。清初因之。順治四年，置江南河南江西總督。治江寧。六年，罷河南不轄。九年，移治南昌。尋還舊治。十八年，置江西總督。康熙四年復故。先於三年裁南贛巡撫，爲永制。乾隆八年，吉安增置蓮花廳。十九年，升贛州寧都縣爲直隸州。三十八年，升贛州定南縣爲廳。光緒二十九年，改贛州觀音閣通判爲虔南廳。三十三年，改銅鼓營爲廳，屬瑞州。東至安徽婺源縣；六百五十八里。南至廣東連平州；一千三百里。西至湖南瀏陽縣；四百二十里。北至湖北黃梅縣。三百四十里。廣九百七十七里，袤一千八百二十里。北極高二十四度十七分至二十九度五十八分。京師偏東一度五十五分至偏西二度二十四分。宣統三年，編戶三百四十三萬九千八百七十三，口一千三百五十二萬七千二十九。凡領府十三，直隸州一，廳四，州一，縣七十四。驛道達各省者五：一，北渡江達湖北黃梅；一，東南逾杉關達福建光澤；一，東逾懷玉山達浙江常山；一，南逾大庾嶺達廣東南雄；一，西出插嶺達湖南醴陵。鐵路擬築者四：曰南潯鐵路，自九江而南昌而吉安而贛南，凡三段，備與廣東接，此外道瑞、袁通湘，道撫、建通閩，道廣、信通浙。爲支路亦三。航路則九江爲江輪停泊之埠。電線自南昌北通九江，南通廣州；又自九江東通蕪湖，西通漢口。

南昌府：衝，繁，難。隸糧儲道。江西巡撫，布政、提學、提法三司，糧儲、巡警、勸業三道駐。東北距京師三千二百四十五里。廣四百四十里，袤四百二十五里。北極高二十八度三十七分。京師偏西三十七分。領州一，縣七。南昌 衝，繁，難。倚。東南：麥山、漸山。南：斜山、虎山。西：贛江，一曰章江，自豐城入，經市汊汛，歧爲二。一東北行，會撫河，仍合經流與東湖通，東北逕蛟溪入新建。東：武陽水，即盱水，西北行，入進賢。萬公堤。竿韶鎮。三江口、市汊二巡司。一驛：市汊。新建 衝，繁，難。倚。西：西山，古曰散原，亙奉新、建昌諸縣境。西南：逍遙。北：松門。西北：銅山。西南：贛江，上承劍江，自豐城入，流逕瑞河口，蜀江自高安來會。東北行，逕吳城，修水自建昌來會，流合鄱陽湖。經星子，出湖口，入大江。湖即彭蠡也。全湖跨南昌、饒州、南康、九江四府境，爲省境諸水所匯。南潯鐵路起沙井。巡司駐生米鎮，同知駐吳城鎮。樵舍、海口、吉山、望湖亭、後河、白馬六汛。新興廢驛。豐城衝，繁，難。府南一百三十里。西南：豐城山，縣以此名，道書「三十七福地」之一。東：鍾山。西南：澄山。西北：馬鞍山。南：羅山，富水出；梧山，豐水出。贛江自清江入，流逕縣西，東北行，豐水南來合富水會焉。又東北入南昌、新建。東：雩韶水，來自臨川，西北行，入贛江。松湖、港口、曲江三鎮。大江口巡司。一驛：劍江。進賢衝。府東南一百二十里。城內三臺山。西南：蔴山。東：棲賢。西：鵶英山、金山。盱水自南昌入，東北行，逕縣西，抵八字堖，入鄱陽湖。西有軍山湖、日月湖、青嵐湖，俱流會三陽水入鄱陽湖。巡司駐梅莊。有鄔子寨司。奉新衝。府西北一百十五里。北：登高山。西南：華林。東南：岐山。西北：藥王山。西：百丈山，馮水出，左合側潭水，右合金港源，又東南至九梓鋪，納龍頭溪、白水、華林水，至城南。又東納鳴溪三溪，入安義界。巡司駐羅坊。靖安簡。府西北一百五十五里。北：吳甜山。西北：金城、葛仙山；桃源山，桃源水所出，流合雙溪。雙溪一曰南河，源出義寧毛竹山，合龍頭坳、管家坳、委源諸水，逕高湖，歧爲二，環城南北，至鴨婆潭復合。一曰北河，出雙坑洞，合爛草湖、大橫溪，逕象湖入安義，會馮水。龍頭坳鎮。武寧繁，難。府西北三百五十里。西北：遼山。西南：大孤。東：遼東山。修水自義寧入，右合洋湖水，左合青坪水，至城南，納楊浦、鳳口水，又西合磧溪、箬溪、魯溪、中黃、三硔水，入建昌。縣丞駐木高。箬溪水汛。太平陸汛。高坪市巡司。義寧州繁，疲，難。府西北三百五十五里。原名寧州，嘉慶三年改。東南：毛竹山。東：旌陽。西：九龍。西北：黃龍、幕阜二山。修水出東南，左合百莒水、杭口水，右東津水，至城西。武寧鄉水出大潙山，合東鄉水及鹿源水自南來會，又西折北至城東，合安平水、鶴源水，入武寧。查津，同知駐。八疊嶺鎮有巡司，與排埠塘、杉市爲三。

饒州府：衝，繁，疲，難。隸饒九道。西南距省治三百六十里。廣四百八十七里，袤三百四十里。北極高二十八度五十九分。京師偏東一十一分。沿明制，領縣七。鄱陽衝，繁，難。倚。北：芝山。東：郭璞山。西：堯山。南：關山。鄱陽湖，西南，鄱江匯焉。有二源，一自安徽祁門來，歷浮梁爲昌江，一自安徽婺源來，歷德興、樂平爲樂安江。流會城東，環城北出，歧爲雙港，分注鄱陽湖。東有東湖，一名督軍，流合鄱江。汛八：八字瑙、團轉、强山、館驛前、黄龍廟、樂安河、螺螄嘴、棠陰。石門巡司。芝山驛。餘干衝，難。府東南一百十里。西：藏山。東北：萬重、武陵。西南：李梅。東南：黄蘗山。西北有康郎山，在鄱陽湖中，湖因名康郎。龍窟河一曰安仁江，自安仁入，流經潼口灘，歧爲二，西北行，三餘諸水入焉，流抵饒河口，俱入鄱陽湖。康山、黄丘埠、瑞洪三鎮。康山、梅溪、表恩、高溪四汛。瑞洪，縣丞駐。一驛：龍津，裁。樂平繁，難。府東一百十七里。東：康山。北：鳳游。西：吳溪。東南：石城山。婺江自德興入，爲樂安江，合長樂水、建節水、吳溪、殷河，流逕縣南樂安鄉，因名。西南流入萬年界。仙鶴、八澗二鎮。康山驛。浮梁衝，繁，難。府東北一百八十七里。北：孔阜山。東：芭蕉。西：金魚。西南：陽廠山。東南：大游、小游山。昌江自安徽祁門入，合小北港、苦竹坑水、磨刀港，流逕城南，西南行，會歷降水、柳家灣水，入鄱陽。景德、桃樹二鎮。巡司駐景德。德興衝，繁。府東二百三十七里。東：銀山、銅山。西北：洪雅。東南：大茅山。大溪自安徽婺源入，建節水自弋陽入，合樂平之桐山港、洎山之洎水，爲樂安江，並入樂平。白沙巡司。銀峰驛。安仁衝。府東南一百八十里。東：張古山。北：蟠象山。東北：青山。西南：積煙。西北：華山。安仁江上源爲上饒江，自貴溪入，合玉石澗，逕城南，西北行，與白塔河會，至城西北合藍溪，入餘干。萬年難。府東南一百二十里。城北萬年山，縣以此名。西南：團湖。西：託裹。西北：軸山。東南：百丈嶺，殷河出，合文溪、南溪，入樂平，注樂安江，又西入鄱陽。巡司駐石頭衙。

廣信府：衝，繁，難。隸廣饒九道。西北距省治五百六十里。廣四百二十五里，袤三百六十里。北極高二十八度二十七分。京師偏東一度三十八分。沿明制，領縣七。上饒衝，繁，疲，難。倚。北：茶山。西：銅山。南：銅塘山。東南：鐵山、南屏山。上饒江自玉山入，流逕城南，左納永豐溪，右合儲溪，其南有岑陽關，自福建崇安入，又西北並入鉛山。鄭家坊、八房場二巡司。葛陽驛。玉山衝，繁，疲，難。府東一百里。西：廻龍。南：武安山。北：三清、懷玉山。上干溪有二源，一出三清山冰玉洞，一自浙江常山來會，合下干溪，逕城南，爲玉溪。又西行，右合嵛溪、沙溪，入上饒，爲上饒江。縣丞駐營盤要口，巡司駐太平橋。一驛：懷玉，裁。弋陽衝，難。府西一百三十里。南：龜峰、軍陽山。東：搗藥山。上饒江自鉛山入，逕黃沙港，合大洲溪，右瀆自興安入，合弋溪，縣以此名。又西逕城南，左合軍陽水，右納葛溪，西行入貴溪。大橋汛。縣丞駐漆工鎮。一驛：葛溪，裁。貴溪衝，繁，難。府西二百五里。南：龍虎山。西：自鳴山。西南：象山。北：百丈嶺。貴溪一名薌溪，上流爲弋陽江，自弋陽入，流逕縣南，納須溪、箬溪，又西合惠安溪、橫石港，會上清溪，西行入安仁。有火燒關，與福建光澤界。縣丞駐江滸山。上清鎮、鷹潭鎮巡司二。薌溪廢驛。鉛山衝，繁。府西南八十里。西：鉛山，縣以此名。北：鵝湖。南：鳳凰。西南：銅寶。西北：芙蓉山。上饒江自上饒入，流逕縣西，至汭口，桐木、紫溪諸水合爲汭口水注焉，西行入弋陽。其東大洲溪自上饒入從之。分水、溫林、桐木、雲際並有關。紫溪、河口二鎮。湖坊鎮巡司。河口，縣丞駐。鵝湖驛。廣豐繁，難。府東南五十五里。舊名永豐，雍正九年改。西：鶴山。西北：覆泉。東：雙門、三巖山、念青嶺。南：平洋山。永豐溪自福建浦城入，合銅鋅、封禁諸山水，又北，左合永平溪，折西南，逕城南，流至水南渡，合西橋諸水，入上饒江。拓陽鎮。巡司駐洋口。興安 簡。府西八十五里。北：橫峰山、重山。南：赭亭山。西：仙巖。葛溪自上饒來，南行注弋陽江，合黃藤港水，又西入弋陽。

南康府：衝。隸饒廣九南道。南距省治二百四十里。廣三百里，袤一百十里。北極高二十九度三十一分。京師偏西二十五分。沿明制，領縣四。星子 簡。倚。西南有黃龍山。西北有廬山，朱子知南康軍講學處。北：吳章。東北：定山。鄱陽湖在縣城外，贛江經焉，北行至都昌。又北入德化。南落星湖，東宮亭湖，鄱陽湖之隨地異名者也。谷簾水自德安入，東南行，入鄱陽湖。諸磯、青山、謝師塘、岡窰四汛。渚溪、青山二巡司。都昌 疲，難。府東六十里。西：元辰山，道書「五十一福地」。東：陽儲。北：檀樹。東北：篁竹山。鄱陽湖在西，其中有强山、四望、松門諸山，北流入湖口。北通後港河，自左蠡石流嘴引入，至徐家埠，又北匯西洋橋水入湖口。柴棚、左蠡二鎮。棠陰、黃金嘴、豬婆山、左蠡四汛。縣丞駐張家嶺。巡司駐周溪。一驛：團山，裁。建昌 衝，繁。府西南一百二十里。北：將軍。西：越山。西南：長山。馮水自安義入，至城南曰南河，流合修水。修水自武寧入，至縣西曰西河，右合桃花水、雲門水，左合白楊港水、白水，東北入新建注贛江。蘆埠、河滸二鎮。南潯鐵路。安義 衝，繁。府西南二百里。南：文山。東：西山。西：台山。北：馬山。馮水自奉新入，左納雙溪，右合兆州水，至閔房分流復合，東北匯洪泉水，入建昌。龍江水、東陽、新逕水俱自靖安入，流注修水。

九江府：衝，繁，難。饒廣九南道治所。九江鎮總兵駐。南距省治三百里。廣四百十里，袤七十里。北極高二十九度五十二分。京師偏西二十四分。沿明制，領縣五。德化衝，繁，疲，難。倚。南：廬山，道書「第八洞天」，又與虎溪爲「七十二福地」之二。西南：柴桑。東南：天花井山。東南：鄱陽湖，大孤山在其中。湖東北流，行至德化界。大江右瀆自瑞昌入，曰潯陽江，流逕城西北，東行合湓水，其支津瀦爲城門、金雞、鶴向諸湖，會龍開河，東逕白石磯入湖口。西南：黃婎河、潘溪入德安。東：女兒港，源出廬山，東北流，入鄱陽湖。城西有鈔關。商埸：咸豐十一年開，在西門外。南潯鐵路止龍開河。巡司三：大姑塘、小池口、城子鎮。汛三。一驛：通遠。潯陽驛，裁。

德安衝，繁。府西南一百二十里。南有博陽山，古敷淺原，前有博陽水。北：孤山。西北：望夫山。谷簾水出康王谷，東南流，入星子。廬山河一名東河，出廬山烏龍潭，西北流。黃婎河一名北河，出高良山，南流。西河出苦竹源，東南流。三河合於縣東北之烏石門，曰三港口。南潯鐵路所經。

瑞昌簡。府西七十里。南：榜山。西：白龍。西北：蘇山、鴉髻。西南：清湓山，清湓水出焉，流逕城西，南行入德化。西：瀼溪，西南流入大江。江在縣北，自湖北興國入，納下曹湖、赤湖，東行入德化。西南：傅陽水，出小坳，東南入德安。黃土巖水出大坳，西北入興國。北有梁公堤。巡司駐肇陳口。

湖口衝，繁，難。府東六十里。長江水師總兵駐。東：武山。西南：旗山。南：上石鐘山。北：下石鐘山。山西岸爲梅家洲，鄱陽湖挾贛江由此入大江。江來自德化，納清水港、太平關水，東北行，入彭澤。北有長虹隄，水師中營駐。汛十一：上下石鐘、洋港、大王廟、馬家灣、梅家洲、龍潭、柘磯、八里江、白滸塘、老洲頭。鎭四：流澌橋、湖口、柘磯、茭石磯。一驛：彭蠡，裁。

彭澤衝，繁。府東北一百五十里。南：龍游山。東南：浩山。北：小孤山，山在江中，江畔彭浪磯，與山對峙。東北：馬當山，枕大江。江自湖口入，納馬埠水，瀦爲箵箕港、黃土港，其支津太平關水，入湖口。又東合六口水，至馬當山麓，入安徽望江，東流。巡司駐馬當。汛六：馬當、小孤洑、北風套、芙蓉墩、陸口、金剛料。一驛：龍城，裁。

建昌府：繁，疲，難。隸督糧道。西北距省治三百六十里。廣二百二十五里，袤三百七十里。北極高二十七度三十四分。京師偏東一十一分。沿明制，領縣五。南城衝，繁，難。倚。城內高空山。東：歙山。西：雲蓋。東北：白馬。西南：麻姑山。盱江一曰建昌江，自南豐入，納彭武溪、斤竹澗，逕城東，合黎灘水、飛猿水，爲東江，東北行，入金谿。巡司駐新豐。藍田、洑牛二鎮。新城衝，繁。府東南一百二十里。西：日山。南：福山。東：飛猨嶺。西南：紅水嶺，黎灘水出，一名中川，合九折水，至南津，左合七星澗，右合九龍潭，逕城南。又西北至港口，左會龍安水，至公口入南城。飛猨水一名東川，源自濟源杉嶺，周湖並下，西北行，入南城，合黎灘水，爲東江。龍安水一名西川，出會仙峰，東北流，注黎灘水。石峽、龍安、五福三鎮。極高、同安二巡司。南豐繁，疲，難。府南一百二十里。西：軍山。東：大龍。南：石龍。東南：百丈嶺。盱江自廣昌入，左合瞿溪、灑溪，右九劇水，逕城南而東，合蔓草湖、雙港、梓港，入南城。盤州、黃沙、白舍、龍池、仙居五鎮。龍池、羅坊二巡司。廣昌難。府南二百四十里。西北：金嶂。西南：望軍山。東：中華。南：翔鳳。東南：血木嶺，盱水出焉，西北，右合庚坊、文會、大凌諸港，至南門外，亦曰西大川。又北逕城東，左合學溪、青銅港，入瀘溪。白水、頭陂二汛。白水、秀嶺二巡司。瀘溪簡。府東北百五十里。南：蓮花山。東：石筍。西：魚山。西南：雲溪。東南：五鳳山。瀘溪自福建光澤入，屈西北至石陂渡，合梘溪，逕城北至三溪口，左合南港水，折東北逕高阜，右合嚴槎港、稅溪，入貴溪爲上清溪。有瀘溪鎮。

撫州府：繁，疲，難。隸督糧道。北距省治二百十里。廣三百七十五里，袤三百里。北極高二十七度五十六分。京師偏西十分。沿明制，領縣六。臨川衝，繁，難。倚。城內香楠山。西：銅山。東：英巨。北：筆架。南：戚姑。東南：靈谷山。汝水卽盱江，一曰撫河，自金谿入，西北行，合臨水，入南昌界注贛江。臨水自崇仁入，東北行，會宜黃水，逕縣北注汝水。北有千金陂。航步鎭。巡司一駐溫家圳，一駐東館。孔家驛，裁。金谿繁。府東南一百三十里。南：官山。西：柘岡。東：銀山、金窟山；雲林山，跨撫、建、信三府境。盱水自南城入，逕明山港，合清江，亦曰石門水，會金溪、苦竹水，入臨川。清江水出福建光澤，至縣之清江橋，曰清江水，西北流，合盱水。三港水出崖山，合青田港、仙巖港，入東鄉。一鎭：許灣，縣丞駐。崇仁繁，難。府西九十里。西有崇仁山，縣以此名。東南：沸湖。南：華蓋山、相山。東：仙遊。北：櫟山。臨水卽寶塘水，自樂安入，逕嚴陀寨，巴水會焉，折東合羅山右水。西：寧水，逕城南，又東合羅山左水及青水，右孤嶺水，至白鷺渡入臨川，與宜黃水會。巡司駐鳳岡墟。宜黃繁，難。府西南一百二十里。城北隅鳳臺山。南：黃山。北：曹山。西南有黃土嶺，黃水出焉。東南有軍山，宜水出焉。二水合流曰宜黃水。合藍水、曹水，合於城東，入臨川，注臨水。巡司駐棠陰。樂安簡。府西南九十里。東南：鼇頭。西：仕山。北：萬靈山。東：芙蓉山，鼇溪水出，西合西華山水，至城東，合載興山、甑蓋山水，逕城南至負陂，合遠溪、大溪，入永豐。西北：大盤山，寶唐水出，東北合河源、蛟河等水，入崇仁爲臨水。龍義鎭。招攜巡司。東鄉難。府東北八十里。東：七寶。北：五彩。西：栟山。東北：三港口水，匯花山港、太平橋水，西逕新陂，納齊岡水，入臨川注汝水。其金谿三港入爲田埠水，緣安仁界入之。潤溪亦三源，合於巖前陂，北入餘干。鎭二：白玕、平塘。

臨江府：衝，繁。隸鹽法道。東北距省治二百十里。廣二百五十里，袤一百七十五里。北極高二十七度五十八分。京師偏西一度三分。沿明制，領縣四。清江 衝，繁，疲。倚。西：章山。東：閤皁山。南：瑞筠山。贛江自新淦入，袁江自新喻入境，合上下橫河，繞郡城而北，爲清江。自贛江北衝蛇溪江不復合，至城北二十里始復會焉。北行會蕭、淦諸水，入豐城。東有梅家畬隄。東北白公隄。樟樹鎭汛，通判駐。一驛：蕭灘。裁。新淦 衝，繁。府南六十里。東：溢山。南：楓岡山。西：百丈峰。東北：小廬。贛江自峽江入，合沂江、蘆嶺水、逆口溪，逕城西，又流逕縣西南，北行，左合桂湖，右金水，入清江。杯山巡司。金川廢驛。新喩 繁，難。府西一百二十里。西南：銅山。北：蒙山。南：虎瞰山。袁江一曰渝水，自分宜入，左合嚴塘江，右板陂水，逕縣南，東行入。逕嚴潭，至城南，亦曰秀水。左合畫水、睦宦水，右納七里山水、麻田水，又東北入清江。西南：黃金水自盧陵入，入峽江。巡司駐水北墟。峽江 衝。府西南一百三十里。西：鳳凰山。東：玉笥山。南：刀劍山。贛江自吉水入，納黃金水，北逕城南，亦曰峽江。又東北，右合玉潤水，左亭頭水，至烏石渡，納滙水、象水、蓮花潭水，入新淦。沂江自新淦入，河源頭水、南源水環蜈蚣山仍入之。有峽江廢司。玉峽廢驛。

瑞州府：衝。隸鹽法道。順治初，沿明制。光緒三十三年，改銅鼓營爲廳來屬。東北距省治一百二十里。廣二百二十五里，袤一百五里。北極高二十八度二十五分。京師偏西一度十一分。領縣三，廳一。高安 衝，繁。倚。城內碧落山。東：大愚。西：鳳嶺。南：羊山。北：米山。西北：華林山。蜀江一名錦水，自上高入，東行至瑞河口之象牙潭，與贛江會。曲水出蒙山，南入贛江。岡嶺鎭。灰埠巡司。新昌 疲，難。府西北一百二十里。西：黃蘗。北：大姑嶺，相連爲八疊嶺。西北：黃岡山。西南：錦水自上高入，左合長滕，東南至淩江口入上高。淩江一名鹽溪，源出逍遙、八疊二山，流逕城西，合滕江，注蜀江。巡司二：大姑嶺、黃岡洞。

上高 難。府西南一百二十里。北：敖山。南：蒙山。西南：米山。蜀江自萬載入，左合益樂水，右合雲江。又東北合淩江，又東南合六口水、斜口水，逕城南，又東北至洞口腦入高安。有離婁橋鎭。銅鼓廳 簡。府西北二百二十里。光緒三十三年，裁都司營改置。西：大溈山，寧鄉水出，一名西河，下流注修水。排埠塘巡司。磉頭汛。

袁州府：衝，繁。分巡道治所萍鄉。原爲鹽法道兼巡袁州、瑞州、臨江三府，駐南昌。光緒三十三年改專分巡加兵備銜，擬由南昌移治，南昌並屬焉。東北距省治四百八十里。廣三百里，袤二百八十里。北極高二十七度四十九分。京師偏西二度五分。沿明制，領縣四。宜春 衝。倚。南：仰山。北：喝斷山。東：震山、萬勝岡。西南：望鳳山。袁江，古牽水，自萍鄉入，合鸞溪爲稠江，至城北爲秀江，右合清瀝江、九曲水，左渥江，入分宜。西北：滄江嶺水，入萍鄉。太平關鎭汛。黃圃巡司。分宜 衝。府東八十里。東：鐘山。西：昌山。北：貴山。東北：鷄足山。袁江西南自宜春入，逕城南爲縣前江，東行出鐘山峽，入新喻。東北：竹橋水、麻田水、硯江，入安福、廬陵。貴山鎭。安仁廢驛。萍鄉 衝，繁。府西一百四十里。西：徐仙山。南：筆架。東南：羅霄山，羅霄水出焉。分二支：一東流合牽水、渝水，折東逕宣鳳汛，入宜春，爲袁江；一西流合泉江，逕城南，會羅霄西北水，折西北，逕湘東鎭，右合平溪嶺水，入湖南醴陵，注淥江。四鎭：宣風、蘆溪、上栗、插嶺關。巡司二：蘆溪市、安樂。有草市廢司。鐵路達湖南醴陵。萬載 繁，難。府北九十里。北：龍山。東：東岐山。西：鐵山。西北：紫蓋山。龍江，古蜀水，源出縣西劍池，會別源鉢盂塘水，東匯於金鑽湖。其西流者入湖南瀏陽。又東流至楮樹潭，合野豬河，至城北，會龍河。又西，左合康樂水，入上高界。

巡司駐珠樹潭。

吉安府：衝，繁，疲，難。隸吉贛南寧道。順治初因之。乾隆八年，析永新西北境、安福西境，置蓮花廳。東北距省治四百八十里。廣五百里，袤三百九十里。北極高二十七度八分。京師偏西一度三十五分。沿明制，領縣九。廬陵 衝，繁，疲，難。倚。西：天華。北：瑞華。東南：青原。南：神岡。北：螺子山。贛江自泰和入，納義昌水，東北逕廟前汛，廬水西自安福入，會永新禾水、邕水，逕神岡山來會。又北逕城東，合眞君山，逕白鷺洲至螺子川，曰螺川。又東北合橫石水、西岡嶺水，並入吉水。固江、永陽、富田三巡司。泰和 衝。府東南八十里。東：王山。西：武山。西北：傳擔山。贛江西南自萬安入，曰澄江，流抵縣之珠林口，雲亭江西北流來會，左合清溪，逕磯頭，右納仙槎江，其西北邕水並入廬陵。白羊凹鎭。馬家州巡司。吉水 衝，繁。府東北四十五里。東：東山。南：天嶽。北：王嶺。西北：朝元。東南：覲山。義昌水自永豐入，合盧江，至張家渡入廬陵。贛江又東北流，逕城西南合恩江，爲吉文水，東北行，入峽江。盧江源出永豐，入境匯爲盧陂，下流注贛江。阜田巡司。永豐 疲，難。府東北一百三十五里。南：龍華。西：西華。北：巘山。東：郭山。西北：王嶺。恩江一名永豐水，出寧都及樂安、興國，流逕城東南，合葛溪、白水，會龍門江、義昌水，入吉水，注贛江。巡司三：層山、沙溪、表湖。有上固汛。安福 繁，難。府西北一百二十里。東：蒙岡。南：南岡。北：鵝湖。西北：武功山，瀘水出，卽古廬水，至城北，又東合智溪，折南至洋口，與王江合，入廬陵，會永新江入贛江。石鎭。蘿塘巡司。龍泉 繁，疲，難。府西南二百五十里。西：石含。東：銀山。南：五峰。東南：錢塘山。遂水一曰龍泉江，源出左右溪。左溪一自湖南桂陽入，一自上猶入，至縣之左安而合。右溪出石含山，至李派渡合左溪，爲遂水，東行入萬安。蜀水一名禾蜀，出縣北黄坳，東行至太和之瓦窯，入贛江。三鎭：禾源，其北鄉、秀州並有巡司，與左安三。萬安衝，繁。府東南一百八十里。西：芙蓉。東：蕉源。南：朝山。贛江自贛入，合梁口、造口及油田溪，逕城西南，合龍溪、檜溪，又北逕黄公灘納韶水，爲韶口。又東北合城江，至窖塘入泰和。其西蜀水自龍泉入，亦入泰和界，西北有梅陂。巡司二：武索、灘頭。一驛：皁口，裁。永新繁，難。府西二百二十里。東：東華山。東北：高士。南：義山。西北：禾山，禾水出，一曰永新江，自蓮花廳入，東行繞縣，至白堡入廬陵。上坪寨巡司。永寧簡。府西二百八十里。東：旗山。西：漿山。西北：七谿嶺，勝業水出焉，西會拐湖山水，逕城南，又西會漿山水，折北逕小江山入永新，注禾川。巡司駐升鄉寨。蓮花廳衝，疲，難。府西二百六十里。乾隆八年置。西：闘城山。東南：壺山。北：黄暘。東北：玉屏山。文匯江西北出萍鄉及湖南攸縣界，經高天巖，合上西、碧溪二鄉水，匯於龍陂。環城而西，合琴亭水，自馬江至碧山口注永新。東北：水雲洞水入萍鄉。西南：茶水出書堂嶺，入湖南。富漢村巡司。蓮花橋汛。

贛州府：衝，繁，疲，難。吉贛南寧道治所。南贛吉袁臨寧總兵駐。順治初，因明制，置南贛巡撫。康熙三年裁巡撫。乾隆十九年，升寧都縣爲直隸州，割瑞金、石城隸之。三十八年，升定南縣爲廳。光緒二十九年，改觀音閣通判爲虔南廳。東北距省治九百三十里。廣三百三十里，袤五百六十里。北極高二十五度五十二分。京師偏西一度四十一分。領縣八。贛衝，繁，難。倚。南：崆峒山。東南：玉房。西南：九峰。北：儲山、黄唐。東北：金螺山。章水自南康入，東北行，逕城西，貢水自雩都入，西行逕城東，至魚尾潭，與章水合，是爲贛江，贛闗在焉，古稱湖漢水，北行入萬安。十八灘，九隸縣境。鈔闗在治北。

長興、桂源、大湖江三巡司。水口、官邨、良富、東塘四汛。雩都難。府東一百五十五里。東：峽山。北：雩山。西南：藥山。東南：柴侯山。貢水自會昌入，北逕齊茅汛，右合雷公嶂水，又西合㘭腦廡水，至白石塘，合寧都水，入贛。興仁巡司。信豐繁，疲，難。府南一百六十里。西：木公山。東：長老。西北：廩山。桃江自龍南入，北行入境，為信豐江。東北行，合三江水，入贛注貢水。楊溪堡巡司。興國難。府東北一百八十里。西：玉山。東：崖石山。北：覆笥。東北：蜈蚣山。瀲江一名興國江，會平川，折南逕城東，又西，左合程水，右荷嶺廖屋溪、烏山嵊水，入贛注貢水。西：義昌水出虔公山，入永豐。北：雲亭江入泰和。衣錦寨巡司。均邨、崖石二汛。會昌衝，繁。府東南三百二十里。南：四望山。北：明山。東：古方。東南：盤古山。貢水自瑞金入，會緜、濂、湘水，西行入雩都。東南：滎陽水出筠門嶺，入武平。有湘鄉、承鄉二鎮。筠門嶺巡司。安遠簡。府東南三百三十里。西：源華。北：鐵山。東南：馬鞍山。濂江一名安遠江，出長寧仰天湖，西逕城南，西北合欣山安遠水，縣以此名。東北行，逕古田，會上濂水，又北，左合里仁、小華江，右雲雷水，入會昌，匯湘水。三百坑水出三百山，西南流入定南。縣丞駐羅塘市，巡司駐板石鎮。長寧簡。府東南四百四十里。西：大帽山。西南：鈐山。北：官谿。東南：項山。尋鄔水出尋鄔堡新窖路山，屈東南，合馬伏㨂水，又西南至城東大陂角，會馬蹄江、河嶺水、太湖洞水，入廣東龍川。雙橋鎮。新坪、黃鄉堡二巡司。龍南簡。府南三百五十里。南：歸美。西：祿馬。東南：清修。西南：冬桃山，桃水出焉。東北行，逕城北，與濂、渥二水合，為三江口。又北合洒源堡水，逕龍頭山，入信豐，為桃江。定南廳繁，疲，難。府南四百三十五里。舊為縣。乾隆三十八年改置。城內文昌山。南：三台。北：楊梅山。東北有劉畬山。鶴子水上源即三百坑水，出自安遠，入為九曲河，逕九洲，合劉畬隘水，至水口。右合汶嶺水，又北逕三溪口，合三坑水，入廣東龍川。鹹水出南坑諸山，流抵龍南，會濂水，注桃江。下歷鎮有巡司。虔南廳 繁，疲，難。府南四百五里。舊爲觀音閣，通判治。光緒二十九年改置。桃水自龍南來，東行入三江口。巡司駐楊溪堡。

寧都直隸州 繁，疲，難。隸吉贛南寧道。順治初，因明制，贛州爲縣。乾隆十九年，升直隸州，並割瑞金、石城隸之。北距省治七百二十里。廣二百十五里，袤四百五里。北極高二十六度二十七分。京師偏西三十八分。領縣二。西：金精山。東：翠屏。南：螺石。北：凌雲山。東北：梅嶺，梅江水出焉，南行合諸水爲東江，抵州東北，合西江，爲三江口。又南，合白沙、白鹿水，爲寧都水，入雩都。下河寨巡司。蕭田、蘆畬、黃陂、固邨四汛。瑞金 繁，疲，難。州東南一百七十里。東北：陳石。西：石門。南：雲龍。北：瑞雲山。貢水由福建長汀入，至城東南，會綿水、羅漢水，至水東渡，會北壖水，入會昌。東北：琴江，自寧都緣界入雩都。瑞林寨、湖陂二巡司。瑞林寨汛。石城 簡。州東一百十里。東：筍石。東北：牙梳。西南：八卦。西：西華山。琴水出牙梳山之鷹子岡，西南會壖水，至城東，又西南，右合蝦公磜，左楓樹坳、蓮花水，逕古樟潭，合梨子崠、黃株潭水，入州。捉殺寨巡司。

南安府：衝，繁。隸吉贛南寧道。東北距省治一千一百三十里。廣三百五十里，袤三百六十五里。北極高二十五度二十九分。京師偏西二度三十分。沿明制，領縣四。大庾 衝，繁。倚。西南有大庾嶺，縣以此名，一曰梅嶺，上有關曰梅關，相連爲小梅嶺。東：獅子。西：西華。北：鐵岡。東北：玉泉。章江自崇義入，逕東北徒峰山，合李洞碧、赤嶺水，又東南，合平政水及涼熱水，又東納浮江，逕城南，又東合大沙河、湛口江，入南康。赤石嶺、鬱林鎮二巡司。小城、新城二鎮。一驛：小溪。其橫浦驛，裁。南康衝，繁。府東北一百三十五里。北：旭山。東北：丫髻。東南：獨秀。西南：龍山。西北：禽山。芙蓉江卽章江，自大庾入，東流折北納南埜水，又東北，上猶江自其縣入，合西符水，左合禽水、過水、梅江來入，是爲三江口。又東入贛會貢水。潭口、相安二巡司。南埜廢驛。上猶簡。府東北二百五里。東：資壽。西：書山。南：方山。北：飛鳳山。章水西南自崇義合西北琴江及禮信水，逕蜈蚣峽，左合鬭水、米潮水、料水，折東南，逕城南，曰縣前水。又東，左合猶水，曰上猶江。復合九十九曲水，又東南，合感坑水，與城南稍水並入南康，注章水。浮龍巡司。營前，縣丞駐。崇義簡。府北一百二十里。北：崇山。南：觀音。西北：桶岡。西南：聶都山，章水出，南逕師子巖，歧爲二：南派亦曰池江，入大庾；北派東北逕城西，其西源流爲益漿水，東納琴江入上猶，東南至坪江。西：符水，合南源水，右納義安水，至符江口。又南浮江，並入南康。橫水出大嶂山，繞城北出，會東溪水，入上猶江。上保、文英二鎮。金坑、鉛廠、長龍三巡司。

# 清史稿卷六十七

## 志四十二

## 地理十四

### 湖北

湖北：禹貢荆州之域。明置湖廣等處承宣布政使司。旋設湖廣巡撫及總督。清康熙三年，分置湖北布政司，始領府八：武昌，漢陽，黃州，安陸，德安，荆州，襄陽，鄖陽。並設湖北巡撫。雍正六年，升歸州爲直隸州。十三年，升夷陵州爲宜昌府，降歸州直隸州爲州屬焉。以恩施縣治置施南府。乾隆五十六年，升荆門州爲直隸州。光緒三十年，升鶴峯州爲直隸廳。東至安徽宿松；五百五十里。南至湖南臨湘；四百里。西至四川巫山；千八百九十里。北至河南羅山。二百八十里。廣二千四百四十里，袤六百八十里。面積凡五十八萬九千一百一十六方里。北距京師三千一百五十五里。宣統三年，編戶五百五萬五千九十一，口二千三百九十一萬七千二百二十八。共領府十，直隸州一，直隸廳一，縣六十。驛道：自武昌西北渡江、漢達河南淅川；自襄陽西渡江達湖南澧州。電線：漢口東通九江，西通成都，南通長沙，北通鄭州。鐵路：京漢南段，粵漢北段。航路：自漢口以下，黃州、黃口港、蘄州、武穴，漢口以上，金口、寶塔州、新隄、城陵磯、沙市、宜昌，皆江輪艤泊處。

武昌府：要，衝，繁，難。隸鹽法武昌道。明爲湖廣布政使司治。康熙三年爲湖北布政司治。湖廣總督及湖北巡撫、布政使、按察使、督糧道駐。廣五百三十二里，袤四百七十二里。北極高三十度三十三分。京師偏西二度十四分。領州一，縣九。江夏 要，衝，繁，難。倚。其名山：荊山、內方、大別。城內黃鵠山，亦名黃鶴山。與城北隅鳳凰山，俱置礮臺。東有洪山，一名東山，百戰地也。西臨大江，雄據東南上游，有險無蔽。大江自嘉魚來，逕城西北入武昌。光緒中，沿江岸建紡紗、織布、繅絲、製麻各局。西南：金水，一曰塗水，自咸寧來，匯爲斧頭湖，北至金口入江。有金口鎮巡司。南：南湖，通大江，今爲軍屯重地。西南：鮎魚套、南山坡二巡司。東北：滸黃洲廢司。西：長江關。有將臺、東湖、山坡、土橋四驛。武昌 繁，難。府東一百八十里。南：黃龍。西：樊山。東：石門。有長港，卽樊港，納縣南諸湖水，逕樊口入江。大江自江夏來，東北流，逕縣北入大冶。西：蘆洲。東：安樂磯。西南：金牛鎮，縣東金子磯巡司移駐此。西：白湖鎮巡司，後移葛仙鎮。有華容驛。嘉魚 簡，難。府西南一百五十里。城西魚嶽山。東南：陰山。東北：赤壁。南：白雲。大江自湖南臨湘入，右逕陸口入江夏。陸水自南來會，逕嘉魚口，有太平、岳公諸湖水流合焉。簰洲、石頭口二鎮，有巡司。有驛。蒲圻 衝，難。府西南三百六十里。城內疊秀山。西：茅山。東：黃葛。西北：竹山、茗山。西南：羊樓洞。白鹿山，荊港水出焉。南：陸水，一曰蒲圻河。東：赤馬港，與荊港俱入焉。西南：新店。古大嶓水通黃蓋湖，下流至嘉魚石頭港入江。有港口巡司。羊樓洞廢司。港口、官塘二驛。鳳山廢驛。鐵路。

**咸寧** 衝。府東南二百四十里。東：東高山。西：鈷鉧。東南：相山。南：桃花尖山。涂水出其西桃花泉，曰白楞港，與西源浚水嶺減河會，又西北逕城南金鐙山，始爲涂水，西北合諸湖港水，入江夏。其北麓東水出，下流入武昌之樊港。又東楊埠橋水，源出石川畈，流合東水，卽東水別源也。西有咸寧驛。雍正六年徙入。

**崇陽** 繁，疲，難。府南三百六十里。西：巖頭。北：葛仙。東：雨山。西南：龍泉山。陸水自通城縣流入，曰崇陽河，右合梓木港，左合桂口港，至莎塘鋪，流逕花山。至城南，又東折，西北逕仰蓮山，又西北至壺頭山，爲崇陽洪，入蒲圻。有桂口巡司。

**通城** 難。府西南五百里。九嶺。西南：白面。東南：幕府山，陸水所出，一曰雋水，納秀水入崇陽。南：黃龍山，新安港水出。東有鯉港，源出蓑荷洞，流合新安港，西入之。

**興國州** 繁。府東南三百八十里。南：闔閭。東：大坡。西：黃姑。北：大銀山。西南：龍山。東北：大江自大冶入，又東入江西瑞昌境。富水自西流入，謂之富池口。有富池鎭巡司。西南：龍港，北與富水合，移州東北黃顙口巡司駐之。有驛。

**大冶** 難。府東南一百五十里。順治二年自興國州改隸。東：圍鑪。北：鐵山。西南：銅綠。北：白雉山。光緒間鑛政大興，鐵冶之利甲於全省。東北：磁湖山，產磁石。東：西塞山，下有道士洑，磯臨大江。舊設巡司，後移縣北。大江，西北自武昌入，爲黃石港，東南流入興國州。有驛。

**通山** 難。府南一百八十里。順治二年自興國州改隸。南：九宮山。順治初，李自成爲鄉人擊斃於此。東：沈水。西南：白羊，古青湓山，高水出，亦曰通羊港，合湄港，自南流入。東南：黃梨山，寶石河出，合桐港，自西流入，東北至興國州合流，謂之富水。東有黃泥壠舊司，後裁。

漢陽府：衝，繁，疲，難。隸漢黃德道。順治初，沿明制，屬湖廣布政司。康熙三年，屬湖北布政司。東北距省治十里。廣二百七十里，袤四百七十里。北極高三十度三十三分。京師偏西二度二十一分。領州一，廳一，縣四。

漢陽 繁，疲，難。倚。西南：九眞。東北：大別，卽魯山，光緒間建鐵政局於山下。漢水自漢川入，逕北麓。大江自嘉魚來，環城而東合焉。西南：太白湖，接沔陽界，匯江、漢支流及諸湖澤，東洩於沌水。出江卽沌口也。有沌口鎭巡司，後移下蒲潭。又西蔡店鎭，西南新灘口鎭，漢口鎭，仁義、禮智四巡司。光緒二十四年，移禮智司屬夏口廳。縣及蔡甸二驛。

漢川 衝，繁。府西北一百二十里。東南：小別，俗名甑山。西南：陽臺山，康熙間更名采芝。漢水自沔陽天門來，入漢陽。東：涓水自雲夢、應城入，溣河、西河、汊水皆注之，下流至夏口廳入漢，謂之涓口。有劉家堨、小里潭二巡司。縣及田兒河二驛。

孝感 衝，繁，疲，難。府北一百四十里。雍正七年自德安府來屬。北：黃茅嶺。東北：大悟，一名上界山。又北有澴水，自河南信陽州流入。南：溣河，卽澴水下流也，上通涓水，東會灄水入江。太平、雙橋二鎭。縣丞駐東南馬溪河巡司，後移東北楊店驛。又北小河溪巡司，嘉慶十一年改駐灄口。有九里關，一名黃峴關，義陽三關之一也。縣及小河溪、楊店三驛。鐵路。

黃陂 衝，繁，難。府北一百二十里。雍正七年自黃州府來屬。東北：大陂山。東：魯台山。宋二程夫子於此築臺望魯，因名。東南：大江自漢陽入，澴河注之，又東入黃岡界。縣河卽灄水，南合溣河。又武湖卽武口水也，承灄水分流，皆入焉。灄口、河口二鎭。大成潭、灄口鎭二巡司。縣及雙廟、灄口三驛。

沔陽州 繁，疲，難。府西南三百二十里。明屬承天府。順治間屬安陸。乾隆二十八年來屬，析州分置文泉縣。三十年省入。東南：黃蓬山、烏林磯。大江自監利來，入嘉魚境。漢水南派自天門來，入漢川境。又南長夏河，一曰夏水，江水支流也。又有襄水，爲漢水支流，即沱潛也。自襄河澤口分流，逕監利縣入境，右合夏水，東匯於陽名、太白諸湖。西南：漕河，即玉帶河，西北通順、洛江、恩江等河俱自潛水分流入沔，今皆淤。州判駐仙桃鎭。鍋底灣、沙鎭二巡司。有驛。**夏口廳** 衝，繁，疲，難。府治北。光緒二十四年析漢陽縣漢水以北地分置，治漢口鎭。自咸豐八年闢商埠，設江漢關。漢黃德道自黃州徙駐。西北：柏泉山。城東大江自漢陽來，至南岸嘴，合漢水，入黃岡界。漢水自漢川緣界會涓水，曰涓口。又東南來會，爲漢口。古夏口，亦沔口，其故道襄河口。又東北入黃陂，爲灄口。北有鐵路自大智門北經黃陂、孝感、應山等縣，與河南信陽州路接，爲京漢鐵路南段。新溝市汛。禮智司巡司。

**黃州府**：衝，繁，難。隸漢黃德道。順治初，沿明制，屬湖廣布政司。康熙三年，屬湖北布政司。西北距省治一百八十里。廣六百六十五里，袤四百八十里。北極高三十度二十六分。京師偏西一度四十一分。領州一，縣七。**黃岡** 衝，繁，難。倚。故城西北黃岡山。城東北大崎。北：淘金山。西：武磯。大江自黃陂來，入蘄水界。東巴水，西舉水，自麻城入，會道觀河、沙河南入之，謂之舉口，亦謂三江口。西北新生洲，與武昌白鹿磯相對。但店、團風、陽邏三鎭，與倉子埠四巡司。有齊安驛，李坪、陽邏廢驛。**黃安** 簡。府西北三百二十里。西北：老山。東北：張家。東南：五雲。西南：似馬。北：雞公。紫潭河源出白沙關，合境內諸水南流，至黃岡入江。西：灄水源出北仙居山，下流入黃陂。東南有中和鎭、黃陂站二巡司。西北有金局關，一名金山關，相近有大城關，即麻城五關之一也。**蘄水** 衝，繁，難。府東南一百十里。東：斗方。北：茶山。東北：張家。東南：仙女。西南濱江。大江自黃岡來，入蘄州，浠水、巴河自羅田來注之。有蘭溪鎭、巴河鎭二巡司。巴水、浠川二驛。**羅田** 簡。府東一百六十里。南：望江。北：雞籠、桂家。東北：鹽堆山，巴水所出，一名平湖鄉河。有尤河合湯河、北峰河，逕城東至蘄水界，折西北，合石源河來會。東南有浠水，源出安徽英山，緣界右合樂秋、王家、觀音諸河，入蘄水。東北有多雲鎮巡司。又北有栗子關。東北有甕門關。西北又有平湖、同羅、松子等關。麻城繁，難。府東北一百八十里。西：大安。西北：羚羊。東南：白臬。舉水出縣境龜峰、黃蘗諸山，受閻家、柏塔、麻溪、白臬、浮橋諸河，下流至黃岡入江。又木樨二里河與東義州河，並南流，亦至黃岡入巴水。東北：殷山畈，上有陰山關，相近有虎頭關巡司。又北木陵山，上有木陵關，與黃土、虎頭、白沙暨黃安之大城，爲麻城五關。又西鵝籠山巡司，一名鐵壁關，後移縣西南宋埠。同知駐岐亭鎮。有驛。蘄州衝，繁，難。府東一百八十里。東北：百家冶。西北：靈虬。西南：空石。大江自蘄水來，入廣濟。蘄水源出大浮山，西南流，合三十六水及鈷鉧潭入赤東湖，至州西入江，謂之掛口，一曰蘄陽口。有茅山鎮、大同鎮二巡司。西河驛。又蘄陽水驛。廣濟衝，繁。府東二百五十里。明隸蘄州領屬。順治初改屬。東：大闔。東南：太平。西南：積布，卽古高山也。大江自蘄州入，東南流，入黃梅。東有梅川，下流入午山湖。西南有馬口湖。通江有馬口巡司，後移武穴鎮。東南龍坪鎮巡司。西南田家鎮，水利同知駐。鎮對半壁山，東江流最狹處，咸豐中置礮臺。有廣濟、雙城二驛。黃梅衝，繁。府東三百五十里。明隸蘄州領屬。順治初改屬。西北：黃梅山，縣以此名。東南：礦山。東北：馮茂。西南：蔡山。大江在南，自廣濟入，東南流，逕清江鎮，入宿松。縣河在縣東，卽隆斗河，及縣西雙城河，會諸湖港水，至黃連嘴合流，出急水溝入之。東北縣丞駐清江廢鎮。新開口、亭前、孔壠三鎮巡司，均有驛。

安陸府：衝，繁。隸安襄鄖荊道。明，承天府，屬湖廣布政司。順治三年更名。康熙三年，屬湖北布政司。東南距省治五百三十五里。廣五百二十里，袤七百四十五里。北極高三十一度十二分。京師偏西三度五十九分。領縣四。鍾祥 繁，疲，難。倚。城南：構木山。東北：純德。北：九華。西北：馬鞍。西：漢水自宜城來，入荆門州。又東聊屈山，臼水出，卽左傳所謂成臼。東北：黄仙洞山，敖水出，下流曰直河。西南權水、北豐樂河，皆入於漢。豐樂有驛，設巡司。又麗陽驛，乾隆三十二年自荆門州割隸，移仙居口巡司於此。又石城、郢東二驛。石牌鎮，縣丞駐。京山 繁，難。府東一百五十里。東：京山。西北：大洪。南：子陵。西南：寶香。西：漢水自鍾祥入，逕丁口潭，又東南緣潛江界入之。溾水俗名回河，逕城南，皆匯縣境諸水入之。中源曰縣河，南流入天門界。又富水一曰撞河，源出大洪山，東南會小富水，爲雙河口，合石板河，入應城。又聊屈山，臼水出，古成臼也，與澨水小河會，曰南河，東南入天門。其東楊水、巾水並從之。有宋河鎮巡司，乾隆二十九年自荆門州新城移此。有驛。潛江 難。府南二百二十里。漢水自京山來，逕縣北，分入天門、沔陽界。東有潛水，一名蘆洑河，自漢水別出，南有沱水，自江陵流入，在縣西沱埠淵合流，爲江、漢會通故道，後淤。東南縣河、班灣河、沙口河，皆潛水下流，亦淤。西：夜汊河，上承漢水，舊由大澤口分流，亦謂策口。咸豐時改由吳灘潰口，卽吳家改口。西南高家場巡司，有驛。天門 衝，繁，難。府東南二百二十里。明爲景陵縣，隸沔陽州，屬承天府。順治三年直屬今府。雍正四年更名。西北有天門山，漢水北派自潛江西南逕縣南，下流合南派，入漢川界。又澨水自京山流入，合楊水、巾水，曰三汊河，一曰汊水。禹貢「過三澨」，卽此。至城西分二派，合於城東，北通楊桑湖，東通三台湖，至漢川注於松湖，分流入漢。南岳口市，縣丞駐。乾灘鎮巡司。有驛。

德安府：衝。隸漢黃德道。順治初，沿明制，屬湖廣布政司。康熙三年，屬湖北布政司。東南距省治三百二十里。廣三百八十里，袤三百八十里。北極高三十一度十八分。京師偏西二度五十五分。領州一，縣四。安陸　衝。倚。東：章山，卽豫章山。西：太平。西北：壽山。溳水亦曰府河，卽清發水，左傳「吳敗楚於柏舉，從之及於清發」是也。自隨州應山流入，會洑水、灈水、石河水，至兩河口，與楊家河合。南高竂鎭，有廢巡司。西北漈陽鎭。有驛。雲夢　衝，難。府東南六十里。溳水自安陸來，東南流，入漢川界。北岸有溳河隄，康熙五年重築，其支津由白河口南分流而東，爲縣河，會鄭家河，入孝感界，通澴河。東興安、南隔蒲潭、北利塘三鎭。興安有廢巡司。有驛。應城　難。府南八十里。東南：高樓山。東臨溳水。西北有西河，卽富水也。富水自京山入，又南，左納省港，至桂口，右歧爲小河，注三臺、五當，納五龍河。又東南，金梁湖爲金盆，入漢川。右潼水出縣西北潼山，自縣南又東，逕安陸入溳，湮。東長江埠，巡司自崎山鎭移此。有驛。隨州　疲，難。府西北一百三十里。北：厲山，一名烈山。西南：大洪山，溳水出焉。西北：溠水，源出栲栳山，南流注之。又左受㵐水、溧水，右受支水、浪水，下流至夏口廳入漢。西南有章水，東南流，經安陸、應城縣界入溳，亦曰楊家河。祝林鎭，州同駐。唐縣鎭，州判駐。環潭，梅丘巡司駐。高城鎭，總巡司駐。又有合河店巡司、唐縣鎭巡司，嘉慶十五年裁。應山　衝，繁。府北九十里。左：孔山。西：洞庭。東北：黃茅。西北：瞞箭山，漻水出，西南入隨達溳。二水又東南緣界合徐家河，入安陸。東：黃沙河，亦曰環河，出縣東北雞頭山，有東河會簸箕港水流合焉，南入孝感。西北有三里店巡司，雍正十年自平里市鎭移，後還平靖關，俗名恨這關，卽古之冥阸也。又禮山關卽武勝關，一名武陽關，京漢鐵路所經之義陽三關，此其二也。廣水、馬平港、龍泉、太平四鎭。縣城、平靖關、觀音店、廣水鎭四驛。

荆州府：衝，繁，疲，難。隸荆宜道。將軍，左右翼副都統均駐。順治初，沿明制，屬湖廣布政司。康熙三年，屬湖北布政司。東距省治八百里。廣七百二十五里，袤二百十里。北極高三十度二十六分。京師偏西四度二十八分。領縣七。

江陵衝，繁，疲，難。倚。西北：龍山。北：紀山。大江自松滋西來，逕城南，入公安界。沮水自當陽縣合漳水南來注之。西南：虎渡河，自大江分流，下注澧水，入洞庭湖，即禹貢「導江東至於澧」也。東南：夏水，即沱江，爲大江支津。又有涌水，則夏水支流也，通江處謂之涌口。漕河在城東北，名草市河，經沙市，名沙市河。又東瓦子湖，一名長湖，匯諸湖水，下流俱達於沔。萬城堤在縣西南，雍正中築，乾隆五十三年修，歲遣大臣駐防。沙市，通判駐，有巡司。光緒二十一年開爲商埠。與龍灣市、虎渡口巡司三。郝穴口有廢司。荆南、丫角廟二驛。

公安衝，繁。府西南一百四十里。順治八年，由斗湖隄徙祝家岡。同治十二年復徙唐家岡。東：太歲。東南：黃山。大江在北，自江陵東入石首界。西：油水，舊由油河口入江，今淤。虎渡河自江陵縣南流入境，至黃金口，分一支爲東河，合吳達河諸水達荐祖溪。正流南經港口，會孫黃河，東南流，至泗水口，均入湖南注澧水。東北：孱陵鎭巡司。東有涂郭市、東南有孟家溪市。有孫黃驛，後裁。

石首簡。府東南一百八十里。東：石首山。東南：石門。西：陽岐山。大江自公安入，逕縣北，入監利界。其支津由藕池口分數道南達洞庭湖。又東焦山河，亦其支流也，自調弦口經焦山，亦達洞庭。南：黃金隄市。西：楊林市。

監利繁，疲，難。府東少南二百四十里。東南：獅子山。西：大江自石首來，逕縣西南，入湖南華容。東：魯洑江，即夏水也，自江陵流入。東爲大馬長川，周環二百餘里，與林長、分鹽、龍潭、三汊等河均至沔陽州合於沔水。白螺磯、分鹽所、窰圻鎮三巡司。朱家河廢司。松滋簡。府西一百二十里。東：竺園。南：金羊。西：九岡。西南：巴山。大江自枝江入，逕縣北，亦曰川江。岷江至此分爲三派，下流復合爲一，達於江陵。涴水源出西南之起龍山，卽古涴山，逕樟木山，右合隔沙河，左天木河，逕文公山，又東曰紙廠河，入公安達洞庭湖。東南磨盤洲巡司，紅崖子砦巡司，後廢。有縣城、涴市二驛。枝江簡。府西一百八十里。南有紫山。西：金紫。西南：官木。大江自宜都來，逕縣北，入松滋。江中有百里洲。南爲外江，北爲內江，卽江與沱也。東北沮水，又西北白水港，合羣溪水注之。有江口巡司。董市鎭。宜都簡。府西北一百八十里。順治初屬夷陵州。雍正十三年改屬。南：羊腸。西南：大梁。東北：石羊。西北：荆門山，對岸卽虎牙山。大江自東湖來，逕其間，爲絕險處，東南流入枝江。西北清江，卽夷水也，自長陽流入，東南流，會漢洋河，至清江口入江。東北滄茫溪，一名瑪瑙河，亦入江。白洋在江北岸，順治初僑治於此，尋復故。東北：普通關廢司。西南：聶家河市。北：安福市。又虎腦背市，卽古虢亭。

襄陽府：衝，繁，難。隸安襄鄖荆道。順治初，沿明制，屬湖廣布政司。康熙三年，屬湖北布政司。東南距省治六百八十里。廣六百七十里，袤二百七十里。北極高三十二度五分。京師偏西四度二十分。領州一，縣六。襄陽衝，繁，難。倚。東南：鹿門。西南：虎頭。南：峴山。西：隆中山。漢水自穀城來，逕城北，入宜城。城四周有隄，謂之襄陽城隄。對岸卽樊城，古重鎭也。東北清水，自河南唐縣入，名唐河。合濁水，名唐白河。縣別有白水，自東來會。又西北清泥河，東淳河，皆入漢。同知、丞駐樊城。呂堰、雙溝二巡司。油房廢司。漢江、呂堰二驛。漢江今移城中。宜城衝。府東南一百二十里。西：石梁。東南：赤山。南：太山。

漢水自襄陽會潼水入，逕縣東，入鍾祥。西南蠻水，一曰鄢水，又曰夷水，合瀰水，與其支津木里溝、長渠皆入漢。又沶水自漢中來，合於蠻水，謂之沶口。北疏水，亦名襄水，土人呼涑水，亦自疎口入漢。東南樓子汊、南康坡汊、北羊祜汊，皆漢水之旁出也。西：田家集巡司。南：鄢城驛。南漳 簡。府西南一百二十里。西南有八疊山，一名柤山，又名沮山，吳朱然、諸葛瑾北出沮中，即此。西有荆山，左氏傳所云「荆山九州之險」是也。漳水出焉，下流至當陽會沮水入江。其北深溪河，蠻水入，曰檸洛河，逕大鴻山，至城南，入宜城界。有方家堰巡司，後移保安鎮。南有雞頭關，東北有石河鋪。棗陽 衝，繁，難。府東北一百四十里。東：霸山。東南：資山。南：瀴源山，瀴水所出。東：大阜山，白水所出。又東南昆水，西南澧水，合白水下流入於清水，至襄陽入漢。西南蔡水，西流亦入清水。有湖河、鹿頭、雙河、太平諸鎮。穀城 簡。府西北一百四十里。湖北提督駐。西北：穀城山，縣以此名。西南：薤山。南：金斗。東北：漢水自光化入，亦曰穀水。南：筑水，一名南河，東入沔，謂之筑口。北：汎水，一名古羊河，或曰北河，至城東，與筑水合。有花石街、張家集二巡司。張家集後移駐太平店。光化 簡。府西北一百八十里。西北：三夫山。漢水自均州入，逕城西，有涓水流入，歷上涓、中涓、下涓三口入穀城。又黑水、排子、朱寨諸河下流皆入焉。東南舊有茨湖，今湮。有左旗營巡司，後徙縣南老河口。均州 簡。府西北三百九十里。南：武當，一曰太和，亦曰參上山，明時尊爲「太嶽」，浪河、曾水並出焉。漢水自鄖遠河口入，又東爲禹貢滄浪之水。其由浪河入者，有殷家河、蕭河，其由曾水入者，有黃沙、小芝、水磨、篤河。又均水自州南流，至光化之小江口，亦入之。有草店、浪河諸鎮。光緒四年置孫家灣巡司。

鄖陽府：繁，疲，難。隸安襄鄖荆道。總兵駐。順治初，沿明制，屬湖廣布政司，並設撫治、都御史。康熙三年，屬湖北省布政司。六年，罷撫治。東南距省治一千二百五十里。廣七百十里，袤四百里。北極高三十二度四十九分。京師偏西五度四十二分。領縣六。鄖難。倚。北：兜鍪。西：錫穴。西北：老砦。西南：白馬。漢水自鄖西入均州。堵水自縣南流入焉，謂之堵口。又將軍河、曲遠河、神定河、龍門河、遠河俱來入。沿河自陝西商州流入，經縣東北，會丹水，入河南淅川。西：黃龍鎮巡司。雷峯垭鎮、青桐關二巡司，裁。有驛。房簡。府西南三百一十里。西南：房山。南：景山，一名雁塞山，沮水出焉。又東，汎水，今名八渡河。北：筑水，源出楊子山。東北有粉水，俱流逕保康入穀城注漢。有三岔口、九道梁二巡司。竹山難。府西南三百六十里。東南：方城，又名望楚山。西南：白馬塞山。西：丫角山。南有堵水，一名陡河，源出陝西平利，自竹谿東流入境。右會官渡河、章落河、霍河，左受苦桃河、上元水、嶔峪河、對峙河，又東北流，經房北，至鄖入漢。同知駐白河堡。官渡河堡巡司。黃茅關、吉陽關二廢司。竹谿簡。府西南五百九十里。東：譆軸。西南：峒崎山，有砦最險隘。西北：竹谿河，流合縣河，爲堵水上源。南秦坪河，東南白沙河，會柿河注堵水。有尹店社、白土關二廢巡司。東：縣河鎮。保康簡。府東南三百四十里。東：蛇峪山。西有湯泱河，一名湯洋河，水溫可瘵疾。西北：粉水，東流與筑水會，名曰南河。西南板倉河，北來注之。東南有常平堡廢巡司。鄖西簡。府西北一百三十里。順治十六年，以西北上津縣省入。西：礦山。西北：十八盤山。南有漢水，緣界合仙河、白河，又東逕金蘭山，甲河自山陽來會，入鄖西。天河源出縣西北牛頭山，激浪河、麥峪河流入焉。西北：上津堡廢巡司。西：江口鎮。

宜昌府：衝。隸荆宜道。總兵官駐。順治初，沿明制，爲夷陵州，屬荆州府。雍正十三年升爲府，更名，屬湖北布政司，置東湖爲治。鶴峯、長樂，降歸州及所屬長陽、興山、巴東來隸。光緒三十年，析荆宜施道爲施鶴道，升鶴峯爲廳隸之。東距省治一千八十里。廣五百九十里，袤四百十里。北極高三十度四十九分。京師偏西五度十五分。領州一，縣五。

東湖衝，繁，難。倚。舊爲夷陵縣。明省入夷陵州。雍正十三年復置，更名。光緒二年闢城南爲宜昌商埠。東：對馬。北：豐寶。南：高筓。東北：方山。西北：黃牛峽，亦稱黃牛山。北：西陵峽，一名夷山，古所謂「三峽」之二。大江自歸州來經之，至縣西，始出峽就平地，東入宜都。東南：虎牙山，對岸爲宜都之荆門山，下臨虎牙灘。更有流頭、使君、鹿角、狼尾等灘，皆奇險。北：黃柏河，下流爲長橋溪，由長橋入江。西北：南沱巡司。又南津、西津、白虎諸關。有驛。

歸州簡。府西北三百五里。明屬荆州府。雍正六年升爲直隸州。十三年復降爲州來屬。大江自巴東來，東入東湖界。香溪源出興山縣南入之，曰香溪口。江中有新灘、吒灘及石碣、達洞、獨石諸灘，又有馬肝、白狗、空舲三峽，皆險處也。有南邏口、牛口巡司。州城及建坪二驛。

長陽簡。府西南七十六里。明隸夷陵州，屬荆州府。雍正六年屬直隸歸州，十三年來屬。北：宜陽。西北：佷山。西：資丘。清江自巴東入，逕武落鍾離山，一名難留城山，五姓蠻所從出也。清江俗名長陽河，合招徠河，又東逕金紫山，合平樂河、丹水，逕城南，又東入宜都。西有舊關堡、蹇家園二廢巡司。有資丘鎮。古扞關。

興山簡。府北三百十里。明隸歸州，屬荆州府。康熙中，直屬荆州府。雍正六年屬直隸歸州。十三年來屬。西北：神龍、茅麓。北：羅鏡。東：仙侶。西：萬朝。城南香溪一名縣前河，建陽、南陽兩河入之，合白沙、九衝河，至城南，始爲香溪。又南合大里溪，至峽門口，會大峽水。又西南入歸州。有闕口堊、青林堊，貓兒關諸隘。又有簝葉塢，出鄖、襄間道也。西北：高雞寨廢巡司。巴東衝，難。府西四百二十五里。明隸歸州，屬荊州府。康熙中，直屬荊州府。雍正六年屬直隸歸州，十三年來屬。東：鐵峯。北：青銅。南：巴山，一名金字山。西南：安居。大江自四川巫山來，由巫峽流入，逕城北，出東湖西陵峽，下流至黃梅，入安徽宿松縣界。三瀰河源出縣西北九府坪，支流三，其一入西瀼溪，東曰東瀼溪，逕城北，又東逕牛口山。西南：清江，自建始入，下流入歸。野山關巡司，後移駐縣南勸農亭。縣城、火峰口二驛。長樂簡。府南一百九十一里。明爲五峯司，隸容美宣撫司，屬施州衞。雍正十三年置縣，以石梁、水濜、長茅三司，及長陽、松滋、枝江、宜都，與湖南石門等縣邊地益之，來屬。西北：金雞。南：壺坪。西：五峰山。長茅河經縣北，會縣河入清江。東：漢洋河，源出東北山中，東經百年關北、漁陽關南，下流至宜都，亦入清江。南：白溪河，卽澧水之上源。西：南灣潭，縣丞駐焉。

施南府：簡，難。隸施鶴道。明，施州衞，屬湖廣都司。康熙中，因明制，爲施州衞，屬荊州府。雍正六年，改爲恩施縣，屬直隸歸州。十三年升爲府，更名，屬湖北布政司，增宣恩、來鳳、咸豐、利川。乾隆元年，割四川夔州、建始來隸。東距省一千九百八十里。廣四百二十八里，袤四百九十四里。北極高三十度十六分。京師偏西七度二分。領縣六。恩施繁，難。倚。明爲施州衞。雍正六年置縣，更名。十三年建府治，遂屬焉。以原屬支羅等地分入他縣。西北：都亭。東北：扞山。東：連珠，一名五峰山，下有五峰關。北：清江，源出四川石龍關東諸山，一曰夷水，又曰鹽水。後漢書「廩君乘土船從夷水至鹽陽」，卽此。經縣東，有忠建河及麒麟、金印諸溪水注之，下流入於大江。崔家壩巡司。木貢，縣丞駐。宣恩簡。府東南八十里。明爲施南宣撫司，屬施州衞。康熙時爲施南土司。雍正六年屬恩施縣。十三年置縣屬府。以忠峒、高羅、木册、東鄉、忠建、石虎七司地益之。北：墨達山。南：將軍山，白水河出焉，一曰車溪，又曰西溪，入來鳳，下流謂之漫水。漊水出縣東北鶯嘴荒，一曰九谿河，澧之北源也。忠建河在城東，名玉帶溪，自咸豐發源，北入清江。有獅子、東門二關，乾灞巡司。東有東鄉鎮巡司，後裁。

來鳳　簡。府南二百七十里。明，散毛宣撫司，屬施州衞。康熙時爲散毛土司。雍正六年屬恩施縣。十三年置縣，治司屬之桐子園，隸以蠟壁、大旺、東流、卯峒、漫水五司地，屬府。東南：翔鳳。西北：三尖。西：佛山，與雀兒峰對峙，高峝河水出焉。東有佛塘崖，下有佛塘河，卽宣恩之白水河也，流合衆川，逕峝東流，入於辰河。有卯峝巡司，滴水、老鴉二關。

咸豐　簡。府西南二百二十五里。明爲大田軍民千戶所，屬施州衞。康熙時改設巡司。雍正六年屬恩施縣。十三年置縣，以唐崖、龍潭、金峝三司地益之。城內角樓山。東：小關。西北：龍潭河，一曰唐崖河，自利川入，西南入四川黔江，謂之黔水。西：龍嘴河，亦自利川入，逕萬頃湖南入彭水。西南：張家坪巡司。

利川　簡。府西一百七十八里。明，施南司屬之官渡灞粗石地。雍正十三年置縣，以忠路、忠孝、沙溪三司及恩施屬之支羅、南坪堡等處益之。東：金字。西：桂子、七藥山，前江出焉，南與後江合流，謂之龍嘴河，卽中清河上源也。北有清江。境內水多伏流。有南坪、建南二巡司。

建始　簡。府東北一百二十里。初因明制，屬四川夔州府。乾隆元年改屬。南：文山。西：石乳。東：州基山。西：石乳山，上有關，馬水河出，西南右合桐木溪、木瓜河，逕祿山，右會廣潤河，至撒毛，入恩施。南有清江，入逕麻根壋口、景陽河，又東入巴東。有龍駒河。大岩嶺鎮，縣丞駐。

荆門直隸州：衝，繁，疲，難。隸安襄鄖荆道。明屬承天府。順治初，沿明制，爲安陸府屬州。乾隆五十六年，升直隸州，屬湖北布政司。東南距省治六百里。廣二百六十里，袤三百二十五里。北極高三十一度四分。京師偏西四度十六分。領縣二。南三十里荊門山。西北：武陵。東：伯夷。西：象山。東南：章山，卽內方山。漢水來逕城東，亦曰沔水，東南入潛江。濱漢爲隄，亦自內方山達潛江，爲五邑保障。西權水，北象河，東南有直江，下流均入漢。又建水一名建陽河，上流古通漢，今淤，下流至江陵匯爲湖。有建陽鎮、石橋鎮二巡司，俱有驛。又城有荊山驛。舊設新城鎮、仙居口二巡司，及荊門所、宜門所，後均廢。東南有沙洋鎮。當陽　簡。州西南一百二十里。明屬州，隸承天府。順治初，屬安陸府。乾隆五十六年還屬。東南：紫蓋。東北：綠林。玉泉山，玉泉水出焉。北：沮水，自遠安來，東南流，合犖河、玉泉水，至麥城南，與漳水會，下流入江。有河溶鎮巡司。北：百寶砦。東：清溪鎮。有驛。遠安　簡。州西一百四十里。明屬夷陵州，隸荊州府。雍正十三年直屬府。乾隆五十六年來屬。西北：鳴鳳。北：神馬。沮水自南漳來，逕縣東南流，合福河溪、通天樓河、石洋河、白龍溪、泥水溪、青溪諸水，入當陽界。西北：黃柏河。北：南襄堡，西北：砦洋坪汛。

鶴峯直隸廳：衝，繁，疲，難。光緒三十年，析荊宜施道爲施鶴道，廳隸之。順治初，因明制，爲容美土司，屬施州衞。雍正六年，屬恩施縣。十三年置州，以五星坪、北佳坪益之，屬宜昌府。光緒三十年，升直隸廳，屬湖北布政司。東距省治一千五百五十里。廣一百九十五里，袤三百四十五里。北極高三十度。京師偏西六度三十分。東南：柘雞。東：平山。北：印山。南：天星。西北：巴子山。南：八峰山。有山河，卽漊水之上源，東南流，大典河入焉。東北：咸盈河，逕巴東入於清江。有奇峰、鄔陽、大崖諸關。山羊隘舊屬湖南慈利，雍正時來屬，設巡司駐之，後移白果坪。